DAS GROSSE GU

KOCH- UND BACKBUCH FÜR DIABETIKER

Über 220 Genießer-Rezepte für Gesundheitsbewusste

SERVICESEITEN: PROF. DR. HANS HAUNER,
ROSALIE LOHR & AXEL BACHMANN
REZEPTE: FRIEDRICH BOHLMANN, ERIKA
CASPAREK-TÜRKKAN, BETTINA KÖHLER,
REZEPTFOTOS: MICHAEL BRAUNER

Der Inhalt dieses Buches

Mit Diabetes gut leben

Der Typ-2-Diabetes mellitus zählt heute zu den großen Volkskrankheiten. Die Zahl der Betroffenen ist in den letzten Jahrzehnten bis heute auf rund 5 Millionen gestiegen und noch ist kein Ende dieser Entwicklung abzusehen, zumal wir von einer hohen Dunkelziffer ausgehen müssen. Die Hauptursachen für diese Epidemie liegen in der heutzutage weit verbreiteten falschen Ernährung und im Bewegungsmangel. Die meisten Menschen mit Typ-2-Diabetes sind übergewichtig, viele davon sogar erheblich. Wir wissen inzwischen, dass Übergewicht zusammen mit einer falschen Ernährung den mit Abstand wichtigsten Auslöser für diese Form der Zuckerkrankheit darstellt.

Vor diesem Hintergrund wird klar, dass die erste und wichtigste Behandlungsmaßnahme beim Typ-2-Diabetes darin besteht, die Ernährung zu ändern, nicht zuletzt mit dem Ziel, ein vorhandenes Übergewicht zu vermindern. Wer dabei erfolgreich ist, wird mit einer meist raschen und eindrucksvollen Besserung der Blutzuckerwerte, aber auch anderer Risikofaktoren wie Bluthochdruck und Fettstoffwechselstörungen belohnt. In der Regel senkt eine Ernährungsumstellung mit Gewichtsabnahme die Blutzuckerwerte viel stärker als jedes Blutzucker senkende Medikament. Dennoch werden die Chancen einer gesunden, diabetesgerechten Kost selten genutzt, nicht zuletzt auch deshalb, weil viele Betroffene lieber Medikamente einnehmen als ihre gewohnte Ernährungsweise zu ändern.

Dabei ist heute eine diabetesgerechte und dennoch wohlschmeckende Ernährung viel leichter einzuhalten als die meisten vielleicht annehmen oder gar befürchten. Unsere modernen Vorstellungen von einer idealen Ernährung bei Diabetes haben sich in den letzten 20 Jahren grundlegend gewandelt. Die moderne Diabeteskost ist eine in jeder Hinsicht gesunde Ernährung, die vielseitig und abwechslungsreich ist und viel Raum für persönliche Vorlieben lässt. Die Zeiten, als Zucker und Alkohol strikt verboten waren und Diabetiker mit der Küchenwaage verreisen mussten, gehören längst der Vergangenheit an. Sinnvollerweise sollte sich jeder Mensch nach den Prinzipien der Diabeteskost ernähren, weil er damit auch viele andere Krankheiten wie Herzinfarkt, Schlaganfall und sogar bestimmten Krebserkrankungen vorbeugen kann.

Worauf kommt es bei der Ernährung des Diabetikers besonders an? Die wichtigsten Empfehlungen bei der modernen Diabeteskost lassen sich in wenigen Sätzen zusammenfassen. An erster Stelle sollte die Verringerung des Fettverzehrs stehen. In erster Linie sollten tierische Fette, die vor allem in Butter, Fleisch, Wurst und Käse enthalten sind, deutlich sparsamer verwendet werden. Die zweite wichtige Regel ist, von den zucker- und stärkehaltigen Lebensmitteln die Produkte vorzuziehen, die reichlich Ballaststoffe enthalten und den Blutzuckerspiegel nur langsam ansteigen lassen. Eine dritte Empfehlung ist, viel Gemüse und Obst zu verzehren, weil der Körper dabei mit wertvollen Nährstoffen versorgt wird und sie gleichzeitig auch für ein angenehmes Sättigungsgefühl sorgen.

Was sonst noch wichtig ist für eine optimale Ernährung bei Diabetes, und wie Sie diese neuen Empfehlungen leicht im Alltag umsetzen können, erfahren Sie in diesem in jeder Hinsicht gelungenen Koch- und Backbuch für Diabetiker. Sie werden rasch erkennen, wie abwechslungsreich und schmackhaft die moderne Diabeteskost ist, und dass Sie keineswegs ganz auf »Leckerbissen« verzichten müssen. Es kommt vor allem auf die richtige Portion und Einteilung an, sozusagen auf die maßgerechte intelligente Lösung. Wenn Sie als Diabetiker/in an einer gesunden Ernährung und einer optimalen Behandlung Ihrer Zuckerkrankheit interessiert sind, dann werden Sie an diesem Buch großen Gefallen finden.

Professor Dr. Hans Hauner, Düsseldorf

Wissenswertes über Diabetes

Vielleicht können Sie sich noch deutlich an Ihre Reaktion erinnern, als Ihr Arzt die Diagnose Diabetes mellitus Typ 2 stellte. Viele Menschen reagieren bestürzt, weil sie über diese Erkrankung, die im Volksmund auch »Zuckerkrankheit« heißt, nur wissen, dass es sich um eine chronische Stoffwechselentgleisung handelt, die Sie für das weitere Leben begleiten wird.
Doch die Behandlungsmöglichkeiten sind heute so ausgereift, dass sie individuell auf jeden Betroffenen und die aktuelle Lebenssituation abgestimmt werden können. Betroffene können trotzdem recht unbeschwert in die Zukunft sehen.

Die Bezeichnung Diabetes mellitus kommt aus dem Griechischen und bedeutet wörtlich übersetzt »honigsüßer Durchfluss«. Treffend, denn charakteristisch für Menschen mit gestörter Blutzuckerregulation ist, dass Glucose über die Nieren mit dem Urin ausgeschieden wird. Wie kann es dazu kommen?

Die Regulation des Blutzuckerspiegels

Das wichtigste Hormon bei der Blutzuckerregulation ist das Insulin. Es wird in den Zellen der Bauchspeicheldrüse gebildet und nach Bedarf ausgeschüttet. Um so mehr, je höher die Menge verzehrter Kohlenhydrate (Stärke und Zucker) in einer Mahlzeit ist.

Alle kohlenhydrathaltigen Lebensmittel wie Kartoffeln, Reis, Nudeln, Obst, Brot und weitere Getreideprodukte werden im Dünndarm in ihre Einzelbausteine, die Glucosemoleküle (Einfachzucker), aufgespalten. Einfachzucker benötigen die Körperzellen zur Energiegewinnung. Insbesondere die Gehirnzellen und die roten Blutkörperchen sind auf eine kontinuierliche Versorgung mit Glucose angewiesen. Vom Dünndarm gelangen die Einfachzucker über das Blut auf schnellstem Weg zu den Körperzellen. Der Blutzuckerspiegel steigt an, Insulin greift regulierend ein. Es ermöglicht den Transport des Zuckers in die Zellen, indem es diese »öffnet«, wie ein Schlüssel ein Schloss. Der Zuckergehalt im Blut sinkt wieder auf einen normalen Wert zwischen 60–100 mg/dl ab (nach dem Essen liegt der Wert bei 120–140 mg/dl).

Bei Typ-2-Diabetes produziert die Bauchspeicheldrüse in der Regel genügend Insulin. Allerdings reagieren die Körperzellen kaum noch auf dieses Hormon. Muskel-, Fett- und Leberzellen entwickeln eine Insulinunempfindlichkeit, die auch als Insulinresistenz bezeichnet wird: Sie öffnen sich beim Andocken des Insulins an ihre Rezeptoren, das sind die Einlasstore für die Einfachzucker, nicht mehr. Der Blutzucker kann somit nicht in die Zellen eintreten.
Um den chronisch erhöhten Blutzuckerspiegel zu senken, produziert die Bauchspeicheldrüse immer mehr Insulin.
Doch auf Dauer sind die Insulin produzierenden Zellen zu einer solchen Akkordarbeit nicht in der Lage: Auf Grund von Insulinmangel ist der Blutzuckerspiegel chronisch erhöht. Da Blutzuckerwerte von 160–180 mg/dl nicht mehr im Toleranzbereich eines gesunden Organismus liegen, ergreift der Körper weitere Maßnahmen zur Gegenregulation: Der überschüssige Zucker wird über die Nieren mit dem Urin ausgeschieden.

Der Nachweis von Zucker im Urin, ist ein deutliches Zeichen, dass die Blutzuckerregulation gestört ist. Wann die so genannte »Nierenschwelle« überschritten wird, ist individuell und in Abhängigkeit vom Alter unterschiedlich.

Viele Betroffene nehmen jetzt erstmals die Symptome hoher Blutzuckerwerte wahr:

- ➤ Starker Durst
- ➤ Häufiges Wasserlassen
- ➤ Müdigeit, Mattigkeit
- ➤ Kraftlosigkeit, Antriebsarmut
- ➤ Sehstörungen
- ➤ Juckreiz
- ➤ Entzündungen der Haut, schlechte Wundheilung
- ➤ Infektionen im Genitalbereich, Potenzstörungen
- ➤ Harnwegsinfekte

Die Wahrnehmung und Ausprägung dieser Symptome sind jedoch individuell verschieden.

Diagnose Diabetes – und nun?

Nach der Diagnose sollten Sie sich durch eine spezielle Diabetikerschulung umgehend mit der Krankheit und ihrer Bedeutung vertraut machen. Dabei werden Sie schnell feststellen, dass die Einschränkungen im Alltag nicht sehr gravierend sind. Einen Großteil der Therapiemaßnahmen können Sie im Team mit Ihrem Arzt und seinen Mitarbeiterinnen selbst in die Hand nehmen.

Durch ein gutes und situationsangepasstes Blutzuckermanagement können Sie selbst extremen Blutzuckerschwankungen vorbeugen. Eine wesentliche Säule der Diabetestherapie ist die Ernährungsumstellung. Durch eine Entlastung des Stoffwechsels kann die Entstehung diabetesbedingter Folgeerkrankungen an Nieren, Nerven, Augen und Blutgefäßen hinauszögert oder in vielen Fällen auch sogar ganz vermieden werden.

Kontrolle ist sinnvoll: Regelmäßige Blutzuckermessungen sowie weitere Untersuchungen ermöglichen eine optimale Einstellung des Blutzuckers. Diese ist eine sinnvolle Voraussetzung für Ihr Wohlbefinden und auch Ihren Lebensgenuss. Ein idealer Begleiter zur regelmäßigen Gesundheits-Vorsorge ist der von der Deutschen Diabetes Gesellschaft herausgegebene »Gesundheitspass – Diabetes«. Alle notwendigen Untersuchungen sind darin aufgeführt.

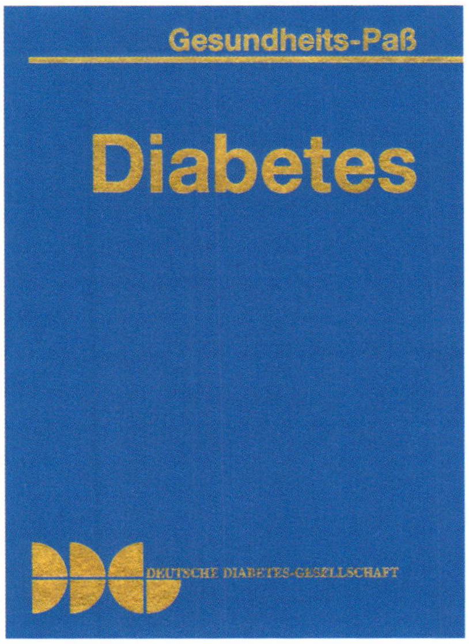

Diabetiker-Typen

Ziel jeder Diabetestherapie und die Berücksichtigung besonderer Situationen im Alltag ist es, unangenehmen Symptomen und akuten Komplikationen vorzubeugen.
Die Ernährungsempfehlungen bei Diabetes mellitus sind zwar klar definiert, lassen jedoch genug Spielraum, die Richtlinien auf die aktuelle Lebenssituation abzustimmen. Menschen in besonderen Lebensabschnitten wie Schwangere, ältere Menschen, aber auch Schwerarbeiter oder Sportler sollten sich darüber hinaus von Ihrem Arzt beraten lassen. Ihr Wohlbefinden kann unter Umständen durch Berücksichtigung weiterer Empfehlungen erhöht werden.

Diabetes Typ 1

Nur etwa 10 % aller in Deutschland lebenden Diabetiker haben Typ-1-Diabetes, der früher auch als »jugendlicher Diabetes« bezeichnet wurde. Meist bricht diese Stoffwechselstörung schon im Kindesalter bzw. vor dem 40. Lebensjahr aus.
Da die Insulin produzierenden Zellen auf Grund eines Defekts zerstört werden, wird kaum noch Insulin ausgeschüttet. Der Blutzucker kann nicht mehr in die Zellen transportiert werden. Verantwortlich für die Erkrankung an Diabetes mellitus Typ 1 ist ein Zusammenwirken von Viruserkrankungen, Erbfaktoren und so genannten Autoimmunprozessen.
Die wichtigste Komponente der Therapie bei Typ-1-Diabetes ist die Insulintherapie, da dieses Hormon nicht mehr gebildet wird. Besondere Ernährungsempfehlungen sind nicht notwendig, Menschen mit Typ-1-Diabetes sollten sich aber gesund und ausgewogen ernähren. Wichtig ist, dass die Insulinmenge auf den Kohlenhydratanteil in der Nahrung abgestimmt wird.

Nur wenige Typ-2-Diabetiker sind schlank oder normalgewichtig. In der Regel müssen diese medikamentös behandelt werden, da die Bauchspeicheldrüse nicht genug Insulin zur Verfügung stellt.

Diabetes Typ 2
90 % aller Diabetiker leiden an einem Typ-2-Diabetes. Da dieser Typ überwiegend bei älteren Menschen auftritt, wurde er lange Zeit als »Altersdiabetes« bezeichnet.
Die Regulationsstörung des Blutzuckerspiegels wird durch eine hochkalorische und fettreiche Ernährung sowie durch Übergewicht, Bewegungsmangel und Stress begünstigt. Da diese Einflussfaktoren kennzeichnend für die Ernährung in den westlichen Industrienationen ist, steigt die Zahl der Menschen mit Diabetes mellitus Typ 2 rasant an. Es sind auch immer öfter jüngere Menschen betroffen.

Die Veranlagung zu Diabetes mellitus wird mit einer Wahrscheinlichkeit von bis zu 40 % vererbt, doch erst wenn weitere Faktoren hinzukommen, erkrankt der Organismus:
➤ Übergewicht
➤ Hoher Konsum von tierischen Fetten und Weißmehlprodukten
➤ Unzureichende Vitalstoffaufnahme (Vitamine, Mineralstoffe, sekundäre Pflanzen-stoffe)
➤ Geringer Ballaststoffverzehr
➤ Bewegungsmangel.

Metabolisches Syndrom

Typ-2-Diabetes geht oft mit Übergewicht, erhöhten Blutfettwerten und Blutdruck einher. Kommen diese vier Krankheitsbilder zusammen, spricht man vom »Metabolischen Syndrom«. Je früher die Diagnose Diabetes gestellt wird, desto besser sind die Chancen, Folge- und Begleiterkrankungen entgegenzuwirken.

Ein Leben lang Diät?

Aus diesem Grund ist die Umstellung auf eine fettarme, vollwertige Ernährung sowie die Steigerung der körperlichen Aktivität eine wichtige Maßnahme in der Therapie des Typ-2-Diabetes. Bei übergewichtigen Diabetikern kann eine Senkung des Körpergewichts schon entscheidend zur Normalisierung der Blutzuckerwerte beitragen. Die Gewichtsabnahme geht immer mit einer verbesserten Insulinantwort der Zellen einher. Doch von »Krankenkost« oder gar strenger Diät kann bei Diabetes mellitus heute nicht mehr die Rede sein.

Im Gegenteil: Die empfohlene Ernährung unterscheidet sich nur minimal von den Richtlinien, die auch für Menschen ohne Diabetes propagiert werden. Fettarm, vitalstoffreich und abwechslungsreich, appetitlich und genussvoll sollen und dürfen die Mahlzeiten sein!

Hypoglykämie

Bei starkem Absinken des Blutzuckers auf Werte unter 50 mg/dl kommt es zur Unterzuckerung, auch Hypoglykämie genannt. In leichteren Fällen sind Blässe, Schwitzen, Zittrigkeit, Herzklopfen, Kopfschmerzen, Nervosität, Heißhunger und ein pelziges Gefühl im Mund die Folgen. Es kann aber auch zu schweren Konzentrations-, Seh- und Sprachstörungen sowie Bewusstseinsstörungen bis hin zum diabetischen Koma kommen.
Als Notfall-Reserve für den schnellen Zuckerschub sollten Sie immer Traubenzucker, Fruchtsäfte oder spezielle Glucose-Gele bei sich haben.
Eine Hypoglykämie kann durch zu hohe Insulindosierung bzw. zu geringe Kohlenhydrataufnahme ausgelöst werden. Die häufigsten Ursachen für eine Unterzuckerung sind allerdings Alkoholkonsum oder anstrengende körperliche Betätigung.

Diabetesgerechte Ernährung

Gesundes Essen – was bedeutet das?

Genießen Sie die Lebensmittelvielfalt und suchen Sie sich das Beste davon heraus – für mehr Lebensqualität und ein langes, gesundes Leben. Das Geheimnis hochwertiger Mahlzeiten besteht in der richtigen Menge, Auswahl und Kombination der Lebensmittel. Das gilt für jedermann!

Die richtige Ernährungsstrategie für Menschen mit Diabetes mellitus ist ein wesentlicher Bestandteil der Therapie. Sie kann die Risiken für Herz-Kreislauf-Erkrankungen, Gefäßschäden, Nierenerkrankungen und Nervenstörungen mindern, Wohlbefinden, Lebensfreude und Lebensqualität erhalten oder sogar noch steigern.
Bei einer qualifizierten Betreuung durch Diabetesberater, Diätassistenten sowie durch Ihren Arzt können Sie sich einen ganz persönlichen Ernährungsplan nach Ihren Bedürfnissen zusammenstellen. Die Anforderungen an Ihren Speiseplan können sich jedoch mit der Zeit verändern. Das große Plus der Diabetiker-Ernährung: Sie essen gesund und figurfreundlich.

Die richtige Mischung macht's!

Gesunde Ernährung setzt eine ausgewogene Aufnahme aller Energie liefernden Lebensmittel voraus. Diese spenden dem Körper Kohlenhydrate, Eiweiße und Fette sowie Vitamine, Mineralstoffe, Spurenelemente und gesundheitsschützende Pflanzenstoffe. Einen besonders günstigen Effekt in Hinsicht auf Sättigung und Blutzuckerspiegel haben kohlenhydrat- und ballaststoffreiche Gemüse, Hülsenfrüchte, Getreideerzeugnisse sowie bestimmte rohe Obstsorten.

Wie viele Mahlzeiten pro Tag?

Es gibt keine pauschale Regel, wie viele Mahlzeiten Sie täglich haben sollten. Besprechen Sie mit Ihrem Arzt, ob es genügt, drei Mahlzeiten pro Tag zu essen, oder ob wegen der Wirkung von Tabletten oder Insulin die Nahrung auf mehr Mahlzeiten verteilt werden sollte.

Nahrungsmittelpyramide

Sparsam verwenden: Streichfette wie Butter, Margarine. Deutlich gesünder: Pflanzenöl, setzen Sie es zum Kochen und Backen ein. Vorsicht: Versteckte Fette in Süßwaren, und vielen Fertiggerichten.

Verzehr in Maßen: Milchprodukte enthalten ebenfalls Kohlenhydrate. Fettreich: Fette Käsesorten und vollfette oder sahnige Milchprodukte. Bevorzugen Sie fettarme Produkte.

2–3-Mal wöchentlich: Fleisch und Geflügel sollten insgesamt nur 2–3-Mal wöchentlich als Hauptgericht verzehrt werden. **In Maßen:** Wurst als Brotbelag sollte so oft wie möglich durch fettarmen Käse, pflanzliche Aufstriche oder Kräuter und Gemüse ersetzt werden. **Mindestens 6-Mal im Monat:** Verzehren Sie wegen seiner günstigen Fettsäuren und seines Jodgehalts viel Fisch!

Nicht immer, aber immer öfter: Frische Früchte enthalten Fruchtzucker. Essen Sie dennoch täglich bis zu drei Portionen (à ca. 120 g) als Zwischenmahlzeit.

Zugreifen: Frisches Gemüse können Sie immer und überall knabbern, wenn Sie Hunger haben. Bei den Hauptmahlzeiten sollte das Gemüsegericht die größte Portion darstellen.

Vollkorn bevorzugen: Getreideprodukte. **Trotz Kohlenhydraten unbedenklich:** Pellkartoffeln und Hülsenfrüchte.

Essen Sie von allen Stufen der Nahrungsmittelpyramide. Anhand der Größe der Stufen erkennen Sie, von welchen Nahrungsmittelgruppen Sie besonders viel essen können, und bei welchen Sie sich zurückhalten sollten. Von den unteren Stufen dürfen Sie größere Portionen verzehren, von denen in den oberen Stufen nur kleinere.

Kohlenhydrate

Kohlenhydrate sind Energiespender und erhöhen den Blutzuckerspiegel. Dennoch besteht kein Grund, diese bei Diabetes zu meiden. Im Gegenteil: Der Körper braucht Kohlenhydrate als schnellen Brennstoff für viele Zellen. Wählen Sie als Kohlenhydratlieferanten vor allem Getreide und Getreideprodukte, Kartoffeln, Naturreis und Hülsenfrüchte. Frisches Obst ist ebenfalls reich an Kohlenhydraten (z. B. Fruchtzucker) und enthält daneben reichlich Ballaststoffe, Mineralstoffe und Vitamine sowie sekundäre Pflanzenstoffe. Bevorzugen Sie generell unverarbeitete oder wenig verarbeitete Nahrungsmittel. Denn bei der Verarbeitung gehen wichtige Inhaltsstoffe verloren, die für Vitalität und Wohlbefinden sorgen.

Ballaststoffe

Je mehr Ballaststoffe Ihre Gerichte und Mahlzeiten enthalten, umso langsamer steigt der Blutzuckerspiegel nach dem Essen an. Denn Ballaststoffe verzögern die Aufspaltung der Kohlenhydrate in Einfachzucker. Außerdem können Ballaststoffe und gesundheitsschützende Pflanzenstoffe aus Hülsenfrüchten, Hafer, Nudeln, Naturreis und Obst wesentlich zur Senkung der Blutfettwerte beitragen. Die empfohlene Menge an Ballaststoffen (30–35 g/Tag) beugt zudem Verdauungsbeschwerden vor und führt zur Ausscheidung von Giftstoffen.

Kohlenhydrate – wie viel ist ideal?

Sie sollten die Kohlenhydrataufnahme im Sinne größtmöglichen Wohlbefindens und hoher körperlicher Leistungsfähigkeit im Auge behalten. Der Kohlenhydratanteil an der täglichen Gesamtenergiezufuhr sollte wie beim Stoffwechselgesunden 50 % oder mehr ausmachen. Das entspricht zum Beispiel bei einer Kalorienaufnahme von 1 800 kcal pro Tag 215–260 g Kohlenhydrate bzw. 18–21 Kohlenhydratportionen (= BE).

Glykämischer Index

Er ist ein Hilfsmittel für die Praxis. Die Blutzuckerwirkung kohlenhydratreicher Lebensmittel hängt nicht allein von deren absoluter Kohlenhydratmenge ab. Auch der Fett-, Eiweiß- und Ballaststoffanteil in Ihrer Kost spielen eine große Rolle. Wie schnell die Kohlenhydrate einer Mahlzeit ins Blut übertreten, hängt daher von der Zusammensetzung Ihrer Mahlzeiten ab.
Jedes Lebensmittel hat auf Grund seiner Inhaltsstoffe eine unterschiedliche Blutzuckerwirksamkeit. Diese wird durch den glykämischen Index (GI) ausgedrückt. Dieser Wert informiert darüber, welche Speisen den Blutzucker mehr und welche ihn weniger stark ansteigen lassen.
Je höher der glykämische Index einer Speise ist, um so schneller und höher steigt der Blutzucker nach deren Genuss an.
Lebensmittel mit einem hohen GI wie Traubenzucker, Limonade, Honig, Zucker, Gummibärchen oder Geleefrüchte sind gut geeignet, um eine Unterzuckerung (Hypoglykämie) rasch zu beheben. Für die tägliche Ernährung sind diese Lebensmittel nicht bzw. nur in kleinen Mengen zu empfehlen.
Lebensmittel mit einem niedrigen glykämischen Index (siehe Seite 12) sind da schon günstiger. Sie lassen den Blutzuckerspiegel nur geringfügig ansteigen. Außerdem fühlen Sie sich länger satt.

- Leistungssportler kennen und berücksichtigen den glykämischen Index, da eine bewusste Kohlenhydratauswahl ein Plus an Energien bedeutet, gerade auch bei Ausdauersportarten.
- Kopfarbeiter können sich länger konzentrieren und effektiver arbeiten, wenn sie kohlenhydratreiche Nahrungsmittel mit niedrigem glykämischen Index bevorzugen.
- Viele Figurbewusste beachten den glykämischen Index bei ihrer Lebensmittelauswahl, da sich Süßhunger- und Heißhungerattacken gar nicht erst einstellen, wenn sie Lebensmittel mit niedrigem glykämischen Index bevorzugen.

Zucker sollte maximal 10 % der Gesamtenergieaufnahme ausmachen, das sind 30–50 g Zucker pro Tag. Diese Menge ist oft schnell erreicht, da vor allem in vielen Fertigprodukten Zucker enthalten ist.

Womit süßen?

Obwohl Diabetiker heute auch kleine Mengen Zucker zum Süßen verwenden können, sollten Sie zucker- und damit kalorienfreie Süßungsmittel nutzen: Süßen Sie zum Beispiel Getränke generell mit Süßstoffen, z. B. Saccharin, Cyclamat, Aspartam, Acesulfam K, Thaumatin, Neohesperidin. In üblichen Mengen eingesetzt, ist Süßstoff gesundheitlich unbedenklich.
Anders als Süßstoffe werden Zuckeraustauschstoffe wie Fruchtzucker, Sorbit und Xylit, Mannit, Isomalt, Lactit, Maltit und Polydextrose zum Teil insulinabhängig verstoffwechselt. Süßwaren, die mit Zuckeraustauschstoffen zubereitet sind, sind allerdings oft sehr fettreich, so dass sie eher nicht oder nur in sehr kleinen Mengen zu empfehlen sind.

Eiweiß

Da sich Eiweiß nur wenig auf den Blutzuckerspiegel auswirkt, galt ein hoher Eiweißanteil in der Diabeteskost lange Zeit als empfehlenswert.
Ein zu hoher Konsum von Eiweiß kann allerdings bei Diabetikern mit Nierenschädigungen negative Auswirkungen auf die Gesundheit haben.
Eiweiß müssen Sie täglich essen, da es zum Aufbau aller Körperzellen benötigt wird. Doch in der Regel ist die Eiweißaufnahme in Deutschland deutlich höher, als die empfohlenen 10 bis maximal 20 % der täglichen Energieaufnahme. Auch Sportler und Diabetiker benötigen nicht mehr Eiweiß.
Eiweiß wird zum Großteil über tierische Produkte wie Milch und Milchprodukte, Käse, Fisch, Fleisch und Eiern bereitgestellt.

Bei einer vorgeschädigten Niere kann ein hoher Eiweißverzehr schädlich sein und zum Fortschreiten dieser Störung bis hin zum Nierenversagen beitragen, so dass die Eiweißmenge in der Nahrung unbedingt begrenzt werden sollte.
Besonders eiweißreiche pflanzliche Nahrungsmittel sind Getreide, Hülsenfrüchte und Nüsse. Noch wertvoller wird das Eiweiß für den Organismus, wenn Sie Bohnen und Mais, Kartoffeln und Ei, Kartoffeln und Quark, Kartoffeln und Hülsenfrüchte, Getreide und Milchprodukte, Hülsenfrüchte und Milchprodukte kombinieren.

Beachten Sie, dass auch Milch, Joghurt und Co. blutzuckerwirksame Kohlenhydrate enthalten!

Eiweißzufuhr – weniger ist mehr!

Setzen Sie regelmäßig vegetarische Gerichten auf Ihren Speiseplan. Essen Sie außerdem mindestens zweimal wöchentlich Fisch. Vor allem fettarme Fischsorten liefern hochwertiges Eiweiß bei gesundheitlich unbedenklichem Fettanteil. Die darin enthaltenen Omega-3-Fettsäuren wirken sich günstig auf die Blutfettwerte und die Gefäße aus. Außerdem versorgt Seefisch Sie mit Jod.

Lebensmittel mit hohem glykämischen Index		Lebensmittel mit niedrigem glykämischen Index	
Glukose, Maltose, Bratkartoffeln, sehr helle Weißmehlprodukte Kartoffelpüree, Honig	**> 90**	Vollkornbrot, Kleiebrot, Naturreis, Erbsen, Müslimischung ohne Zuckerzusatz	**> 40**
Möhren, Cornflakes, Popcorn	**> 90**	Haferflocken, Rote Bohnen, Fruchtsäfte ohne Zuckerzusatz, Vollkorn-Nudeln, Pumpernickel, Erbsen, Milchprodukte, Eis	**> 30**
Kürbis, Wassermelone, Zucker (Saccharose), Baguette, Müslimischung mit Zuckerzusatz, Schokoriegel, gekochte Kartoffeln (ohne Schale), Kekse, Mais, geschälter Reis	**> 70**	Hülsenfrüchte, frisches Obst, Konfitüren (Gesamtzuckergehalt bis 40 g), dunkle Schokolade (Kakaogehalt > 70 %), Fructose	**> 20**
Trockenfrüchte, Mischbrot, Pellkartoffeln, Banane, Melone, Konfitüre	**> 60**	Erdnüsse, Sojaprodukte	**> 15**
Nudeln (Hartweizengries)	**ca. 55**	Frisches Gemüse, Pilze	**< 15**

Diese Tabelle zum glykämischen Index von Lebensmitteln bezieht sich auf deren Kohlenhydratgehalt. Durch Kombination untereinander bzw. mit fett-, eiweiß- oder ballaststoffreichen Nahrungsmitteln kann der glykämische Index sinken. Dadurch wird die Blutzuckerwirksamkeit geringer!

Fett

Ein zu hoher Fettverzehr ist eine Ursache von Übergewicht. Doch ganz ohne Fett kann der Organismus auch wieder nicht auskommen. Es kommt darauf an, das richtige Fett zu essen. Dieses dient als Brennstoff für Herz- und Muskelzellen, als Trägerstoff für die fettlöslichen Vitamine A, D, E und K, hält die Haut geschmeidig und unterstützt viele andere Körperfunktionen.
Das Problem: Der tägliche Fettverzehr ist weit höher als der tägliche Bedarf. Und zu allem Übel stammen diese Fette vor allem von tierischen Produkten, was die Entstehung von Übergewicht und Stoffwechselerkrankungen noch begünstigt.
Senken Sie am besten generell Ihren Fettverzehr und stellen Sie die Ernährung so um, dass Sie hauptsächlich Pflanzenfette verwenden.

Wie viel Fett darf es sein?

Maximal 30 % der täglichen Energiezufuhr sollten aus Fett stammen, das entspricht etwa 60–80 g/Tag. Pro Person genügen täglich jeweils ein Teelöffel Öl zum Kochen und Braten und ein gestrichener Esslöffel als Streichfett. Der Salat verträgt zusätzlich einen knappen Esslöffel Öl pro Portion.
Wählen Sie bei Käse möglichst Produkte mit einem Fettanteil von 30–40 % F. i. Tr. und schränken Sie Ihren Fleisch- und Wurstkonsum ein.

Welches Fett ist ideal?

Jedes Fett setzt sich aus unterschiedlichen Fettsäuren zusammen. Dabei unterscheidet man gesättigte, einfach und mehrfach ungesättigte Fettsäuren.
Pflanzenöle sind reich an einfach und mehrfach ungesättigten Fettsäuren und zudem bis auf wenige Ausnahmen cholesterinfrei. Tierische Produkte hingegen enthalten vor allem gesättigte Fettsäuren. Mit Ausnahme von Fisch: Dieser enthält vorwiegend ungesättigte Fettsäuren, darunter die für Herz und Kreislauf wertvollen Omega-3-Fettsäuren.
Zu Gunsten von Gesundheit und Leistungsfähigkeit sollte Ihre Ernährung eher reich an einfach ungesättigten Fettsäuren sein. Verwenden Sie daher zum Kochen und Braten oder für Salatdressings hochwertige Pflanzenöle, aber immer möglichst sparsam. Beste Quellen sind Oliven- und Rapsöl. Bei tierischen Produkten sollten Sie unbedingt auf fettarme Sorten achten: Milch und Milchprodukte mit 1,5 % Fett, Käse mit 30–40 % F. i. Tr. Fettarme Wurstwaren sind Bündner Fleisch, Corned Beef, Geflügelwurst, Lachsschinken, Rinderschinken. Entfernen Sie sichtbare Fette wie Schwarte oder Speck, und streichen Sie die Margarine oder Butter, wenn Sie nicht ganz darauf verzichten wollen, möglichst dünn aufs Brot.

Reich an gesättigten Fettsäuren	Reich an ungesättigten Fettsäuren	Reich an MUFS
Butter	Olivenöl	Weizenkeimöl
Palmfett	Rapsöl	Maiskeimöl
Kokosfett	Erdnussöl	Distelöl
	Margarine	Leinöl
	Sesamöl	Sonnenblumenöl
	Sojaöl	Kürbiskernöl
		Diätmargarine
		Walnussöl

Vitamine und Mineralstoffe

»5-mal am Tag« sollten Sie frisches Obst und Gemüse essen, so lauten die Ernährungsempfehlungen. Je mehr Sie davon täglich genießen, umso sicherer können Sie sein, ausreichend Vitamine und andere gesundheitsschützende Pflanzenstoffe sowie Ballaststoffe aufzunehmen.

Es ist gar nicht so schwer, jeden Tag insgesamt fünf Portionen Gemüse, Salat und Obst zu genießen: Eine Portion Salat zu jeder Hauptmahlzeit, zusätzlich mindestens zu einer der Hauptmahlzeiten eine Portion Gemüse und gegen den kleinen Hunger zwischendrin Paprika-, Kohlrabi- oder andere Gemüsesticks knabbern. Erlaubt ist, was schmeckt, denn außer Erbsen, dicken Bohnen und Mais müssen Sie keine Gemüsesorte bei der Berechnung der Kohlenhydrate berücksichtigen. Bis zu zwei Mal können Sie dann sogar noch eine saftige Frucht Ihrer Wahl naschen. Übertreiben Sie es allerdings nicht mit der Größe der Frucht und verzichten Sie besser auf überreife Früchte, um den Blutzucker nicht so stark in die Höhe schnellen zu lassen.
Ganz gleich, ob Obst oder Gemüse, genießen Sie es möglichst frisch oder garen Sie es – wenn überhaupt – nur kurz, damit die wertvollen Vitamine und die gesundheitsschützenden Pflanzenstoffe nicht zerstört werden.

Getränke

Mindestens 1,5 l Flüssigkeit benötigt der Körper täglich, damit er seine Wasserbilanz ausgleichen kann. Die Getränkepyramide verdeutlicht, dass Mineralwasser, Kräuter- und Früchtetees ideale Durstlöscher sind. Sie sind kalorienfrei. Auch Diätlimonaden mit Süßstoff müssen nicht angerechnet werden.

In Maßen genießen können Sie Diätfruchtsaftgetränke, die auf Grund des darin enthaltenen Fruchtzuckers sowie der Zuckeraustauschstoffe den Blutzucker etwas in die Höhe treiben können. Nach dem Sport ist Saftschorle aus naturreinen Fruchtsäften und Mineralwasser (Verhältnis 1:4) ein idealer Durstlöscher, da er verlorene Mineralstoffe und Kohlenhydrate ersetzt.

Die besten Durstlöscher sind kalorienfreie Getränke wie Mineralwasser, Kräuter- und Früchtetees.

Alkohol

Frauen sollten grundsätzlich nicht mehr als 15 g reinen Alkohol täglich aufnehmen. Für Männer gelten als Obergrenze 30 g Alkohol.
Bei hohem Blutzucker und hohen Triglyzeridwerten sollten Sie bei Alkohol besonders zurückhaltend sein.
Denn bei Diabetes kann der Blutzucker senkende Effekt von Alkohol gefährliche Auswirkungen haben. Während im nüchternen Zustand die Leber Zuckerreserven mobilisiert, um den Blutzucker im Normalbereich zu halten, kann sie die vorhandenen Energiereserven unter Alkoholeinfluss nicht freisetzen. Infolgedessen kann es zu einer schweren und lang anhaltenden Unterzuckerung mit Bewusstlosigkeit (hypoglykämisches Koma, Unterzuckerungsschock) kommen. Gefährlich ist das Trinken alkoholischer Getränke nach körperlicher Aktivität. Werden zudem auch die durch die Bewegung verbrauchten Kohlenhydrate nicht durch eine Mahlzeit ersetzt, kann es kritisch werden.

➤Alkohol nur in kleinen Mengen genießen.
➤Nie auf nüchternen Magen trinken, schaffen Sie durch die begleitende oder vorangehende Mahlzeit eine Grundlage.
➤Die Blutzucker senkende Wirkung von Alkohol hält an, solange noch Restwerte im Blut kreisen. Die lange Nachwirkung von alkoholischen Getränken erklärt sich daraus, dass in 10 Stunden nur 1 Promille abgebaut wird!
➤Rechnen Sie den Kohlenhydratgehalt der alkoholischen Getränke nicht in Ihre Kohlenhydratbilanz ein.
➤Reduzieren Sie bei Alkoholgenuss gegebenenfalls die Dosis Blutzucker senkender Medikamente. Lassen Sie sich auf alle Fälle vorher von Ihrem Arzt beraten.
➤Wenn Sie doch eine größere Alkoholmenge getrunken haben, messen Sie vor dem Schlafengehen in jedem Fall noch einmal den Blutzucker.
➤Essen Sie bei Bedarf zusätzliche Kohlenhydrate vor dem Schlafengehen. Besprechen Sie mit Ihrem Arzt den Sicherheitsblutzucker, den Sie erreichen müssen.

Durchschnittlicher Alkoholgehalt von Getränken.

Menge	Getränk	Alkoholgehalt in g
500 ml	Alkoholfreies Bier	2
500 ml	Diät-Pils	24
500 ml	Pils, Export, Märzen	20
500 ml	Weißbier	20
200 ml	Apfelwein	10
125 ml	Rot- oder Weißwein	12
100 ml	Sekt, Champagner	10
5 cl	Sherry	8
2 cl	Kirschwasser 40 Vol%	7
4 cl	Whiskey, Irish 45 Vol%	15

Diabetes und Übergewicht

Eine wesentliche Säule der Diabetes-Behandlung ist die Kontrolle des Körpergewichts.
Die meisten Menschen mit Diabetes Typ 2 leiden unter Übergewicht. Eine Gewichtsabnahme von nur wenigen Kilogramm hat bereits günstige Auswirkungen auf die Blutzuckerwerte und bessert die Begleitstörungen.

Ob und wie viel Sie abnehmen sollten, kann Ihnen am besten Ihr Arzt sagen. Bei leichtem Übergewicht (BMI 25–29,9) sollten es mindestens 3–5 Kilogramm sein. Bei starkem Übergewicht (BMI von 30 und mehr) sollten Sie 5–10 Kilogramm abnehmen.

Wie viel Energie benötige ich?

Die Zeiten pedantischer Kohlenhydratzählerei sind inzwischen endgültig vorbei. Werden die Pfunde herunter gehungert, bilden sich nach Beendigung der Diät rasch wieder neue Fettpolster an den Problemzonen. Das Gewicht steigt meist weiter an als vor der Diät.
Das neue Motto lautet: Abwechslungsreich und fettarm genießen. Der Energiebedarf ist individuell unterschiedlich. Orientieren Sie sich an der Formel »30 kcal pro Kilogramm Körpergewicht und Tag«. Um Gewicht abzunehmen, multiplizieren Sie Ihr Gewicht mit 30 kcal und ziehen davon 500 kcal ab. Auf keinen Fall sollten Sie die Grenze von 1200 kcal pro Tag unterschreiten.

Der Weg zum Wunschgewicht

Die wirksamsten Maßnahmen, sich dem realistischen Wunschgewicht zu nähern, sind den Fettverzehr zu senken und den Energieumsatz durch mehr körperliche Aktivität zu steigern. Crash-Diäten hingegen belasten das Herz-Kreislauf-System sehr stark und haben keinen Langzeiteffekt. Ideal ist ein Abbau von 1–2 kg Körpergewicht pro Monat über einen Zeitraum von 3–6, allerhöchstens aber 12 Monaten.

Nehmen Sie nur in Absprache mit Ihrem Arzt ab. Bei massivem Übergewicht (BMI > 35) kann die Durchführung einer Ernährungstherapie in spezialisierten Zentren sinnvoll sein.

Diabetes-Diät – das war einmal!

Beim Stichwort Abnehmen denken die meisten unwillkürlich an Verzicht. Doch es ist Zeit, diese Einstellung zu revidieren: Weder müssen Sie eine eintönige Diät einhalten, noch strikt auf ihre Lieblingsspeisen verzichten.
Eine sinnvolle Umstellung der Ernährung erlaubt Ihnen, sich abwechslungsreich und gesund satt zu essen, ohne auf Leckereien ganz verzichten zu müssen. Alles ist erlaubt, ausschlaggebend ist aber die richtige Menge!
Für die Umstellung der Lebens- und Ernährungsgewohnheiten gelten für Sie exakt die gleichen »Spielregeln« wie für Menschen ohne Stoffwechselerkrankungen.

➤ Verringern Sie das Gewicht langsam, aber dauerhaft. Dies erreichen Sie durch fettkontrollierte, ballaststoff- und kohlenhydratbetonte Mahlzeiten.

➤ Körperliche Aktivität unterstützt die Gewichtsabnahme, verbessert das Körpergefühl und hebt die Stimmung. Positiver Nebeneffekt: Sie trägt zur verstärkten Reaktion der Körperzellen auf das Insulin bei.

Tipps zur Gewichtsreduktion

➤ Setzen Sie sich kleine, realistische Ziele, die Sie erreichen können, z. B. pro Monat 1 Kilogramm abzunehmen.

➤ Vermeiden Sie während des Essens Ablenkungen wie Fernsehen, Lesen oder ähnliches. Diese führen dazu, dass Sie unbewusst größere Portionen verzehren als Sie eigentlich brauchen, um satt zu werden.

➤ Trinken Sie vor dem Essen ein Glas Wasser, essen Sie Rohkost oder einen Salat, das füllt den Magen.

➤ Richten Sie Ihre Speisen appetitlich an, auch wenn Sie alleine essen. Decken Sie den Tisch für sich schön ein, schließlich ist Essen auch Genuss.

➤ Versuchen Sie wahrzunehmen, ob Sie Hunger oder einfach nur Appetit haben.

➤ Kauen Sie jeden Bissen ausgiebig.

➤ Löschen Sie den Durst mit kalorienfreien Getränken: Mineralwasser, Kräuter- und Früchtetees – verfeinert mit Zitronen- oder Limettensaft – oder Diätlimonade mit Süßstoff gesüßt.

➤ Gehen Sie niemals hungrig zum Einkaufen und halten Sie sich an Ihren Einkaufszettel. Kaufen Sie möglichst nur so viel ein, wie Sie für 1–2 Tage benötigen.

➤ »Light« bedeutet nicht immer, dass die Speisen zucker- oder fettarm sind. Lesen Sie die Zutatenliste genau. Steht an erster Stelle Fett, ist dies ein Produkt mit hohem Kaloriengehalt. Steht Zucker an letzter Stelle der Zutatenliste, ist der Zuckergehalt meist zu vernachlässigen.

Ob das Gewicht im Normalbereich liegt, errechnet man heute mit dem Body-Mass-Index (BMI), der das Körpergewicht in Relation zur Körpergröße setzt.

$$\text{BMI} = \frac{\text{Körpergewicht (kg)}}{[\text{Körpergröße (m}^2)]}$$

In der untenstehenden Grafik können Sie Ihren BMI auf einen Blick und ohne komplizierte Rechnerei ablesen. Tragen Sie Ihre Größe (cm) in der Längsachse und Ihr Gewicht (kg) auf der Querachse ein.

Wenn der BMI im Bereich »massives Übergewicht« liegt, sollten Sie unbedingt abnehmen. Ihr Arzt wird Sie dabei unterstützen. **Diese Werte gelten nur für Erwachsene, aber nicht für Kinder, Jugendliche und Senioren.**

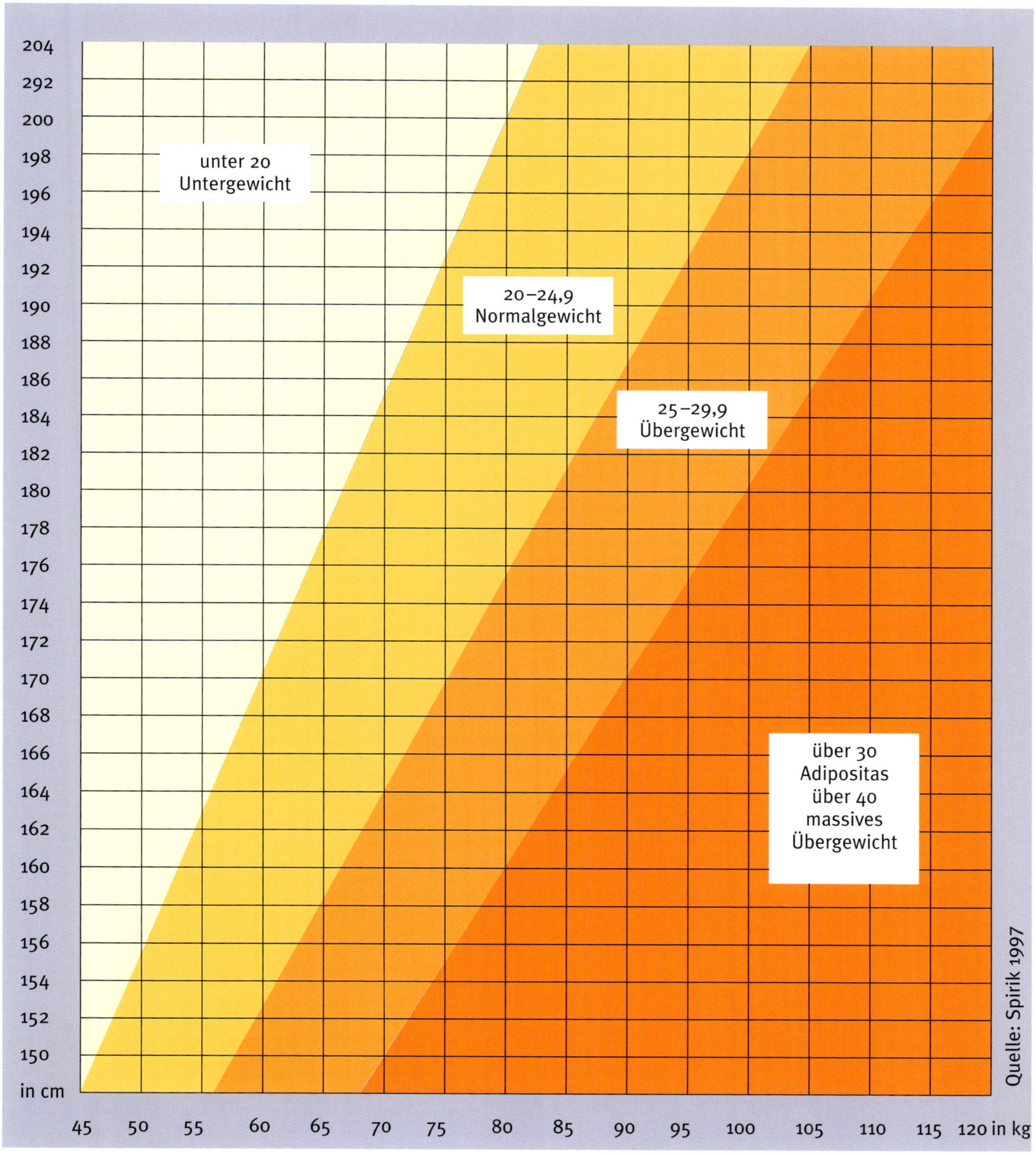

Körperliche Aktivität

Regelmäßige Bewegung macht Spaß, erhöht das Wohlbefinden und unterstützt die Gewichtskontrolle. Körperliche Aktivität bildet deswegen eine weitere wichtige Säule der Diabetes-Behandlung. Sie müssen nicht zum Leistungssportler werden, um Ihr Wohlbefinden zu steigern. Schon kleine Veränderungen im Alltag können sich sehr positiv auf den Verlauf des Blutzuckers und somit auf Ihre Gesundheit auswirken.
Egal, für welche Aktivität Sie sich entscheiden, um Ihren Körper wieder fit zu machen, tun Sie sich damit in vieler Hinsicht etwas Gutes: Ausdauersportarten trainieren das Herz-Kreislauf-System, machen die Muskelzellen empfindlicher für die Insulinwirkung und führen zur Ausschüttung körpereigener Glückshormone. In wenigen Worten: Sport wirkt sich positiv auf Gewicht, Blutfette, Blutdruck und Blutzuckerwerte aus.

Einfache Maßnahmen reichen aus, um Ihre körperliche Aktivität zu steigern.
Je nach Gesundheitszustand ist nicht jede sportliche Betätigung gleichermaßen empfehlenswert. Beginnen Sie generell mit einem leichten bis mittelschweren Übungsprogramm, und steigern Sie die Dauer Ihrer Übungen langsam. Wenn Sie schon längere Zeit nicht mehr sportlich aktiv waren, sollten Sie sich vor dem Wiedereinstieg auf jeden Fall ein Okay vom Hausarzt geben lassen. Und geben Sie Ihrem Körper Zeit, sich wieder an Muskelarbeit zu gewöhnen!

Ausdauersport ist ideal, um die Herz-Kreislauf-Leistung zu verbessern und die Fettverbrennung anzukurbeln. Je länger die Aktivitäten durchgeführt werden, desto mehr Fett mobilisiert der Körper aus den eigenen Reserven. Die bestmögliche Fettverbrennung erzielen Sie, wenn Sie sich länger als 20–30 Minuten bewegen. Dabei sollten Sie sich noch unterhalten können, ohne aus der Puste zu kommen, und Ihr Puls sollte nicht schneller als 130-mal pro Minute schlagen.

Gut geeignet sind gelenkschonende Sportarten wie:
- Spazieren gehen
- Walking – zügiges Gehen
- Rad fahren
- Schwimmen
- Tanzen

Aktivitäten, die mit abrupten Richtungswechseln, Druck- oder Stoßbelastungen einhergehen, sind eher Gelenk belastend. Insbesondere bei Übergewicht, Problemen mit dem Rücken oder den Knien, sollten Sie diese Sportarten vermeiden:
- Joggen
- Tennis
- Fußball

Kraftsportarten fördern den Muskelaufbau. Da Muskelmasse mehr Energie verbrennt als Fettmasse, bleibt der Energieverbrauch hoch. Zur Gewichtsreduktion trägt Kraftsport wenig bei, durch den Muskelaufbau ändert sich das Körpergewicht kaum. Allerdings wird die Figur deutlich sichtbar straffer und schlanker.

Ideal ist eine Kombination aus Ausdauerbewegung und Kraftsport. Gehen Sie beispielsweise drei- bis viermal wöchentlich 30 Minuten in strammem Tempo spazieren und machen Sie einmal wöchentlich Muskel aufbauende Übungen.

Bewegung im Alltag

Im Alltag gibt es viele Möglichkeiten die Bewegung zu steigern.
- Kurze Wege lassen sich gut zu Fuß oder mit dem Fahrrad zurücklegen.
- Wenn Sie viel mit dem Auto oder öffentlichen Verkehrsmitteln unterwegs sind, parken Sie einige Straßen vom Ziel entfernt bzw. steigen Sie eine Haltestelle früher aus und legen Sie den restlichen Weg zu Fuß zurück.
- Benutzen Sie so oft wie möglich die Treppe statt Rolltreppe oder Fahrstuhl.
- Wenn Sie eine überwiegend sitzende Tätigkeit haben, machen Sie zwischendurch kleine Bewegungsübungen mit den Beinen. Diese sorgen nicht nur für zusätzliche Bewegung, sondern tragen auch zur Lockerung bei.

Bewegung in der Freizeit

In der Freizeit oder am Wochenende sind die Möglichkeiten zur Bewegungssteigerung wesentlich vielfältiger. Ob Sie sich allein, mit Partner, Freunden oder im Verein betätigen, hängt von Ihren persönlichen Vorlieben ab.

➤ Statt am Abend fernzusehen machen Sie einen ausgiebigen Spaziergang.
➤ Erledigen Sie kleinere Besorgungen in der Nähe Ihrer Wohnung zu Fuß oder mit dem Fahrrad.
➤ Gehen Sie einmal in der Woche schwimmen.
➤ Statt eines Großeinkaufs, erledigen Sie Ihre täglichen Besorgungen zu Fuß.
➤ Besuchen Sie mit Freunden oder alleine einen Sportverein. Das Angebot der Vereine ist sehr vielfältig: Tanzen, Wandern, Gymnastik und Freizeitsport gehören zu Ihren Standardprogrammen.

Sportler und Schwerarbeiter

Ein erhöhtes Maß an körperlicher Aktivität bedeutet mehr Muskelarbeit. Das ist ein großer Vorteil, da Muskelarbeit die Insulinaufnahme in die Zellen verbessert.
Muskeln, die stärker beansprucht werden, haben auch einen erhöhten Energiebedarf haben. Es werden mehr Kohlenhydrate verbrannt, der Blutzucker sinkt. Deswegen müssen Sportler mit Diabetes ihre Kohlenhydratversorgung und die Insulindosis sorgfältig auf diese besonderen Anforderungen abstimmen, um einer Unterzuckerung vorzubeugen.

Bei starker körperlicher Belastung vermeiden Sie eine Hypoglykämie, wenn Sie dem Körper bereits im Vorfeld Kohlenhydrate zur Verfügung stellen. Sofern Sie auf Blutzucker senkende Medikamente angewiesen sind, besprechen Sie mit Ihrem Arzt, wie diese vor, während und nach größeren körperlichem Anstrengungen zu dosieren sind.
Bei spontanen Aktivitäten sollten Sie dem Körper vorher durch kleine Snacks – auch Energy-Drinks und andere kohlenhydrathaltige Getränke – zusätzliche Kohlenhydrate zuführen.
Planen Sie Ausdaueraktivitäten oder führen Sie diese regelmäßig aus, kann eine Senkung der Medikamenteneinnahme bereits vorher eingeplant werden.
Auch die Einnahme Blutzucker senkender Medikamente muss auf Grund des positiven Einflusses von Sport auf den Blutzuckerspiegel angepasst werden. Andernfalls kann eine Unterzuckerung auftreten, weil durch die vermehrte Muskelarbeit während körperlicher Aktivität mehr Glucose aus dem Blut in die Muskelzellen fließt. Bei schlechter Anpassung können die Blutzuckerwerte unter 50 mg/dl sinken.
Messen Sie vor – bei länger andauernder Aktivität auch während und nach – dem Training Ihren Blutzucker und essen oder trinken Sie je nach Blutzuckerhöhe zusätzlich etwas, z. B. 1 Banane oder 1 Glas Apfel- oder Orangensaft.

Symptome einer Unterzuckerung:
➤ Schweißausbruch
➤ Zittern
➤ Heißhunger
➤ Schwäche
➤ Weiche Knie
➤ Schneller Herzschlag
➤ Sehstörungen

Richtwert: Essen Sie pro 30 Minuten körperlicher Bewegung zusätzlich 1 BE oder senken Sie nach Absprache mit Ihrem Arzt die Medikamentendosis.
Jeder Diabetiker sollte immer Traubenzucker bei sich haben, um bei den ersten Anzeichen einer Unterzuckerung sofort reagieren zu können.

Tipps für die Praxis

Stichwort – fettarm

➤ Verwenden Sie verschiedene Öle und Essigsorten mit ausgeprägtem Eigengeschmack. Kaltgepresste Öle würzen intensiver.
➤ Verzichten Sie auf Fertigdressings und wählen Sie stattdessen ein Dressing aus Essig und Öl oder mit Joghurt statt eines Sahnedressings.
➤ 1 TL Öl pro Portion Salat reicht aus!
➤ Wenn Sie es lieber cremig mögen, verwenden Sie Buttermilch, Kefir (1,5 % Fett), Joghurt (1,5 % Fett), Dickmilch (1,5 % Fett) statt Sahne, Crème fraîche & Co.

➤ Für einen guten Saucenfond schmoren oder dünsten Sie viel frisches Gemüse mit. Dunkle Saucen werden aromatischer, wenn Sie kleingeschnittene Möhren, Tomaten, Zwiebeln, ein Stück Sellerie und Lauch von Anfang an zufügen.
Für helle Saucen verwenden Sie am besten weiße Lauchabschnitte, Zwiebeln, etwas Sellerie oder Möhren.
➤ Statt Saucen mit Sahne anzudicken, können Sie das mitgegarte Gemüse pürieren und unterrühren. Auch ein Spritzer Kondensmilch ist eine gute Alternative.
➤ Buttermilch, Kefir, Joghurt oder Dickmilch runden Bratensaucen ab. Einen geschmacklichen Unterschied zu saurer Sahne werden Sie bei diesen Alternativen nicht feststellen.
➤ Joghurt & Co. am besten erst in einer kleinen Schüssel mit 3 bis 4 EL heißer Sauce anrühren und dann unter die heiße Sauce mischen, damit diese nicht gerinnt.

➤ Cremesuppen werden wie Saucen durch Gemüsepüree sämiger.
➤ Dämpfen, Dünsten, Braten in beschichteten Pfannen, Schmoren, Grillen und das Garen im Wok sind Fett sparende und Vitamin schonende Garmethoden.
➤ Je kleiner das Gargut, desto kürzer ist die Garzeit. Schneiden Sie Gemüse in feine Julienne oder Würfelchen. Wenn Sie im Wok garen, schneiden Sie auch das Fleisch ganz fein.

➤ Magerquark wird luftig und cremig, wenn Sie einige Spritzer kohlensäurehaltiges Mineralwasser unterschlagen. Auf steif geschlagene Sahne können Sie verzichten!
➤ Auch Magerquark und fettarmer Joghurt im Verhältnis 1:1 gemixt, ergeben eine lockere Basis für Quarkspeisen und Desserts.

Stichwort – Ballaststoffe

➤ Greifen Sie zu Vollkornprodukten. Es müssen nicht solche mit ganzen Körnern sein. Wählen Sie zum Ausprobieren Produkte aus fein gemahlenem Vollkorn, z. B. Grahambrot, Vollkornsemmeln und Vollkornknäckebrot. Sie steigern Ihre Ballaststoffaufnahme.
➤ Ungeschälter Reis hat einen nussigen Eigengeschmack, der Sie begeistern wird.
➤ Wenn Sie Vollkornnudeln ohne Ei ausprobieren wollen, wählen Sie Dinkelvollkornnudeln. Diese sind sehr mild im Geschmack.

Stichwort – würzen und süßen

➤ Gewürze und frische Kräuter verfeinern jedes Gericht und helfen, Salz zu sparen. Frische Kräuter erst unmittelbar vor dem Anrichten an warme Speisen geben, sonst büßen sie ihr Aroma ein.
➤ Ballaststoffreiche Lebensmittel, Eiweiß und Fett verzögern den Übertritt des Zuckers ins Blut. Zucker wirkt in Kombination mit diesen Nährstoffen weniger stark Blutzucker steigernd. Vollkornbrot mit Marmelade und etwas Magerquark, Vollkorngebäck sind ideal.
➤ Pürieren Sie für fruchtige Speisen etwa die Hälfte der Früchte, die Sie verwenden wollen. Fruchtzucker hat eine gute Süßkraft. Auf andere Süßungsmittel können Sie weitgehend verzichten.

➤ Zuckeraustauschstoffe bieten keine Vorteile gegenüber herkömmlichem Zucker. Verwenden Sie Süßstoff für Getränke und normalem Haushaltszucker für Kuchen – allerdings in Maßen. Reduzieren Sie nach und nach Ihren Zuckerkonsum, damit das Verlangen nach Süßem sinkt.
➤ Aspartam ist zum Kochen oder Backen ungeeignet.

➤ Ziehen Sie pflanzliche Bindemittel wie Johannisbrotkern- oder Guarkernmehl der klassischen Weizen- oder Kartoffelstärke vor. Sie basieren nicht auf Stärkebasis, sondern bestehen aus unverdaulichen Ballaststoffen (Reformhaus, Bioladen, Reformabteilungen in Supermärkten).
Tipp: Verwenden Sie pro Saucen- oder Suppenportion lediglich eine Messerspitze Bindemittel. Beachten Sie, dass die Bindewirkung erst nach 10 Minuten Quellzeit eintritt.

Stichwort – backen

➤ Verwenden Sie entweder generell Mehl Type 1050 oder zur Hälfte Mehl Type 405 und zur anderen Hälfte fein gemahlenes Vollkornmehl. Eventuell müssen Sie bei dieser Mischung die im Rezept angegebene Flüssigkeitsmenge etwas erhöhen oder etwas Wasser an den Teig geben.
➤ Bei herkömmlichen Kuchenrezepten lässt sich ohne Geschmacksverlust die Zuckermenge um ein Viertel bis zu einem Drittel reduzieren.
➤ Bevorzugen Sie fettarme Teige wie Strudelteig, Hefeteig oder Quark-Öl-Teig.

Stichwort – Produkte für Diabetiker

➤ Das Verbot von Zucker ist für Diabetiker längst passé. Sie können durchaus eine kleine süße Leckerei genießen, z. B. eine Praline pro Tag.
➤ Produkte mit Zuckeraustauschstoffen sind in der Regel überflüssig. Diese Produkte sind meist auch teurer als herkömmliche Lebensmittel, enthalten aber genauso große Fett- und Energiemengen. Sie bieten also keinerlei Vorteile.
➤ Nicht alle Produkte die mit dem Hinweis »Diät« gekennzeichnet sind, sind für Diabetiker wirklich geeignet.
➤ Statt einem Stück Diät-Schokolade können Sie auch ein Stück Zartbitter-Schokolade naschen. Diese enthält deutlich weniger Zucker als Vollmilch-Schokolade. Bedenken Sie aber, dass beide sehr fettreich sind.
➤ Wenn Sie sich ein- oder zweimal wöchentlich etwas Süßes gönnen, genießen Sie es.

Stichwort – Nahrungsergänzung

➤ Es werden eine Reihe von Vitamin-, Mineralstoff- und Spurenelement-Präparaten als Zusatznahrung für Diabetiker angeboten. Doch deren Wirksamkeit ist nicht belegt und sie sind höchstens in Ausnahmefällen sinnvoll. Sollte die gezielte Einnahme von Nahrungsergänzungsmitteln wirklich notwendig und empfehlenswert sein, wird Ihnen Ihr Arzt diese empfehlen.
➤ Vitalstoffe aus frischen, natürlichen Nahrungsmitteln werden vom Körper am besten verwertet. Beste Basis ist eine vielfältige und abwechslungsreiche Lebensmittelauswahl von drei Portionen Gemüse sowie zwei kleinen Portionen frischem Obst pro Tag.
➤ Unverarbeitete oder wenig verarbeitete Nahrungsmittel enthalten noch ihren ursprünglichen Ballaststoffanteil und viele Vitalstoffe. Deswegen gilt: Besser frisches Obst als Saft, besser Vollkornreis als geschälten Reis, besser Pellkartoffeln als Pommes frites und besser Vollkornbrot als Baguette verwenden.

Weitere Tipps

➤ Eier sollten Sie höchstens 1 bis 2 Stück pro Monat verzehren. Zusätzlich enthalten auch Aufläufe, Nudeln, Kuchen und Gebäck Eier.
➤ Bei der industriellen Verarbeitung und Veränderung von Fetten können so genannte Trans-Fettsäuren entstehen. Sie werden gekennzeichnet als »pflanzliches Fett, z. T. gehärtet« und können wie die gesättigten Fettsäuren die Blutfette ungünstig beeinflussen.
➤ Verwenden Sie Fertigprodukte nur dann, wenn sie keine andere Möglichkeit haben und diese keine ungünstige Zusammensetzung haben. Einige Fertigprodukte enthalten viel Fett, Zucker bzw. Salz.
➤ Wenn Sie normalerweise Mineralwasser oder Tee als Durstlöscher wählen, stellt ein Glas Wein zum Essen kein Problem dar.
➤ Bei einem mehrgängigen Essen werden mehr Kohlenhydrate verzehrt als sonst. Verzichten Sie dann besser ganz aufs Dessert oder bestellen Sie dazu nur eine Tasse Kaffee mit Süßstoff.
➤ Um den Überschuss an Energie und Fett eines »Ausgehtages« wieder wettzumachen, sollten Sie sich am folgenden Tag bewusst zurückhalten und hauptsächlich bei fetthaltigen Lebensmitteln Kalorien einsparen.

Stichwort – Hypoglykämie

➤ Ein mit Magerquark belegtes Vollkornbrot, Joghurt oder ein halber Müsliriegel als Betthupferl können einer nächtlichen Unterzuckerung vorbeugen. Solche Mahlzeiten mit niedrigem glykämischen Index, die den Blutzucker nur langsam ansteigen lassen, haben sich bei Diabetikern, die Insulin spritzen müssen, als Spätmahlzeit bewährt.
➤ Als Notfall-Reserve für den schnellen Zuckerschub sollten Sie immer Traubenzucker oder einen abgepackten Fruchtsaft mitnehmen.
➤ Auch mehrere Stunden nach Genuss von Alkohol oder intensiver körperlicher Betätigung kann der Blutzucker noch stark absinken, wenn Sie nicht genug Kohlenhydrate gegessen haben.

Frühstücke & Snacks

Frühstücken wie ein Kaiser ...

Leicht und locker soll das Frühstück sein. Nachteulen und Frühaufsteher starten nach einem farbenfrohen, vitalstoffreichen Frühstück gleichermaßen energiegeladen in den Tag. Für ein ideales Frühstück kombinieren Sie jeweils eine kleine Portion Obst, Getreide bzw. Brot und Milchprodukte.

Flocken-Kokos-Müsli mit Papaya

Kohlenhydrate	●●◐	**20 Min.**
Fett	●●	
Ballaststoffe	●●	

Pro Portion ca. 220 kcal
7 g Eiweiß · 7 g Fett · 29 g Kohlenhydrate

ZUTATEN FÜR 2 PORTIONEN:
1 kleine reife Papaya
2 EL Kokosraspel
50 g gemischte Getreideflocken
200 g Kefir
1 Prise Ingwerpulver
1 Prise Zimt
1 EL Birnendicksaft

1 Die Papaya schälen, längs halbieren, entkernen. Die Hälfte des Fruchtfleisches in dünne Spalten schneiden, den Rest klein würfeln.

2 Die Kokosraspeln in einer beschichteten Pfanne rösten. Mit den Getreideflocken und den Papayawürfeln in zwei Schälchen geben.

3 Kefir, Ingwer, Zimt und Birnendicksaft verrühren. Über das Müsli geben und mit den Papayaspalten garnieren.

!! Tipp: Jedes Müsli sorgt für einen gesunden Start in den Tag. Wenn Sie fertige Müslimischungen kaufen, sollten Sie die Zutatenliste genau lesen. Meiden Sie alle Mischungen, denen Zucker (gleich welcher Art!) zugegeben wurde.

Frischkornmüsli mit Aprikosen-Joghurt

Kohlenhydrate	●●	**15 Min.**
Fett	–	
Ballaststoffe	●	

Pro Portion ca. 119 kcal
4 g Eiweiß · 1 g Fett · 23 g Kohlenhydrate

ZUTATEN FÜR 2 PORTIONEN:
3 EL Weizenkörner (30 g)
100 g fettarmer Joghurt
1 TL flüssiger Honig (15 g)
1 TL ungesüßter Sanddornsaft (Reformhaus)
2 Spritzer Süßstoff
20 g getrocknete Aprikosen
1/2 Orange

1 Die Weizenkörner grob schroten, mit 2 EL Wasser verrühren. Mit Wasser bedecken, abgedeckt im Kühlschrank über Nacht quellen lassen.

2 Am nächsten Morgen den Joghurt mit dem Honig, dem Sanddornsaft und dem Süßstoff glatt rühren.

3 Die Aprikosen waschen, trockentupfen und in feine Streifen schneiden. Mit dem gequollenen Weizenschrot und Joghurt verrühren.

4 Die Orangenhälfte schälen, auch die weiße Haut entfernen und in mundgerechte Stücke schneiden. Unter das Müsli mischen.

5 Das Müsli in zwei Schälchen anrichten. Mit 1/2 TL Zartbitter-Schokolade servieren.

Crunchy Müsli mit Apfel und Banane

Kohlenhydrate ●●●◐ **15 Min.**
Fett ●●
Ballaststoffe ●●

Pro Portion ca. 249 kcal
4 g Eiweiß · 9 g Fett · 38 g Kohlenhydrate

ZUTATEN FÜR 2 PORTIONEN:
1 Banane
2 Äpfel
4 EL fettarmer Joghurt
1 EL Butter
1 Päckchen Vanillezucker
1 EL Mandelblättchen oder Buchweizenkörner
4 EL kernige Haferflocken
einige Johannisbeerrispen

1 Die Banane schälen und mit einer Gabel zerdrücken. Die Äpfel waschen, halbieren, vom Kerngehäuse befreien, einige schmale Apfelspalten abschneiden und beiseite legen. Die restlichen Äpfel mit Schale fein raspeln und mit dem Bananenpüree unter den Joghurt rühren.

2 Die Butter erhitzen, den Vanillezucker darin unter Rühren auflösen. Die Mandelblättchen und Haferflocken zugeben und unter Rühren goldbraun rösten. Diese Mischung kurz abkühlen lassen und unter den Früchtejoghurt mischen.

3 Die Johannisbeeren waschen, trockentupfen und von den Rispen zupfen. Das Crunchy Müsli mit den Johannisbeeren und den übrigen Apfelspalten anrichten.

Obstsalat mit Cashewsauce

Kohlenhydrate ●●◐ **25 Min.**
Fett ●
Ballaststoffe ●

Pro Portion ca. 162 kcal
4 g Eiweiß · 5 g Fett · 25 g Kohlenhydrate

ZUTATEN FÜR 2 PORTIONEN:
1 kleine Orange
100 g blaue Weintrauben
1 kleine Kiwi
1 kleiner rotschaliger Apfel
2 EL Zitronensaft
2 EL ungesüßtes Cashewkernmus (Reformhaus)
75 g fettarmer Joghurt
2 EL Cashewkerne

1 Die Orange schälen, auch die weiße Haut entfernen und filetieren, den abtropfenden Saft auffangen. Die Weintrauben waschen, halbieren und entkernen. Die Kiwi schälen, halbieren und in Scheiben schneiden.

2 Den Apfel waschen, vierteln und vom Kerngehäuse befreien. Die Viertel in Spalten schneiden, sofort im Zitronensaft wenden, wieder herausheben.

3 Die Früchte mischen und in Schälchen anrichten. Zitronen- und Orangensaft mit dem Cashewkernmus und dem Joghurt verrühren.

4 Die Cashewkerne grob hacken, in einer beschichteten Pfanne rösten. Cashewsauce und -kerne über den Obstsalat geben.

Früchte-Frischkäse-Sandwich

Kohlenhydrate ●● · Fett – · Ballaststoffe ● · 15 Min.

Pro Portion ca. 134 kcal
4 g Eiweiß · 2 g Fett · 24 g Kohlenhydrate

ZUTATEN FÜR 2 PORTIONEN:
4 Scheiben Vollkorntoast
50 g Himbeeren
2 EL fettarmer Frischkäse
1 Pfirsich

1 Die Toastbrotscheiben im Toaster rösten. Die Himbeeren waschen, verlesen und zerdrücken. Mit dem Frischkäse verrühren und auf die Toastbrote streichen.

2 Den Pfirsich waschen, halbieren, vom Stein befreien, in dünne Spalten schneiden und auf zwei Toastbrotscheiben verteilen. Mit den übrigen Toastbrotscheiben bedeckt servieren.

!! Tipp: Anstelle der Himbeeren können Sie rote Johannisbeeren oder Erdbeeren verwenden.

!! Tipp: Vollkorn-Toastbrot ist eine leichte Variante zu Vollkornbrot und Brötchen. Es ist allerdings fettreicher und nicht so ballaststoffreich. Wenn Sie gerade dabei sind abzunehmen, belegen Sie statt zwei Scheiben Toastbrot lieber eine Scheibe geröstetes Vollkornbrot.

Brötchen mit Ricottacreme

Kohlenhydrate ●●● · Fett ●●● · Ballaststoffe ●● · 15 Min.

Pro Portion ca. 288 kcal
11 g Eiweiß · 12 g Fett · 34 g Kohlenhydrate

ZUTATEN FÜR 2 PORTIONEN:
80 g Ricotta
1–2 EL Magermilch
einige Tropfen flüssiger Süßstoff
1 kleiner Apfel
1 EL Zitronensaft
2 Vollkornbrötchen
2 EL Pinienkerne

1 Den Ricotta in einer Schüssel mit der Magermilch und dem Süßstoff verrühren.

2 Den Apfel schälen und grob raspeln, mit Zitronensaft beträufeln und mit der Ricottacreme verrühren.

3 Die Vollkornbrötchen halbieren und mit der Ricottacreme bestreichen. Die Pinienkerne grob hacken, in einer kleinen beschichteten Pfanne ohne Fett goldbraun rösten und obenauf streuen.

!! Tipp: Ricotta ist ein italienischer Frischkäse, der in seiner Heimat auf verschiedene Arten hergestellt wird. Der bei uns verkaufte Ricotta enthält etwa 40 % Fett i. Tr., der handelsübliche deutsche Doppelrahm-Frischkäse hingegen enthält mindestens 60 % Fett i. Tr. Inzwischen sind aber auch fettarme Frischkäsesorten mit 5 %, 7 % oder 16 % Fett im Handel.

Birnenquark-Pumpernickel

Kohlenhydrate ● · Fett – · Ballaststoffe ● · 15 Min.

Pro Portion ca. 92 kcal
8 g Eiweiß · 1 g Fett · 14 g Kohlenhydrate

ZUTATEN FÜR 2 PORTIONEN:
100 g Magerquark
140 g Birne (mit festem Fruchtfleisch)
Zimt
Salz
24 g Preiselbeerkompott (ohne Zucker gesüßt)
2 Scheiben Pumpernickel

1 Den Quark in einer Schüssel glatt rühren. Die Birne halbieren, vom Kerngehäuse befreien und direkt in den Quark raspeln und unterrühren.

2 Den Quark mit 2 Prisen Zimt und 1 Prise Salz würzen. Das Preiselbeerkompott locker untermischen.

3 Die Pumpernickel-Scheiben mit dem Quark bestreichen.

!! Tipp: Pumpernickel ist für Ihren Blutzuckerspiegel eigentlich ideal, da er insgesamt sehr viel weniger Kohlenhydrate enthält als andere Brotsorten und zudem aus wertvollem Vollkorn gebacken wird. Er ist wasserreicher und salzärmer, liefert aber mehr lebenswichtige Mineralien und Vitamine. Eine nette Alternative sind die kleinen Pumpernickel-Taler. Diese können Sie auch gut zwischendurch knabbern, wenn der kleine Hunger kommt.

Bild oben: Früchte-Frischkäse-Sandwich
Bild unten links: Brötchen mit Ricottacreme
Bild unten rechts: Birnenquark-Pumpernickel

Kürbisbrötchen mit Käsecreme

Kohlenhydrate ●●◖ **40 Min.**
Fett – **(+ 1 Std. 20 Min. Ruhezeit)**
Ballaststoffe ● **(+ 20 Min. Backzeit)**

Pro Stück ca. 166 kcal
9 g Eiweiß · 3 g Fett · 26 g Kohlenhydrate

ZUTATEN FÜR 8 BRÖTCHEN:
1 kg Kürbis (350 g Fruchtfleisch)
Salz
250 g dunkles Weizenmehl (Type 1050)
1 Päckchen Trockenhefe
1 Prise Zucker
1 EL gehackte Kürbiskerne
40 g Edelpilzkäse (50 % Fett i. Tr.)
1 gehackte Schalotte
2 TL Zitronensaft
160 g Magerquark
2 EL frisch gehackte glatte Petersilie
Pfeffer aus der Mühle
etwas Mehl für die Arbeitsfläche

1 Für den Teig das Kürbisfleisch in grobe Würfel schneiden. In einem Topf knapp mit Wasser bedeckt und mit 2 Prisen Salz aufkochen lassen, zugedeckt bei schwacher Hitze in 15 Min. weich garen. Den Kürbis mit der Schaumkelle aus dem Topf heben, abtropfen und abkühlen lassen. Das Kürbisfleisch in einem sauberen Mulltuch gut ausdrücken, davon 150 g abwiegen.

2 Das Mehl mit der Trockenhefe, 1/2 TL Salz und einer kräftigen Prise Zucker in einer Teigschüssel mischen. Das Kürbisfleisch und die Kerne dazugeben und alles mit den Knethaken des Handrührgeräts zu einem weichen Teig verkneten. Dabei nach und nach etwa 50 ml lauwarmes Wasser dazugießen. Den Teig zugedeckt 1 Std. gehen lassen.

3 Den Teig auf leicht bemehlter Arbeitsfläche mit den Handballen nochmals durchkneten. 8 Brötchen formen und auf ein mit Backpapier ausgelegtes Backblech setzen. Zugedeckt 20 Min. gehen lassen. Backofen auf 180° vorheizen. Die Brötchen im Backofen (Mitte, Umluft 160°) 20 Min. backen.

4 Den Käse in einer Schüssel mit der Gabel zerdrücken. Schalotte, Zitronensaft, Quark und Petersilie hinzufügen und alles verrühren. Die Käsecreme mit Pfeffer übermahlen und zu den Kürbisbrötchen extra servieren.

!! Tipp: Die Kürbisbrötchen lassen sich gut einfrieren und wieder aufbacken. Sie halten sich aber auch bis zum nächsten Tag frisch.

Supertoast mit Frischkäse

Kohlenhydrate ● **20 Min.**
Fett –
Ballaststoffe ●

Pro Portion ca. 78 kcal
6 g Eiweiß · 1 g Fett · 12 g Kohlenhydrate

ZUTATEN FÜR 2 PORTIONEN:
4–5 Radieschen
50 g fettarmer Frischkäse
Pfeffer aus der Mühle
2 Scheiben Vollkorntoast
30 g Salatgurke
1 EL Kresse
1 mittelgroße Tomate
Salz

1 Die Radieschen putzen, waschen und fein hacken. Mit dem Frischkäse in einer Schüssel verrühren und mit etwas Pfeffer würzen. Die Toastbrotscheiben im Toaster rösten, kurz abkühlen lassen und mit dem Radieschen-Frischkäse bestreichen.

2 Die Gurke waschen, trockentupfen und mit der Schale in sehr dünne Scheiben hobeln. Die Gurkenscheiben auf den Toastbrotscheiben verteilen. Die Kresse waschen, trockentupfen und darüber streuen.

3 Die Tomate waschen, halbieren und ohne den Stielansatz in dünne Spalten schneiden. Die Tomatenspalten auf der Kresse anrichten. Mit etwas Salz würzen und mit Pfeffer übermahlen.

!! Tipp: So schmeckt der Toast noch herzhafter: 1/2 TL Dijon-Senf unter den Frischkäse rühren. Verwenden Sie fettarmen Frischkäse mit Joghurt.

!! Tipp: Getoastetes Brot sättigt generell länger als ungetoastetes Brot. Das gilt für jede Brotsorte, probieren Sie es aus!

Bild oben:
Kürbisbrötchen mit Käsecreme
Bild unten:
Supertoast mit Frischkäse

Brot mit Putenbrust und Remoulade

Kohlenhydrate ●◖ **Fett** ●● **Ballaststoffe** ● — **30 Min.**

Pro Portion ca. 189 kcal
9 g Eiweiß · 9 g Fett · 18 g Kohlenhydrate

ZUTATEN FÜR 2 PORTIONEN:
1/2 hart gekochtes Ei
20 g Gewürzgurke
30 g saure Sahne
1/2 TL mittelscharfer Senf
1/2 EL frisch gehackte gemischte Kräuter (z. B. Schnittlauch, Petersilie, Dill, Kerbel)
1 dickere Apfelspalte
Worcestersauce
Salz
flüssiger Süßstoff
2 Scheiben Vollkornbrot (80 g)
10 g Margarine
2 Scheiben Putenbrust-Aufschnitt
2 Salatblätter (z. B. Eichblattsalat)

1 Für die Remoulade das Ei pellen und hacken. Die Gewürzgurke ebenfalls fein hacken. Beides in eine kleine Schüssel geben. Die saure Sahne, den Senf und die Kräuter unterrühren. Von der Apfelspalte etwa 1 TL fein reiben und unter die Remoulade rühren. Den restlichen Apfel beiseite legen. Die Remoulade mit 1 Spritzer Worcestersauce, etwas Salz und Süßstoff abschmecken.

2 Die Brotscheiben mit der Margarine bestreichen und mit dem Putenbrust-Aufschnitt belegen.

3 Die Salatblätter waschen und mit Küchenpapier trockentupfen. Den übrigen Apfel in dünne Scheibchen schneiden. Je 1 Salatblatt auf die Brotscheiben legen. Die Apfelscheibchen darauf verteilen und die Remoulade darüber geben.

Vollkornbrot mit Schinkencreme

Kohlenhydrate ●● **Fett** ● **Ballaststoffe** ● — **10 Min.**

Pro Portion ca. 212 kcal
17 g Eiweiß · 6 g Fett · 22 g Kohlenhydrate

ZUTATEN FÜR 2 PORTIONEN:
60 g magerer gekochter Schinken
100 g Magerquark
weißer Pfeffer
edelsüßes Paprikapulver
2 Scheiben Vollkornbrot
2 kleine Gewürzgurken
1 EL Schnittlauchröllchen

1 Eventuell den Fettrand von dem Schinken entfernen. Den Schinken erst in Streifen, dann grob in Würfel schneiden.

2 Den Quark zusammen mit dem Schinken im Mixer oder mit dem Pürierstab pürieren. Die Schinkencreme mit Pfeffer und Paprikapulver abschmecken. Die Brotscheiben mit der Schinkencreme bestreichen.

3 Die Gewürzgurken in Scheiben schneiden und auf die Brotscheiben legen. Die Schnittlauchröllchen darauf verteilen.

!! Tipp: Frische Kräuter und selbst gezogene Sprossen peppen jedes belegte Brot appetitlich auf. Zusätzlich sind sie richtige Kraftprotze, was ihren Mineralstoff- und Vitamingehalt angeht.

Roggenbrötchen mit Pesto und Sprossenbelag

Kohlenhydrate ●●◖ **Fett** ●● **Ballaststoffe** ●●● — **15 Min.**

Pro Portion ca. 252 kcal
16 g Eiweiß · 7 g Fett · 31 g Kohlenhydrate

ZUTATEN FÜR 2 PORTIONEN:
100 g körniger Frischkäse
1 EL Leinsamen
1 EL Weizenkeime
Jodsalz
weißer Pfeffer
2 Roggen-Vollkornbrötchen
2 TL Pesto (Fertigprodukt)
75 g gemischte Sprossen (Alfalfa, Weizen, Kichererbsen, Radieschen, Linsen, Luzerne oder nur eine Sorte)
2 kleine Tomaten

1 Den Frischkäse in einer kleinen Schüssel mit den Leinsamen und den Weizenkeimen verrühren. Mit Salz und Pfeffer würzen. Eventuell mit wenig Wasser cremig rühren.

2 Die Brötchen halbieren und die Hälften dünn mit Pesto bestreichen. Den Frischkäse darauf verteilen.

3 Die Sprossen kurz waschen, verlesen, abtropfen lassen und auf den Brötchenhälften verteilen. Die Tomaten waschen und ohne die Stielansätze in Spalten schneiden. Die Brötchen mit den Tomatenspalten belegen.

Bild oben: Brot mit Putenbrust und Remoulade
Bild unten links: Vollkornbrot mit Schinkencreme
Bild unten rechts: Roggenbrötchen mit Pesto und Sprossenbelag

Birnen-Buttermilch-Flip

Kohlenhydrate ●◖ **5 Min.**
Fett –
Ballaststoffe ●

Pro Portion ca. 82 kcal
2 g Eiweiß · 0 g Fett · 16 g Kohlenhydrate

ZUTATEN FÜR 2 PORTIONEN:
1 weiche Birne
100 ml Birnensaft
200 ml Buttermilch
1 Prise Zimt
2 dicke Trinkhalme

1 Die Birne waschen, schälen, halbieren, vom Kerngehäuse befreien und kleinschneiden.

2 Die Birne mit dem Birnensaft und der Buttermilch im Mixer oder mit dem Pürierstab sehr fein pürieren.

3 Den Drink mit Zimt abschmecken, in Gläser füllen und mit den Trinkhalmen servieren.

!! Tipps: Statt Buttermilch dieselbe Menge Mineralwasser nehmen und zusätzlich 1 EL Mandelmus aus dem Reformhaus unter den Drink mixen. Genießen Sie diesen und andere Drinks als kleine Zwischenmahlzeit – am besten jedoch nur einmal pro Woche!
Günstiger ist es, Fruchtsäfte nicht pur zu trinken, sondern sie mit Joghurt, Buttermilch oder Kefir zu mixen.

Fitness-Drink in Rot

Kohlenhydrate ◖ **15 Min.**
Fett –
Ballaststoffe –

Pro Portion ca. 37 kcal
1 g Eiweiß · 0 g Fett · 7 g Kohlenhydrate

ZUTATEN FÜR 2 PORTIONEN:
100 g Erdbeeren
100 g Wassermelone
1/4 TL frisch geriebener Ingwer oder 2 Prisen Zimt
1/2 unbehandelte Zitrone
flüssiger Süßstoff
4 Eiswürfel

1 Die Erdbeeren waschen, putzen und in den Mixer geben.

2 Von der Melone die dicken Kerne entfernen. Das Fruchtfleisch und den Ingwer oder Zimt zu den Erdbeeren in den Mixer geben und mit Mineralwasser auf 400 ml auffüllen.
Alles einmal kräftig mixen.

3 Die Zitronenhälfte waschen, 2 dünne Scheiben abschneiden und beiseite legen. Von der übrigen Zitrone 1 Msp. Zitronenschale abreiben und 2–3 TL Saft auspressen.

4 Den Drink mit Zitronenschale, Zitronensaft und 3–4 Spritzern Süßstoff fruchtig-süß abschmecken.

5 Je 2 Eiswürfel in 2 Gläser füllen und mit dem Fitness-Drink aufgießen. Die Zitronenscheiben bis zur Mitte einschneiden und dekorativ auf jeden Glasrand setzen.

Kirsch-Molke-Cocktail

Kohlenhydrate ●◖ **10 Min.**
Fett –
Ballaststoffe –

Pro Portion ca. 81 kcal
1 g Eiweiß · 0 g Fett · 18 g Kohlenhydrate

ZUTATEN FÜR 2 PORTIONEN:
1 Banane
100 ml Kirschsaft
300 ml Molke
1 Vanilleschote
2 lange Zimtstangen

1 Die Banane schälen, in Stücke schneiden und in den Mixer geben. Mit Kirschsaft und Molke pürieren.

2 Die Vanilleschote längs aufschneiden und mit einem spitzen Messer das Vanillemark herauskratzen. Den Cocktail mit dem Vanillemark würzen. Den Cocktail in 2 Gläser füllen und mit je 1 Zimtstange garniert servieren.

!! Tipps: Molke erhalten Sie im Reformhaus, Bioladen sowie im Kühlregal gut sortierter Supermärkte. Achten Sie beim Kauf auf reine Molke ohne Aromastoffe. Kaufen Sie möglichst nur reinen 100-prozentigen Fruchtsaft. Wenn Sie ihn in Ihrem Lebensmittelgeschäft nicht bekommen, fragen Sie im Reformhaus oder Naturkostladen danach.

Sanddorn-Buttermilchmix

Kohlenhydrate ●● **10 Min.**
Fett –
Ballaststoffe –

Pro Portion ca. 112 kcal
3 g Eiweiß · 1 g Fett · 22 g Kohlenhydrate

ZUTATEN FÜR 2 PORTIONEN:
1 unbehandelte Orange
1/4 l gut gekühlte Buttermilch
4 EL ungesüßter Sanddornsaft (aus dem Reformhaus)
2 EL Apfel- oder Birnendicksaft
1 Prise gemahlene Vanille
1 Prise Ingwerpulver

1 Die Orange heiß waschen und abtrocknen. Von der Schale zwei lange Spiralen abschneiden. Dann den Saft auspressen.

2 Die Buttermilch mit dem Sanddornsaft und dem Apfel- oder Birnendicksaft im Mixer kräftig durchmixen. Den Orangensaft dazugeben und alles leicht schaumig aufschlagen.

3 Den Drink mit der Vanille und dem Ingwer abschmecken und in 2 Gläser füllen. Mit Orangenspiralen verzieren und gut gekühlt servieren.

Melonen-Beerensalat

Kohlenhydrate ●●◐ 20 Min.
Fett –
Ballaststoffe ●

Pro Portion ca. 157 kcal
3 g Eiweiß · 2 g Fett · 27 g Kohlenhydrate

ZUTATEN FÜR 2 PORTIONEN:
200 g vollreife Netz- oder Ogenmelone
200 g Erdbeeren
50 g Brombeeren
4 EL Marsala oder süßer Sherry
3 EL Joghurt (3,5 % Fett)
2 TL Zitronensaft
1 EL Ahornsirup
1 Msp. gemahlener Kardamom
einig Blätter Minze

1 Die Melone mit einem Esslöffel von den Kernen befreien. Mit einem Kugelausstecher Bällchen aus dem Fruchtfleisch ausstechen.

2 Die Beeren waschen, verlesen, putzen und abtropfen lassen. Die Erdbeeren halbieren und alle Beeren zu den Melonenkugeln geben. Den Marsala oder Sherry darüber träufeln, alles vorsichtig vermischen und zugedeckt 15 Min. kalt stellen.

3 Inzwischen den Joghurt mit Zitronensaft und Ahornsirup in einer kleinen Schüssel glatt rühren. Mit Kardamom abschmecken.

4 Die Früchte auf Desserttellern verteilen, die Kardamomcreme darauf geben und mit Minzeblättchen garnieren.

!! Tipp: Eine leicht orientalische Note erhält die Creme, wenn Sie statt Kardamom 1 TL Rosenwasser unterrühren.

Fruchtiger Reissalat

Kohlenhydrate ●●●● 30 Min.
Fett ●
Ballaststoffe ●

Pro Portion ca. 268 kcal
12 g Eiweiß · 5 g Fett · 44 g Kohlenhydrate

ZUTATEN FÜR 2 PORTIONEN:
60 g parboiled Langkornreis
Salz
100 g gegarte, tiefgekühlte Krabben
1/2 kleine Galiamelone
1 kleiner saurer Apfel
1 EL Essig
1 EL Walnussöl
Pfeffer
mildes Currypulver

1 Den Reis in 160 ml kochendes Salzwasser geben und zugedeckt bei schwacher Hitze 20 Min. quellen lassen, dabei gelegentlich umrühren.

2 Die Krabben auftauen lassen. Die Melone von den Kernen befreien. Aus dem Fruchtfleisch mit einem Kugelausstecher Kugeln ausstechen. Den Apfel waschen, putzen, halbieren, vom Kerngehäuse befreien und in kleine Würfel schneiden. Die Apfelwürfel mit dem Essig vermengen.

3 Den Reis in einem Sieb abtropfen lassen. Dann mit den Krabben, Melonenkugeln und Apfelwürfeln vermengen. Das Walnussöl unter den Salat mengen. Den Salat mit Salz, Pfeffer und etwas Currypulver würzen und 15 Min. ziehen lassen.

!! Tipp: Wenn Sie etwas mehr Zeit haben, lassen Sie statt des Langkornreis Vollkornreis langsam ausquellen und mischen Sie statt der Melone eine halbe saftige Papaya unter. Diese Kombination macht Sie richtig fit!

Gefüllte Grapefruit

Kohlenhydrate ● 15 Min.
Fett –
Ballaststoffe ●

Pro Portion ca. 74 kcal
2 g Eiweiß · 3 g Fett · 11 g Kohlenhydrate

ZUTATEN FÜR 2 PORTIONEN:
1 große rosa Grapefruit
50 g Heidelbeeren
2 EL kernige Haferflocken
1 EL Kokosraspel

1 Die Grapefruit halbieren, das Fruchtfleisch mit einem Messer rundherum lösen, die Fruchtfilets aus den Trennhäutchen herausschneiden, dabei den Saft auffangen. Die verbliebenen Trennhäutchen aus den Grapefruithälften schaben.

2 Die Heidelbeeren waschen, verlesen und abtropfen lassen. Mit den Haferflocken unter die Grapefruitfilets und den Saft rühren. Diese Mischung in die Grapefruithälften füllen.

3 Die Kokosraspel in einer kleinen beschichteten Pfanne ohne Fett goldbraun rösten und über die gefüllten Grapefruits streuen.

!! Tipp: Die Grapefruit mit dem rosa Fruchtfleisch liefert viele Carotinoide, die als Antioxidantien wirken, vor Krebs schützen, das Immunsystem anregen, den Cholesterinspiegel senken helfen.

!! Tipp: Wenn Ihnen diese Füllung zu trocken ist, rühren Sie noch 2–3 EL Dickmilch oder Buttermilch unter.

Bild oben: Melonen-Beerensalat
Bild unten links: Fruchtiger Reissalat
Bild unten rechts: Gefüllte Grapefruit

Möhren-Rohkost

Kohlenhydrate **25 Min.**
Fett
Ballaststoffe

Pro Portion ca. 117 kcal
2 g Eiweiß · 2 g Fett · 20 g Kohlenhydrate

ZUTATEN FÜR 2 PORTIONEN:
50 ml Apfelsaft
1 EL Rosinen
300 g Möhren
1 Apfel
1/2 kleine Zitrone
1 TL Walnussöl

1 Den Apfelsaft erwärmen und die Rosinen darin 15 Min. einweichen. Die Möhren und den Apfel waschen und schälen. Den Apfel halbieren, vom Kerngehäuse befreien und mit den Möhren fein raspeln.

2 Den Saft von der Zitronenhälfte auspressen. Die Rosinen abtropfen lassen. Den Zitronensaft mit dem Walnussöl, den Rosinen und dem Apfelsaft unter die Möhren-Apfelmischung mischen.

!! Tipp: Etwas exotischer wird die Möhren-Rohkost, wenn Sie anstelle des geraspelten Apfels Orangenfilets nehmen, die Rosinen in Orangensaft einlegen und die Rohkost mit einem milden Currypulver abschmecken.

Sellerie-Salat mit Birne

Kohlenhydrate **30 Min.**
Fett
Ballaststoffe

Pro Portion ca. 251 kcal
5 g Eiweiß · 13 g Fett · 27 g Kohlenhydrate

ZUTATEN FÜR 2 PORTIONEN:
250 g Staudensellerie
3 EL Sherryessig
100 ml Birnensaft
2 feste Birnen
30 g Roquefort
2 EL Walnussöl
Pfeffer

1 Den Staudensellerie waschen, putzen und in feine Scheiben schneiden. Den Sherryessig und den Birnensaft erhitzen und den Staudensellerie darin bei schwacher Hitze 5 Min. dünsten.

2 Die Birnen schälen, halbieren, vom Kerngehäuse befreien und in Scheiben schneiden. Den Staudensellerie aus dem Sud nehmen und noch warm mit den Birnenscheiben vermengen.

3 Für das Dressing den Roquefort mit einer Gabel zerdrücken, mit Walnussöl und 4 EL von dem Essig-Birnensaft-Sud verrühren. Mit Pfeffer würzen und das Dressing über den Salat geben. Den Salat 15 Min. abkühlen lassen, dann servieren.

Snack-Sticks mit Dip

Kohlenhydrate **30 Min.**
Fett
Ballaststoffe –

Pro Portion ca. 160 kcal
17 g Eiweiß · 7 g Fett · 7 g Kohlenhydrate

ZUTATEN FÜR 2 PORTIONEN:
120 g Putenbrustfilet
1/4 TL getrockneter Thymian
Salz · 1/4 TL Currypulver
1/4 TL edelsüßes Paprikapulver
1 kleine Zwiebel
20 g geschälter Apfel · 1 EL Öl
150 g Joghurt (3,8 % Fett)
1 TL Zitronensaft
5–6 Basilikumblätter · Zucker
75 g Salatgurke
6 Cockktailtomaten
12 Holzspießchen

1 Das Putenfleisch in 12 mittelgroße Würfel schneiden. Thymian, 2–3 Prisen Salz, Curry- und Paprikapulver vermischen. Fleischwürfel damit würzen.

2 Zwiebel und Apfel fein würfeln. Zwiebel- und Apfelwürfel im heißen Öl bei schwacher Hitze 5 Min. dünsten.

3 Die Fleischwürfel in die gleiche Pfanne geben und von allen Seiten braun anbraten. Zugedeckt bei schwacher Hitze 5 Min. braten. Abkühlen lassen.

4 Den Joghurt mit Apfel-Zwiebel-Mischung, Zitronensaft und den gehackten Basilikumblättchen verrühren. Mit Salz und wenig Zucker abschmecken.

5 Gurke schälen, längs vierteln und in 12 Stücke schneiden. Tomaten waschen und halbieren. Auf je 1 Holzspießchen 1 Stück Gurke, 1 Putenfleischwürfel und 1 Tomatenhälfte stecken. Auf der Joghurtsauce anrichten.

Bild: Snack-Sticks mit Dip

Tomatenbrot mit Liebstöckel

Kohlenhydrate	●●	20 Min.
Fett	●	
Ballaststoffe	●	

Pro Portion ca. 156 kcal
5 g Eiweiß · 6 g Fett · 20 g Kohlenhydrate

ZUTATEN FÜR 2 PORTIONEN:
5 Blätter Liebstöckel
50 g saure Sahne
Salz
frisch geriebene Muskatnuss
2 mittelgroße Tomaten
1 kleine rote Zwiebel
2 Scheiben Vollkornbrot
1 TL Margarine
Pfeffer

1 Den Liebstöckel waschen, mit Küchenpapier trockentupfen und in feine Streifen schneiden. Die saure Sahne mit dem Liebstöckel verrühren, mit 1 Prise Salz und etwas Muskat würzen.

2 Die Tomaten waschen und ohne die Stielansätze in Scheiben schneiden. Die Zwiebel schälen, halbieren und in dünne Streifen schneiden.

3 Die Brotscheiben mit der Margarine bestreichen. Mit den Tomatenscheiben belegen und etwas pfeffern. Das Dressing auf den Tomaten verteilen. Die Zwiebel darauf legen.

!! Tipp: Der kräftig-würzige Geschmack vom Liebstöckel gibt diesem Snack den beonderen »Kick«. Statt Liebstöckel können Sie aber auch fein gehackten Staudensellerie nehmen.

Pumpernickel mit Kartoffel-Kräuter-Creme

Kohlenhydrate	●●●	45 Min.
Fett	–	
Ballaststoffe	●●●	

Pro Portion ca. 177 kcal
6 g Eiweiß · 1 g Fett · 36 g Kohlenhydrate

ZUTATEN FÜR 2 PORTIONEN:
160 g mehlig kochende Kartoffeln
Jodsalz
1/2 Bund gemischte Kräuter (z. B. Kerbel, Schnittlauch, Petersilie, Sauerampfer, Borretsch)
2–3 TL Magerquark
1 TL Mangochutney (aus dem Glas)
1/2 TL gemahlener Koriander
schwarzer Pfeffer
12 runde Pumpernickeltaler
1/2 Bund Radieschen

1 Die Kartoffeln waschen, schälen und zugedeckt in wenig Salzwasser in 20 Min. garen. Abgießen und noch heiß durch die Kartoffelpresse drücken.

2 Die Kräuter waschen, trockenschütteln, die Blättchen abzupfen und einige Blättchen beiseite legen. Die übrigen Blättchen sehr fein hacken und zusammen mit dem Quark unter das Kartoffelpüree mischen. Das Mangochutney unterrühren, mit Salz, Koriander und Pfeffer abschmecken.

3 Die Kartoffelcreme auf die Pumpernickeltaler streichen. Die Radieschen waschen, putzen und in Scheiben oder Viertel schneiden. Die Pumpernickeltaler mit den Radieschen und den übrigen Kräutern garnieren.

Zucchini-Oliven-Toast mit Feta

Kohlenhydrate	●	30 Min.
Fett	●●	
Ballaststoffe	●	

Pro Portion ca. 170 kcal
9 g Eiweiß · 9 g Fett · 12 g Kohlenhydrate

ZUTATEN FÜR 2 PORTIONEN:
6 schwarze entsteinte Oliven
60 g Schafkäse (Feta)
250 g Zucchini
1 kleine rote Zwiebel
1 TL Olivenöl
1 kleine Knoblauchzehe
Salz
schwarzer Pfeffer
2 Scheiben Vollkorntoastbrot

1 Den Backofen auf 250° vorheizen. Oliven je nach Größe halbieren oder vierteln. Den Schafkäse klein würfeln. Zucchini waschen, putzen und grob raspeln. Die Zwiebel schälen und sehr klein würfeln.

2 Das Öl in einer beschichteten Pfanne verteilen, dann erhitzen. Die Zwiebelwürfel darin glasig werden lassen. Den Knoblauch schälen und durch die Knoblauchpresse dazupressen, die Zucchini dazugeben und alles bei schwacher Hitze 5 Min. dünsten. Die Oliven dazugeben. Mit Salz und Pfeffer würzen.

3 Die Toastbrotscheiben rösten. Die Zucchinimischung darauf verteilen. Den Schafkäse darüber streuen. Die Toasts im Backofen (Mitte) einige Min. überbacken, bis der Käse leicht geschmolzen ist.

Bild oben: Tomatenbrot mit Liebstöckel
Bild unten links: Pumpernickel mit Kartoffel-Kräuter-Creme
Bild unten rechts: Zucchini-Oliven-Toast mit Feta

Paprikaquark auf Pumpernickel

Kohlenhydrate ●◖ 20 Min.
Fett –
Ballaststoffe ●

Pro Portion ca. 99 kcal
6 g Eiweiß · 3 g Fett · 13 g Kohlenhydrate

ZUTATEN FÜR 2 PORTIONEN:
50 g Magerquark
20 g Schmand (24 % Fett)
25 g rote Paprikaschote
1 TL Kapern
3 Prisen getrocknete Kräuter der Provence
Salz
Pfeffer
frisch geriebene Muskatnuss
6 kleine Pumpernickeltaler
einige Petersilienblätter

1 Den Quark mit dem Schmand in einer kleinen Schüssel mit der Gabel verrühren.

2 Die Paprikaschote waschen, putzen, erst längs in feine Streifen, dann quer in kleine Würfel schneiden. Einige Paprikawürfel beiseite legen. Die Kapern fein hacken. Beides unter die Quarkmasse rühren. Den Quark mit den Kräutern der Provence, 1 Prise Salz, etwas Pfeffer und Muskat würzen.

3 Den Paprikaquark mit einem Löffel auf die Pumpernickeltaler häufen. Mit den übrigen Paprikawürfeln und Petersilienblättchen garnieren.

!! Tipp: Um Fett zu sparen, können Sie saure Sahne statt Schmand verwenden!

Kichererbsen-Paste mit Brot

Kohlenhydrate ●●●◖ 1 1/4 Std. (+ 12 Std. Quellzeit)
Fett ●
Ballaststoffe ●●●

Pro Portion ca. 238 kcal
10 g Eiweiß · 4 g Fett · 40 g Kohlenhydrate

ZUTATEN FÜR 2 PORTIONEN:
75 g getrocknete Kichererbsen
1 große Zwiebel
1 TL Olivenöl
Salz
1 kleine Knoblauchzehe
1 EL frisch gehackte Petersilie
1 EL Zitronensaft
2 Scheiben Roggenbrot

1 Die Kichererbsen am Vortag mit reichlich kaltem Wasser einweichen und mindestens 12 Std. quellen lassen.

2 Das Einweichwasser abgießen. Die Kichererbsen mit kaltem Wasser bedeckt aufkochen lassen, zugedeckt bei schwacher Hitze in 1 Std. garen. Abkühlen lassen.

3 Die Zwiebel schälen, halbieren und grob würfeln. Das Öl erhitzen. Die Zwiebel darin bei mittlerer Hitze glasig werden lassen, mit 1 Prise Salz würzen. 50 ml Wasser dazugießen, einmal aufkochen lassen und die Zwiebel zugedeckt bei schwacher Hitze 5 Min. garen.

4 Die Kichererbsen in ein Sieb abgießen. Den Knoblauch schälen. Kichererbsen, Knoblauch und Zwiebel mit dem Sud in einem Mixer oder mit dem Pürierstab pürieren.

5 Die Petersilie waschen und fein hacken, mit 1 TL Salz und dem Zitronensaft unter die Kichererbsen-Paste rühren.

6 Die Brotscheiben im Toaster rösten und noch warm mit der Paste dick bestreichen.

Crostini mit Tomaten-Ragout

Kohlenhydrate ●●◖ 45 Min.
Fett ●
Ballaststoffe ●●

Pro Portion ca. 174 kcal
6 g Eiweiß · 5 g Fett · 25 g Kohlenhydrate

ZUTATEN FÜR 2 PORTIONEN:
1 Zucchino
2 Tomaten
2 Schalotten
1 TL Olivenöl
1 kleine Knoblauchzehe
Salz · weißer Pfeffer
1 Prise getrocknete zerbröselte Chilischoten
4–6 Scheiben Vollkornbaguette
4–6 schwarze entsteinte Oliven

1 Den Zucchino waschen, putzen und grob raspeln. Die Tomaten waschen, halbieren und ohne Stielansätze und Kerne in kleine Würfel schneiden. Schalotten und Knoblauch schälen. Die Schalotten sehr fein würfeln.

2 Das Olivenöl mit einem Backpinsel in einer kleinen beschichteten Pfanne verteilen, dann erhitzen. Die Schalotten darin bei schwacher Hitze glasig werden lassen. Den Knoblauch durch die Knoblauchpresse dazupressen. Die Zucchini kurz anschwitzen, dann die Tomaten einrühren. Mit Salz, Pfeffer und Chili würzen und alles einmal aufkochen lassen.

3 Die Baguettescheiben im Toaster leicht rösten. Die Zucchini-Tomaten-Mischung darauf verteilen. Die Oliven in Scheiben schneiden und die Crostini damit garnieren.

Bild oben:
Paprikaquark auf Pumpernickel
Bild unten links:
Kichererbsen-Paste mit Brot
Bild unten rechts: Crostini mit Tomaten-Ragout

Schinken-Gemüse-Röllchen

Kohlenhydrate	–	**25 Min.**
Fett	●●●	
Ballaststoffe	●	

Pro Portion ca. 168 kcal
16 g Eiweiß · 10 g Fett · 2 g Kohlenhydrate

ZUTATEN FÜR 2 PORTIONEN:
1 Stange Staudensellerie
1 kleine rote Paprikaschote
2 kleine Gewürzgurken
4 Scheiben gekochter Schinken
Pfeffer
1/2 Bund Schnittlauch

1 Den Staudensellerie waschen und putzen. Die Paprikaschote waschen, halbieren, von Kernen und Trennwänden befreien. Den Staudensellerie, die Paprikaschote und die Gewürzgurken in schmale, etwa fingerlange Stifte schneiden.

2 Den Schinken vom Fettrand befreien und die Scheiben halbieren. Die Gemüsestifte darauf verteilen und mit Pfeffer würzen.

3 Die Schinkenscheiben aufrollen. Den Schnittlauch waschen und trockenschütteln. Die Schinkenröllchen mit jeweils 2–3 Schnittlauchhalmen dekorativ zusammenbinden.

!! Tipp: Die Röllchen sind ideal als Snack im Büro: Zum Mitnehmen jedes Röllchen in ein Salatblatt wickeln und in einer Frischhaltebox transportieren. So bleiben die Schinken-Gemüse-Röllchen einige Stunden knackig.

Baguette mit Shrimps und Dillcreme

Kohlenhydrate	●●●◖	**20 Min.**
Fett	●●	
Ballaststoffe	●	

Pro Portion ca. 222 kcal
14 g Eiweiß · 7 g Fett · 26 g Kohlenhydrate

ZUTATEN FÜR 2 PORTIONEN:
2 Baguettebrötchen zum Aufbacken
1 EL Mayonnaise
2 EL fettarmer Joghurt
1/4 TL grob geschroteter schwarzer Pfeffer
1 TL Limettensaft
Kräutersalz
1/2 Bund Dill
2–3 Blätter Eisbergsalat
80 g Salatgurke
3–4 Radieschen
1/2 Limette
100 g gegarte Shrimps

1 Den Backofen auf 220° vorheizen. Baguettebrötchen nach Packungsanleitung im Backofen aufbacken, dann abkühlen lassen. Für die Dillcreme Mayonnaise und Joghurt mit Pfeffer und Limettensaft cremig rühren und mit Kräutersalz würzen. Den Dill waschen, trockenschütteln, fein hacken und unter die Creme rühren.

2 Die Salatblätter waschen, trockentupfen und in große Stücke zupfen. Die Gurke nach Belieben mit oder ohne Schale in dünne Scheiben schneiden. Die Radieschen putzen, waschen und in dünne Scheibchen schneiden.

3 Von der Limettenhälfte 2 sehr dünne Scheiben abschneiden und die Schale entfernen. Die Shrimps kalt abbrausen, gründlich abtropfen lassen und mit der Hälfte der Dillcreme vermischen.

4 Die Baguettebrötchen längs aufschneiden. Die Unterseiten mit der übrigen Dillcreme bestreichen und mit der Hälfte der Salatblätter belegen. Die Gurken- und Radieschenscheiben darauf verteilen. Die Shrimps darauf geben, mit den Limettenscheiben und den restlichen Salatblättern bedecken. Die obere Baguettehälfte obenauf legen und das Baguette sofort servieren.

!! Tipp: Statt Eisbergsalat können Sie eine Hand voll Feldsalat oder Rucola verwenden.

Bild: Baguette mit Shrimps und Dillcreme

Lachsbrötchen mit Chinakohl und Pfeffercreme

Kohlenhydrate	●●◖	20 Min.
Fett	●●	
Ballaststoffe	●●	

Pro Portion ca. 233 kcal
15 g Eiweiß · 8 g Fett · 26 g Kohlenhydrate

ZUTATEN FÜR 2 PORTIONEN:
2 Vollkornbrötchen mit Kürbis- und/oder Sonnenblumenkernen
4–5 Blätter Chinakohl
2 Frühlingszwiebeln
3 EL fettreduzierter Frischkäse mit Joghurt (7 % Fett)
2 EL Milch
1/2 TL eingelegter grüner Pfeffer
2 Zweige Dill
1/2 TL Zitronensaft
Salz
50 g geräucherter Lachs oder Graved Lachs

1 Die Brötchen auf dem Toasteraufsatz oder bei 150° im Backofen aufbacken, dann abkühlen lassen. Den Chinakohl waschen, putzen und in sehr dünne Streifen schneiden.

2 Die Frühlingszwiebeln putzen, waschen, das harte Grün abschneiden, den Rest längs vierteln und die Viertel quer halbieren.

3 Den Frischkäse mit der Milch verrühren. Den Pfeffer mit der Gabel zerdrücken und unter den Käse rühren. Den Dill waschen, trockenschütteln und 1 Zweig beiseite legen. Den übrigen Dill hacken und unter die Pfeffercreme rühren. Die Creme mit Zitronensaft und Salz abschmecken.

4 Die Brötchen halbieren und die unteren Hälften mit je 1/2 EL Creme bestreichen. Die Hälfte des Chinakohls und die Frühlingszwiebeln darauf verteilen. Darauf je 1/2 EL Pfeffercreme und 1 Scheibe Lachs geben. Mit dem restlichen Chinakohl und der übrigen Creme bedecken. Mit dem übrigen Dill garnieren. Die obere Brötchenhälfte obenauf legen und das Brötchen sofort servieren.

!! Tipp: Statt der Brötchen mit den Kernen können Sie auch herzhafte Zwiebelbrötchen nehmen.

Tunfischbaguette mit Schnittlauchcreme

Kohlenhydrate	●●●	20 Min.
Fett	●●●	
Ballaststoffe	●●	

Pro Portion ca. 307 kcal
16 g Eiweiß · 12 g Fett · 33 g Kohlenhydrate

ZUTATEN FÜR 2 PORTIONEN:
2 Vollkornbrötchen
2 EL Kräuter-Crème-fraîche
2 Blätter Eichblattsalat
100 g Gurke
1/2 säuerlicher Apfel
100 g Tunfisch im eigenen Saft (aus der Dose)
2 EL saure Sahne
1 EL Kapern
1/4 Bund Schnittlauch
1 TL Zitronensaft
Salz
Pfeffer aus der Mühle

1 Die Brötchen halbieren und die unteren Hälften mit je 1/2 EL Kräuter-Crème-fraîche bestreichen. Den Salat waschen, trockentupfen, halbieren und die Brötchenhälften mit je 1/2 Salatblatt belegen. Die Gurke nach Belieben mit oder ohne Schale in Scheiben schneiden und auf die Salatblätter legen.

2 Den Apfel waschen, vom Kerngehäuse befreien und grob raspeln. Den Tunfisch abtropfen lassen und grob zerpflücken.

3 Für die Schnittlauchcreme die übrige Kräuter-Crème-fraîche mit der sauren Sahne in einer kleinen Schüssel mit den Kapern vermischen. Den Schnittlauch waschen, trockenschütteln, in Röllchen schneiden und mit dem Zitronensaft unterrühren. Mit Salz und Pfeffer abschmecken.

4 Zwei Drittel der Schnittlauchcreme unter den Tunfisch heben. Diese Masse auf die Brötchenhälften verteilen. Mit Apfelraspeln, der übrigen Creme und den restlichen Salatblättern belegen. Die oberen Brötchenhälften obenauf legen und die Brötchen sofort servieren.

!! Tipp: Den Tunfisch durch grob gehacktes Matjesfilet ersetzen.

Bild oben: Lachsbrötchen mit Chinakohl und Pfeffercreme
Bild unten: Tunfischbaguette mit Schnittlauchcreme

Sandwich mit Gemüsesalat

Kohlenhydrate ●● **20 Min.**
Fett ●●
Ballaststoffe ●

Pro Portion ca. 192 kcal
11 g Eiweiß · 7 g Fett · 22 g Kohlenhydrate

ZUTATEN FÜR 2 PORTIONEN:
1 kleine Möhre
1 zarte Stange Lauch
1/2 Bund glatte Petersilie
1 TL Olivenöl
Jodsalz
schwarzer Pfeffer
1/4 TL Currypulver
4 Scheiben Vollkorntoastbrot
4 EL körniger Frischkäse
2 Blätter Eisbergsalat
2 EL fettarmer Joghurt
1 EL frisch geriebener Emmentaler

1 Die Möhre waschen, putzen, schälen und fein raspeln. Den Lauch putzen, längs aufschlitzen, gründlich waschen und in dünne Streifen schneiden. Die Petersilie waschen, trockenschütteln und hacken.

2 Das Olivenöl mit einem Backpinsel in einer kleinen beschichteten Pfanne verteilen, dann leicht erhitzen. Die Möhre und den Lauch darin bei mittlerer Hitze andünsten. Mit Salz, Pfeffer, Petersilie und etwas Currypulver würzen und unter häufigem Rühren bei schwacher Hitze in 1 Min. garen, dann abkühlen lassen.

3 Die Toastbrotscheiben im Toaster rösten und mit Frischkäse bestreichen. Die Salatblätter waschen, trockentupfen, in Stücke zupfen und auf die Toastbrotscheiben legen.

4 Die Gemüsemischung mit dem Joghurt und dem Käse verrühren. Den Gemüsesalat auf 2 Brotscheiben verteilen und mit den übrigen Brotscheiben – Salatblätter nach unten – abdecken. Die Sandwiches leicht zusammendrücken und diagonal halbieren.

!! Tipp: Der Gemüsesalat reicht locker für 3 Portionen. Heben Sie einen Teil für den nächsten Tag auf.

Sandwich mit Hähnchen und Currycreme

Kohlenhydrate ●●◖ **40 Min.**
Fett ●●●
Ballaststoffe ●●

Pro Portion ca. 288 kcal
17 g Eiweiß · 12 g Fett · 27 g Kohlenhydrate

ZUTATEN FÜR 2 PORTIONEN:
2 EL Crème double
1 TL mildes Currypulver
1/2 TL Zitronensaft
Salz · 1 Prise Cayennepfeffer
1 Frühlingszwiebel
1 EL saure Sahne
100 g Hähnchenbrustfilet oder Putenschnitzel
1 TL Butter
1 Prise Ingwerpulver
100 g vollreife Mango
einige Kopfsalatblätter
2 Vollkornbrötchen

1 Die Crème double mit Currypulver und Zitronensaft verrühren und mit Salz und Pfeffer abschmecken. Für die Zwiebelcreme die Frühlingszwiebel putzen und waschen. Nur das Weiße und Hellgrüne in feine Ringe schneiden und beides mit der sauren Sahne verrühren. Die Creme mit Salz und Pfeffer würzen.

2 Das Fleisch quer halbieren. Die Butter in einer beschichteten Pfanne erhitzen. Das Hähnchenfleisch darin von jeder Seite 2–3 Min. braten, mit Salz und Ingwer würzen.

3 Die Mango schälen und das Fruchtfleisch in dünnen Scheiben vom Stein schneiden. Die Salatblätter waschen und trockenschütteln. Die Brötchen quer halbieren und im Toaster goldbraun rösten.

4 Die unteren Brötchenhälften mit der Currycreme bestreichen, mit den Salatblättern belegen und die Zwiebelcreme auf die Salatblätter streichen. Mit dem Hähnchenfleisch belegen. Die Mangoscheiben auf das Fleisch geben. Die obere Brötchenhälfte obenauf setzen und die Sandwiches sofort servieren.

Bild oben: Sandwich mit Gemüsesalat
Bild unten: Sandwich mit Hähnchen und Currycreme

Kürbis-Orangen-Konfitüre

Kohlenhydrate	k.A.	40 Min.
Fett	k.A.	(+ 30 Min. Ruhezeit)
Ballaststoffe	k.A.	

Pro Glas ca. 310 kcal
1 g Eiweiß · 0 g Fett · 73 g Kohlenhydrate

ZUTATEN FÜR 5 GLÄSER MIT 250 ml INHALT:
500 g Hokkaido-Kürbisfleisch, geschält und entkernt gewogen
300 g Orangenfruchtfilets samt aufgefangenem Saft
1 Stück unbehandelte Orangenschale
10 g frischer Ingwer
300 g Gelierzucker 3 : 1
2 cl Orangenlikör

1 Das Kürbisfleisch fein raspeln. Zusammen mit den Orangenfilets samt Orangensaft und der Orangenschale in einen Topf geben. Den Ingwer schälen, fein reiben und dazugeben. Den Gelierzucker unterrühren und alles 30 Min. ziehen lassen.

2 Die Früchte zum Kochen bringen und bei mittlerer Hitze 5 Min. sprudelnd kochen lassen, dabei öfter umrühren. Die Orangenschale aus der Konfitüre nehmen. Den Likör unterrühren.
Die heiße Konfitüre in saubere Gläser füllen und sofort mit Twist-off-Deckeln verschließen. Die Gläser 15 Min. auf die Deckel stellen, dann umdrehen und die Konfitüre kalt werden lassen.

!! Tipp: 50 g Korinthen 20 Min. einweichen, dann mit Orangenlikör oder Orangenblütenwasser beträufeln. Die Korinthen zu den Früchten geben und mitkochen lassen.

Erdbeer-Ananas-Konfitüre

Kohlenhydrate	k.A.	30 Min.
Fett	k.A.	(+ 2 Std. Ruhezeit)
Ballaststoffe	k.A.	

Pro Portion ca. 434 kcal
1 g Eiweiß · 2 g Fett · 103 g Kohlenhydrate

ZUTATEN FÜR 6 GLÄSER MIT 250 ml INHALT:
1 kg Erdbeeren, geputzt gewogen
500 g reife Ananas, geschält gewogen
10 g frischer Ingwer
1 Stückchen unbehandelte Zitronenschale
500 g Gelierzucker 3 : 1

1 Die Erdbeeren vierteln und in einen Topf geben. Die Ananas hacken und zufügen. Den Ingwer schälen und klein würfeln. Zusammen mit der Zitronenschale zu den Früchten geben.

2 Den Zucker unter die Früchte rühren und die Früchte zugedeckt 2 Std. stehen lassen, bis sich der Zucker aufgelöst hat. Dabei die Früchte gelegentlich umrühren.

3 Die Früchte unter Rühren zum Kochen bringen und bei mittlerer Hitze 3–4 Min. sprudelnd kochen lassen. Die Zitronenschale aus der Konfitüre nehmen.

4 Die Konfitüre heiß in saubere Gläser füllen und mit Twist-off-Deckeln verschließen. Die Gläser 15 Min. auf die Deckel stellen, dann umdrehen und die Konfitüre kalt werden lassen.

!! Tipp: Statt mit Gelierzucker die Konfitüre mit 500 g Ahornsirup und 1 Päckchen Gelierpulver aus dem Naturkostladen zubereiten. Den Ahornsirup und das Gelierpulver unter die kalten Früchte im Topf rühren und 3 Min. sprudelnd kochen lassen.

Marmeladen, Gelees und Konfitüren

Hier sind einige Tipps zum Kochen von Konfitüren mit geringerem Zuckeranteil. Denn ein Frühstück mit stark zuckerreduzierter Konfitüre auf einem dünn mit Butter oder Magerquark bestrichenen Vollkornbrot oder -brötchen hat nur geringen Einfluss auf Ihren Blutzucker.

Auswahl der Früchte

Das A und O einer guten Konfitüre ist die sorgfältige Auswahl der Früchte. Ob Sie sich für eine Sorte oder für die Kombination verschiedener Früchte entscheiden, ist Ihrer Kreativität und Ihrem Geschmack überlassen. Je frischer und reifer das Obst ist, desto besser ist der Geschmack. Mit Obst aus dem Garten, vom Wochenmarkt oder aus der Tiefkühltruhe lassen sich wohlschmeckende süße Aufstriche zubereiten.

Vorbereitung der Früchte

Das frische Obst vorsichtig waschen, erst dann von Stielen und Blütenansätzen befreien. Tiefkühlfrüchte erst in einem Sieb auftauen lassen und den Fruchtsaft auffangen. Da aufgetaute Früchte schon sehr weich sind, sollten Sie erst die Konfitüre aus dem Saft, einem Teil der Früchte und den übrigen Zutaten zubereiten, bevor die zurückgelegten Früchte zugegeben und nochmals mit aufgekocht werden.

Säuregehalt der Früchte

Ein gewisser Säuregehalt in der Konfitüre wirkt sich günstig auf ihre Geliereigenschaft aus. Die Säure verstärkt den Geschmack des Obstes und erhält die frische Farbe. Bei Obstsorten mit geringem Säuregehalt wie Pfirsichen, Bananen, Birnen oder Ananas können Sie dies ganz leicht durch die Zugabe von frischem Zitronensaft ausgleichen. Je nach zubereiteter Menge reichen 2–3 Esslöffel meist schon aus. Oder Sie mischen säurearme mit säurereichen Obstsorten.

Säurearm	Säurereich
Banane	Stachelbeere
Birne	Kiwi
Ananas	Orange

Zucker – ganz ohne geht es nicht

Die Hauptzutat fast aller Marmeladen, Konfitüren und Gelees ist der Zucker. Auch bei Diabetiker-Produkten ist der Zuckeranteil noch sehr hoch. Oft wird der Haushaltszucker nur durch Fruchtzucker ersetzt. Doch dieser Austausch bringt keinen nennenswerten Vorteil für den Verlauf des Blutzuckeranstiegs. Somit können Sie auf Fruchtzucker getrost verzichten. Zucker muss jedoch sein, denn er hat eine konservierende Wirkung, indem die Schimmelbildung verhindert wird. Mittlerweile gibt es verschiedene Gelierzuckermischungen mit unterschiedlichem Zuckeranteil.

Gelierzucker 1 : 1

1 Teil Frucht	:	1 Teil Gelierzucker
500 g Frucht	:	500 g Gelierzucker

Gelierzucker 2 : 1

2 Teile Frucht	:	1 Teil Gelierzucker
1000 g Frucht	:	500 g Gelierzucker

Gelierzucker 3 : 1

3 Teile Frucht	:	1 Teil Gelierzucker
1500 g Frucht	:	500 g Gelierzucker

Da aber die Haltbarkeit einer Konfitüre mit der Zuckerkonzentration sinkt, muss die Konfitüre kühl gelagert werden. Zuckerreduzierte Konfitüren sollten Sie besser in kleineren Mengen herstellen. Wenn diese verzehrt sind, können Sie auf der Basis von Obst der Saison frische Konfitüren kochen. Frisch zubereitet schmeckt der Aufstrich ohnehin am besten. In der Lebensmittelindustrie wird die Haltbarkeit zuckerreduzierter Konfitüren durch Zugabe von Konservierungsmitteln ausgeglichen. Auf den meisten Zutatenlisten ist deswegen der Konservierungsstoff Sorbinsäure zu finden.

Geliermittel

Wenn Sie keinen Gelierzucker, sondern Haushaltszucker verwenden, müssen Sie zusätzlich Geliermittel zugeben, damit die Konfitüre fest wird. Das beliebteste Geliermittel ist Pektin, das sowohl flüssig wie auch als Pulver angeboten wird. Gelierzucker enthält bereits Pektin. Damit sich die Geliereigenschaften entfalten können, sollten Sie die angegebenen Kochzeiten einhalten.
Machen Sie die Gelierprobe, bevor Sie die gekochte Konfitüre in Gläser füllen: Geben Sie etwas Konfitüre auf einen kalten Teller und stellen diesen einige Minuten in den Kühlschrank. Bleibt sie flüssig, kochen Sie die Konfitüre noch einige Minuten.

Weitere raffinierte Zutaten

Durch Gewürze können Sie das Eigenaroma der Früchte noch verstärken. Häufig verwendete Gewürze sind Sternanis, Wacholder und Vanille. Außerdem harmonieren folgende Kombinationen von Gewürzen und Früchten besonders gut:

Zimt	Apfel, Pflaume, Kirsche
Anis	Zwetschge, Schwarze Johannisbeere
Nelken	Birne, Apfel, Pflaume, Mirabelle
Ingwer	Zitronengelee, Orange, Ananas
Zitronenmelisse	Apfel, Zitrone, Johannisbeere

Wer keine Probleme mit den Zähnen hat, kann die Konfitüre auch durch Zugabe von gehackten Mandeln, Mandelstiften, gerösteten Haselnüssen, Walnüssen, Pistazien oder Macadamia-Nüssen aufpeppen.

Schaumbildung und Abfüllen

Beim Kochen von Konfitüre bildet sich an der Oberfläche eine Schaumschicht. Schöpfen Sie diese vorsichtig ab!
Zum Abfüllen sollten Sie nur unbeschädigte, saubere Schraubgläser verwenden. Bei Beschädigungen am oberen Gläserrand kann das Glas nicht luftdicht verschlossen werden. Als Verschluss haben sich die so genannten »Twist-off-Deckel« bewährt. Prüfen Sie auch die Gummidichtung, sie darf nicht beschädigt sein. Oberstes Gebot beim Einkochen ist pingelige Sauberkeit. Um ein Platzen zu vermeiden, sollten Sie die Gläser kurz vor dem Einfüllen der Konfitüre mit heißem Wasser ausspülen und umgedreht auf ein sauberes Küchentuch stellen.
Die Gläser bis etwa einen Zentimeter unter den Rand mit der kochenden Konfitüre füllen und sofort fest verschließen. Wenn die Gläser abgekühlt sind, mit einem Etikett versehen und Sorte und Datum darauf notieren. Anschließend kühl und dunkel lagern. Sehr zuckerarme Aufstriche am besten im Kühlschrank aufbewahren.

Süße Möhrencreme

Kohlenhydrate	◖	**30 Min.**
Fett	–	
Ballaststoffe	●	

Pro Portion ca. 49 kcal
1 g Eiweiß · 2 g Fett · 7 g Kohlenhydrate

FÜR 6 PORTIONEN:
300 g Möhren
1 Apfel
2–3 EL Haferflocken
1–2 EL gehackte Pistazienkerne
einige Tropfen Süßstoff

1 Die Möhren waschen, putzen, schälen und würfeln. Zusammen mit 100 ml Wasser in einen kleinen Topf geben und zugedeckt bei schwacher Hitze 10 Min. andünsten.

2 Inzwischen den Apfel vierteln, entkernen und in Würfel schneiden. Die Apfelwürfel zu den Möhren geben und 5 Min. mitdünsten.

3 Die Möhren-Apfel-Mischung abtropfen lassen und mit dem Pürierstab glatt pürieren. Die Haferflocken und die Pistazien unterrühren. Die Möhrencreme mit Süßstoff abschmecken.

!! Tipp: Die Möhrencreme in einem Schraubdeckelglas im Kühlschrank aufbewahren. So hält sie sich etwa 5 Tage.

Stachelbeer-Konfitüre

Kohlenhydrate	**k.A.**	**30 Min.**
Fett	**k.A.**	
Ballaststoffe	**k.A.**	

Pro Glas ca. 261 kcal
3 g Eiweiß · 1 g Fett · 57 g Kohlenhydrate

FÜR 5 GLÄSER (250 ml):
500 g Stachelbeeren, geputzt gewogen
500 g Kiwi, geschält gewogen
5 EL trockener Weißwein
300 g Ahornsirup
Schale 1 unbehandelten Zitrone
1 Tütchen Gelierpulver für die Konfitüre

1 Die Stachelbeeren waschen, putzen und abtropfen lassen. Die Beeren in einen Topf geben. Die Kiwi würfeln und mit den Stachelbeeren in einen Topf geben. Die Früchte mit dem Pürierstab grob zerkleinern. Den Wein, den Ahornsirup und die Zitronenschale unter die Früchte mischen. Das Gelierpulver dazugeben und unterrühren.

2 Die Früchte bei schwacher Hitze langsam zum Kochen bringen, dabei gelegentlich umrühren. Die Früchte 3 Min. sprudelnd kochen lassen. Die Zitronenschale aus der Konfitüre nehmen.

3 Die Konfitüre heiß in saubere Gläser füllen und sofort mit Twist-off-Deckeln verschließen. Die Gläser 15 Min. auf die Deckel stellen, dann umdrehen und die Konfitüre kalt werden lassen.

Orangen-Birnen-Relish

Kohlenhydrate	**k.A.**	**2 Std.**
Fett	**k.A.**	
Ballaststoffe	**k.A.**	

Pro Glas ca. 215 kcal
3 g Eiweiß · 1 g Fett · 49 g Kohlenhydrate

FÜR 4 GLÄSER (500 ml):
700 g Orangen
1 Zitrone
700 g Birnen
150 g Zwiebeln
20 g frischer Ingwer, geschält gewogen
50 g Zucker
1 TL Süßstoff
1 TL Salz
200 ml Weißweinessig
1 Stückchen Zimtstange
1/2 TL Senfpulver
2 TL mildes Madras-Currypulver

1 Orangen, Zitrone und Birnen schälen. Die Zitrusfrüchte quer halbieren und die Kerne entfernen. Die Birnen vom Kerngehäuse befreien. Die Früchte sehr klein würfeln.

2 Die Zwiebeln und den Ingwer sehr kleinschneiden. Zu den Früchten geben. Zucker, Süßstoff, Salz, Essig, Zimt, Senf- und Currypulver untermischen. Die Mischung zugedeckt zum Kochen bringen.

3 Das Relish 1 1/2 Std. bei schwacher Hitze und schräg aufgelegtem Deckel kochen, dabei gelegentlich umrühren. Das Relish heiß in saubere Gläser füllen und sofort mit Twist-off-Gläsern verschließen. Die Gläser 15 Min. auf die Deckel stellen, dann umdrehen und das Relish kalt werden lassen.

Mus aus Trockenfrüchten

Kohlenhydrate	**k.A.**	**45 Min.**
Fett	**k.A.**	
Ballaststoffe	**k.A.**	

Pro Glas ca. 418 kcal
5 g Eiweiß · 1 g Fett · 84 g Kohlenhydrate

FÜR 3 GLÄSER (250 ml):
500 g ungeschwefelte Trockenfrüchte (z. B. Pflaumen, Aprikosen, Äpfel, Feigen)
100 ml trockener Weißwein
2 EL Zitronensaft
1 TL Zimt
1 Msp. gemahlener Piment

1 Die Trockenfrüchte knapp mit kaltem Wasser bedeckt über Nacht einweichen, dann abtropfen lassen. Das Einweichwasser beiseite stellen.

2 Die Trockenfrüchte im Mixer oder mit dem Pürierstab zerkleinern. Mit dem Einweichwasser, Wein, Zitronensaft, Zimtpulver und Piment in einen Topf geben. Bei schwacher Hitze 15–20 Min. unter Rühren kochen und die Flüssigkeit verdampfen lassen.

3 Das heiße Mus in saubere Gläser füllen und sofort mit Twist-off-Deckeln verschließen. Die Gläser 10 Min. auf die Deckel stellen, dann umdrehen und das Mus kalt werden lassen.

!! Tipp: Das Mus hält sich 2–3 Monate. Die Trockenfrüchte sind so süß, dass kein Zucker für die Zubereitung nötig ist.

Salate & Suppen

Sie haben die Wahl: Kalt und knackig oder heiß und süffig?

Suppen und Salate sind klassische Vorspeisen. Sie öffnen den Magen und sorgen dafür, dass sich schon bald ein angenehmes Sättigungsgefühl einstellt. Doch Salat ist nicht gleich Salat und Suppe ist nicht gleich Suppe. Neben einfachen kleinen Vorspeisen finden Sie in diesem Kapitel auch deftige Varianten gegen den großen Hunger. Verzehren Sie dazu eine Scheibe Vollkornbrot und hinterher ein kleines Dessert, schon haben Sie mit wenig Aufwand eine vollwertige Mahlzeit daraus gemacht.

Apfel-Sellerie-Salat

Kohlenhydrate		**25 Min.**
Fett		
Ballaststoffe		

Pro Portion ca. 154 kcal
4 g Eiweiß · 7 g Fett · 18 g Kohlenhydrate

ZUTATEN FÜR 2 PORTIONEN:
2 kleine Äpfel
1 kleiner Knollensellerie
1/2 Zitrone
1 TL Apfelessig
1 TL Walnussöl
2 EL Mandelblättchen

1 Die Äpfel waschen, halbieren und vom Kerngehäuse befreien. Den Sellerie schälen und die harten Stellen herausschneiden, einige Sellerieblätter zum Garnieren beiseite legen.

2 Die Apfelhälften und den Sellerie grob raspeln. Den Saft der Zitronenhälfte auspressen, mit Apfelessig und Walnussöl verrühren und mit den Apfel-Sellerieraspeln vermischen.

3 Die Mandeln in einer kleinen beschichteten Pfanne ohne Fett goldbraun rösten. Die Sellerieblätter waschen, trockentupfen und grob hacken. Den Salat mit den Mandeln und dem Selleriegrün bestreuen und 10 Min. ziehen lassen.

!! Tipp: Am besten schmeckt der Salat mit einer möglichst säuerlich-würzigen Apfelsorte, zum Beispiel Golden Delicious, Boskoop oder Glockenapfel.

Chicorée-Sprossen-Salat

Kohlenhydrate		**15 Min.**
Fett		
Ballaststoffe		

Pro Portion ca. 107 kcal
7 g Eiweiß · 5 g Fett · 12 g Kohlenhydrate

ZUTATEN FÜR 2 PORTIONEN:
1 Limette
1/2 Kästchen Kresse
150 g Magermilchjoghurt
1 EL Walnussöl
3 Stauden Chicorée
100 g Mungobohnensprossen
Salz
Pfeffer

1 Die Limette auspressen. Die Kresseblättchen abschneiden und waschen. Den Joghurt mit Limettensaft und Walnussöl verrühren. Die Kresse unterrühren.

2 Den Chicorée putzen, waschen und vom mittleren Strunk befreien. Von den äußeren Chicoréeblättern 6 Blätter beseite legen. Den übrigen Chicorée kleinschneiden und mit den Sprossen unter das Kresse-Joghurt-Dressing mischen. Den Salat mit Salz und Pfeffer würzen und in die Chicoréeblätter füllen.

!! Tipp: Wenn Sie den Salat nicht in den Chicoréeblättern servieren möchten, dann schneiden Sie nur 2 Stauden Chicorée klein und mischen die Fruchtfilets einer kleinen Grapefruit unter. Wer den Salat etwas süßer mag, filetiert statt Grapefruit 1 Orange.

Lauch-Orangen-Salat

Kohlenhydrate ●◖ **15 Min.**
Fett –
Ballaststoffe ●

Pro Portion ca. 84 kcal
3 g Eiweiß · 2 g Fett · 15 g Kohlenhydrate

ZUTATEN FÜR 2 PORTIONEN:
1 kleine Stange Lauch
2 Orangen
1 Limette
3 EL fettarmer Joghurt
1 TL Walnussöl
2 TL mildes Currypulver

1 Den Lauch putzen, längs aufschlitzen, gründlich waschen und die weißen und hellgrünen Teile in feine Streifen schneiden.

2 Die Orangen so schälen, dass die weiße Haut vollständig entfernt wird. Die Orangenfilets zwischen den Trennhäuten herausschneiden und unter den Lauch mischen.

3 Für das Dressing die Limette auspressen. Den Saft mit dem Joghurt und dem Walnussöl verrühren und mit Currypulver abschmecken. Den Lauch-Orangen-Salat mit dem Joghurt-Limetten-Dressing auf Tellern anrichten und sofort servieren.

!! Tipp: An warmen Tagen, wenn Sie wenig Appetit haben oder etwas Leichtes ins Büro mitnehmen möchten, bilden ein sättigender Salat mit einem Stück Vollkornbrot und ein eiweißreiches Dessert bereits eine ausgewogene Mahlzeit.

Blattsalat mit Croûtons

Kohlenhydrate ●◖ **20 Min.**
Fett –
Ballaststoffe ●

Pro Portion ca. 104 kcal
4 g Eiweiß · 3 g Fett · 14 g Kohlenhydrate

ZUTATEN FÜR 2 PORTIONEN:
1 kleine rote Zwiebel
2 TL Apfelsaft
100 g fettarmer Joghurt
1 1/2 EL Apfelessig
Salz · schwarzer Pfeffer
125 g gemischte Blattsalate (z. B. Kopf- und Eichblattsalat, Lollo rosso)
2 Scheiben Vollkorntoastbrot
1 TL Olivenöl
1 kleine Knoblauchzehe

1 Für das Dressing die Zwiebel schälen und in sehr feine Würfel schneiden. Mit dem Apfelsaft, dem Joghurt und dem Apfelessig glatt rühren. Das Dressing mit Salz und Pfeffer herzhaft würzen.

2 Den Salat putzen, waschen, abtropfen lassen und mundgerecht zerzupfen. Die Toastbrotscheiben entrinden und würfeln. Das Öl mit einem Backpinsel in einer kleinen beschichteten Pfanne verteilen, dann erhitzen. Den Knoblauch schälen und durch die Knoblauchpresse dazupressen. Die Brotwürfel darin leicht rösten.

3 Den Salat auf 2 Tellern anrichten, das Joghurtdressing darüber geben und mit Brotwürfeln bestreut sofort servieren.

Gurkencarpaccio mit Tomatensauce

Kohlenhydrate	●	**30 Min.**
Fett	–	
Ballaststoffe	●	

Pro Portion ca. 72 kcal
3 g Eiweiß · 2 g Fett · 9 g Kohlenhydrate

ZUTATEN FÜR 2 PORTIONEN:
400 g feste Tomaten
1 gehackte Zwiebel
1 TL Olivenöl
Salz · weißer Pfeffer
gemahlener Kreuzkümmel
1 EL Tomatenmark
300 g Salatgurke
2 TL Aceto balsamico
2 Zweige Zitronenthymian

1 1 Tomate beiseite legen. Die übrigen Tomaten über Kreuz leicht einritzen, mit kochendem Wasser überbrühen, häuten, von den Stielansätzen und Kernen befreien und grob würfeln.

2 Für die Sauce die Zwiebel in erhitztem Olivenöl bei schwacher Hitze glasig dünsten. Die Tomatenwürfel einrühren, mit Salz, Pfeffer, Kreuzkümmel und Tomatenmark würzen und bei schwacher Hitze 5 Min. ziehen lassen. Alles pürieren und mit Salz und Pfeffer abschmecken.

3 Die Gurke mit oder ohne Schale in dünne Scheiben schneiden und auf 2 Tellern auslegen. Mit Tomatensauce und Balsamessig beträufeln.

4 Mit frischen Tomatenwürfeln und den Thymianblättchen garnieren.

Kohlrabi-Rohkost mit Senfdressing

Kohlenhydrate	◖	**25 Min.**
Fett	–	
Ballaststoffe	●	

Pro Portion ca. 86 kcal
5 g Eiweiß · 3 g Fett · 8 g Kohlenhydrate

ZUTATEN FÜR 2 PORTIONEN:
1 EL Sonnenblumenkerne
1/2 Hand voll Kerbel
4–5 Blättchen Zitronenmelisse
300 g Kohlrabi
30 g Apfel
100 g fettarmer Joghurt
1 TL Pommery-Senf
Kräutersalz

1 Die Sonnenblumenkerne in einer kleinen beschichteten Pfanne ohne Fett goldbraun rösten. Auf einem Teller abkühlen lassen.

2 Den Kerbel waschen, trockenschütteln und fein hacken. Die Zitronenmelisseblättchen kleinschneiden.

3 Den Kohlrabi waschen, putzen, schälen und fein raspeln. Den Kerbel, die Zitronenmelisse und Sonnenblumenkerne untermischen.

4 Den Apfel in hauchdünne Scheiben hobeln oder schneiden und auf 2 Tellern anrichten. Die Kohlrabi-Rohkost darauf verteilen.

5 Für das Dressing Joghurt und Senf in einer kleinen Schüssel verrühren und mit 2 Prisen Kräutersalz würzen. Das Dressing über die Rohkost geben.

Rucola-Salat mit Galiamelone

Kohlenhydrate	●●◖	25 Min.
Fett	●●●	
Ballaststoffe	●	

Pro Portion ca. 256 kcal
13 g Eiweiß · 12 g Fett · 26 g Kohlenhydrate

ZUTATEN FÜR 2 PORTIONEN:
150 g Rucola
50 g Lachsschinken ohne Fettrand
1/2 Galiamelone
2 EL Weißweinessig
Salz
Pfeffer
2 TL Walnussöl
2 EL gehackte Walnüsse

1 Den Rucola waschen, verlesen, von den groben Stielen befreien und abtropfen lassen. Den Lachsschinken in schmale Streifen schneiden.

2 Die Melonenhälfte mit einem Löffel von den Kernen befreien und das Fruchtfleisch mit einem Kugelausstecher herauslösen. Die Melonenkugeln mit dem Lachsschinken zum Rucola geben und locker vermischen.

3 Für das Dressing den Weißweinessig mit Salz, Pfeffer und dem Walnussöl verrühren. Den Rucolasalat auf Tellern anrichten, das Dressing darüber geben und kurz ziehen lassen. Mit den Walnüssen bestreut servieren.

!! Tipp: Schnuppern Sie beim Einkauf an der Frucht. Eine vollreife Melone duftet aromatisch süß.

Leichter Kartoffelsalat mit Zuckerschoten

Kohlenhydrate	●●●●	40 Min.
Fett	●●●	
Ballaststoffe	●●	

Pro Portion ca. 239 kcal
20 g Eiweiß · 11 g Fett · 27 g Kohlenhydrate

ZUTATEN FÜR 2 PORTIONEN:
300 g fest kochende Kartoffeln
100 g Zuckerschoten
Jodsalz
1/2 Bund Radieschen
3 EL fettarmer Joghurt
1 TL Senf
2 TL Kürbiskernöl
3 EL kräftige Gemüsebrühe
weißer Pfeffer
2 EL Kürbiskerne

1 Die Kartoffeln waschen und in wenig Wasser 20 Min. garen. Abgießen, etwas abkühlen lassen, pellen und in Scheiben schneiden.

2 Inzwischen die Zuckerschoten waschen, putzen und schräg dritteln. In wenig Salzwasser zugedeckt in 5 Min. garen, abtropfen lassen.

3 Die Radieschen putzen, waschen und in Scheiben schneiden.

4 Für das Dressing den Joghurt mit Senf, Öl, Brühe, Salz und Pfeffer verquirlen. Die Kartoffeln, Zuckerschoten, Radieschen und Dressing locker mischen, mit Salz und Pfeffer abschmecken. Mit den Kürbiskernen bestreut servieren.

Champignon-Tunfisch-Salat

Kohlenhydrate ◖	20 Min.
Fett ●	
Ballaststoffe ●	

Pro Portion ca. 112 kcal
12 g Eiweiß · 5 g Fett · 5 g Kohlenhydrate

ZUTATEN FÜR 2 PORTIONEN:
1 rote Zwiebel
250 g Champignons
1 Zweig Oregano
1 Zweig Thymian
3 Salbeiblätter · 2 TL Olivenöl
Jodsalz · schwarzer Pfeffer
1 kleine Dose Tunfisch in Wasser (65 g Abtropfgewicht)
100 g fettarmer Joghurt
1 EL Weinessig
1 EL Tomatenketchup
einige Salatblätter (nach Belieben)
2 EL kleine Kapern

1 Die Zwiebel schälen und in feine Spalten schneiden. Die Champignons putzen, eventuell abreiben. Größere Champignons halbieren oder vierteln, kleine ganz lassen. Oregano und Thymian waschen, trockenschütteln und die Blättchen abstreifen. Den Salbei eventuell abreiben und kleinschneiden.

2 Das Öl erhitzen. Die Zwiebel darin glasig dünsten. Die Champignons bei starker Hitze 2–3 Min. anbraten. Mit den Kräutern, Salz und Pfeffer würzen und etwas abkühlen lassen.

3 Für das Dressing den Tunfisch abtropfen lassen und in eine Schüssel geben. Zusammen mit dem Joghurt, Essig und Ketchup pürieren, mit Salz und Pfeffer herzhaft abschmecken.

4 Die Salatblätter waschen, trockenschütteln, mundgerecht zerzupfen, auf 2 Tellern verteilen und die Champignons darauf geben. Mit dem Tunfischdressing beträufeln und die Kapern darüber streuen.

Spargelsalat mit Erdbeeren und Avocado

Kohlenhydrate ◖	20 Min.
Fett ●●●	
Ballaststoffe ●●	

Pro Portion ca. 112 kcal
12 g Eiweiß · 5 g Fett · 5 g Kohlenhydrate

ZUTATEN FÜR 2 PORTIONEN:
4 Stangen grüner Spargel
Salz
150 g Erdbeeren
1/2 reife Avocado
20 g geräuchertes Putenbrustfilet
40 g fettarme Dickmilch
40 g saure Sahne
1 Msp. abgeriebene Schale 1 unbehandelten Zitrone
2 TL Zitronensaft
5 Blätter Basilikum
Salz
flüssiger Süßstoff

1 Den Spargel waschen, putzen und im unteren Drittel sorgfältig schälen. Die Spargelstangen in leicht gesalzenem Wasser einmal aufkochen lassen und in 3 Min. garen. Den Spargel herausnehmen, kurz kalt abschrecken und auf Küchenpapier abtropfen lassen.

2 Die Erdbeeren waschen, putzen und abtropfen lassen oder auf auf Küchenpapier legen. Die Erdbeeren je nach Größe halbieren oder vierteln. Die Avocadohälfte vom Kern befreien, schälen und das Fruchtfleisch in Würfel schneiden. Das Putenbrustfilet in Streifen schneiden. Den Spargel schräg in Stücke schneiden, mit Erdbeeren, Avocadowürfeln und Putenbruststreifen auf 2 Tellern anrichten.

3 Für das Dressing die Dickmilch und die saure Sahne in einer kleinen Schüssel verrühren. Die Zitronenschale und den Zitronensaft unterrühren. Die Basilikumblätter abreiben, fein hacken und unter das Dressing mischen. Das Dressing mit 1 Prise Salz und 1 Spritzer Süßstoff abschmecken und über den Salat ziehen.

!! Tipp: Avocado ist neben Oliven die fettreichste Frucht überhaupt. Allerdings liefert sie in erster Linie ungesättigte, gesundheitsfördernde Fettsäuren, von denen wir meist ohnehin nicht genug aufnehmen.

Bild: Spargelsalat mit Erdbeeren und Avocado

Spitzkohlsalat mit Shiitakepilzen

Kohlenhydrate ●●●●◖ 40 Min.
Fett ●●
Ballaststoffe ●●●

Pro Portion ca. 292 kcal
10 g Eiweiß · 8 g Fett · 51 g Kohlenhydrate

ZUTATEN FÜR 2 PORTIONEN:
1/2 kleiner Spitzkohl
100 g Shiitakepilze
60 g rote Paprikaschote
1 EL Sesamöl
2 TL Zitronensaft
Salz
100 g fettarme Dickmilch
flüssiger Süßstoff
1/2 Hand voll Petersilienblätter
Pfeffer aus der Mühle

1 Den halben Spitzkohl längs halbieren, von den Strünken befreien, waschen und quer in feine Streifen schneiden. Die Pilze, falls nötig, mit einem Pinsel oder mit Küchenpapier abreiben und die Stielenden entfernen. Die Hüte in Streifen schneiden. Die Paprikaschote waschen, von den Kernen und Trennhäuten befreien und in feine Würfel schneiden.

2 Das Öl in einer beschichteten Pfanne erhitzen und die Pilze darin bei mittlerer Hitze braun anbraten. Die Pfanne beiseite stellen, die Pilze leicht salzen und mit 1 TL Zitronensaft beträufeln.

3 Für das Dressing Dickmilch, den übrigen Zitronensaft, 1 Prise Salz und 1 Spritzer Süßstoff mit dem Schneebesen glatt rühren. Die Petersilie waschen, trockenschütteln, fein hacken und unter die Dickmilch rühren. Den Spitzkohl mit den Paprikawürfeln und den Pilzen auf 2 Tellern anrichten und das Dressing darüber geben. Eventuell mit Pfeffer übermahlen.

!! Tipp: Wenn Sie rohen Kohl nicht vertragen, blanchieren Sie ihn für diesen Salat.

!! Tipp: Statt der Shiitakepilze können Sie auch Champignons verwenden.

Linsen auf Sellerie-Rohkost

Kohlenhydrate ●◖ 1 Std.
Fett –
Ballaststoffe ●●

Pro Portion ca. 88 kcal
5 g Eiweiß · 2 g Fett · 13 g Kohlenhydrate

ZUTATEN FÜR 2 PORTIONEN:
30 g de Pui-Linsen
Salz
Obstessig
100 g Knollensellerie
50 g Birne
4 Blätter Eichblattsalat
2 EL frisch gepresster Orangensaft
1 EL Rapsöl
1/2 TL mittelscharfer Senf
1 EL frisch gehacktes Majoran
1 EL Schnittlauchröllchen

1 Die Linsen in 200 ml kaltem Wasser mit 2 Prisen Salz einmal aufkochen, dann zugedeckt bei schwacher Hitze in 15 Min. garen. Das Kochwasser der Linsen abgießen. 1 TL Obstessig unter die heißen Linsen rühren. Etwas abkühlen lassen.

2 Inzwischen den Sellerie schälen und fein raspeln. Die Birne waschen, vom Kerngehäuse befreien und in dünne Scheiben schneiden. Die Salatblätter waschen, trockenschütteln und jeweils 2 Blätter auf 2 Teller legen. Den Sellerie, die Birnenscheiben und die Linsen locker vermischen und auf den Salatblättern anrichten.

3 Für das Dressing den Orangensaft mit Öl, 1 EL Obstessig, Senf und Majoran verrühren. Das Dressing über den Salat verteilen und mit Schnittlauch betreut servieren.

!! Tipp: In Linsen steckt reichlich Magnesium, das Antistress-Mineral. Mit einer Mahlzeit von 100 g Linsen decken Sie bereits mehr als ein Drittel Ihres Magnesiumbedarfs.

Bild oben: Spitzkohlsalat mit Shiitakepilzen
Bild unten: Linsen auf Sellerie-Rohkost

Exotischer Fruchtsalat mit Hähnchenbrust

Kohlenhydrate ◖ Fett ●● Ballaststoffe ●	35 Min.

Pro Portion ca. 135 kcal
15 g Eiweiß · 5 g Fett · 7 g Kohlenhydrate

ZUTATEN FÜR 2 PORTIONEN:
1 TL Kokosraspel
125 g Hähnchenbrustfilet
Salz
1/2 TL Currypulver
1 TL Sonnenblumenöl
1/2 sehr reife Papaya
1 reife Kiwi
Für das Dressing:
1 EL Obstessig
1 TL Sonnenblumenöl
1/2 TL frisch geriebener Ingwer
2 Msp. Sambal Oelek
Salz
flüssiger Süßstoff

1 Die Kokosraspel in einer kleinen beschichteten Pfanne ohne Fett goldbraun rösten. Auf einem Teller abkühlen lassen.

2 Das Hähnchenbrustfilet mit 2 Prisen Salz und dem Currypulver würzen. Das Öl in der Pfanne erhitzen. Das Hähnchenbrustfilet darin bei mittlerer Hitze 3 Min. braten, dann wenden und zugedeckt bei schwacher Hitze weitere 4 Min. braten. Aus der Pfanne nehmen und auf einem Teller beiseite stellen.

3 Papaya und Kiwi schälen. Die Kiwi längs halbieren. Die Papaya mit einem Teelöffel von den Kernen befreien. Papaya und Kiwi quer in dünne Scheiben schneiden.

4 Das Hähnchenbrustfilet noch warm in Scheiben schneiden und mit den Früchten auf einem flachen Teller anrichten.

5 Für das Dressing den Obstessig mit dem Öl in einer kleinen Schüssel verrühren. Den Ingwer, Sambal Oelek und 2 Prisen Salz unterrühren. Das Dressing mit 2–3 Spritzern Süßstoff abschmecken und über den Salat verteilen. Die Kokosraspel darüber streuen und sofort servieren.

Rosenkohlsalat mit Parmaschinken

Kohlenhydrate ●◖ Fett ●●● Ballaststoffe ●●●	40 Min.

Pro Portion ca. 214 kcal
16 g Eiweiß · 11 g Fett · 15 g Kohlenhydrate

ZUTATEN FÜR 2 PORTIONEN:
250 g zarter Rosenkohl
100 ml Gemüsefond (aus dem Glas)
1 kleine Birne
1 EL Zitronensaft
60 g Parmaschinken in dünnen Scheiben
100 g fettarmer Joghurt
2 EL Magerquark
1 TL frisch geriebener Meerrettich
Jodsalz
schwarzer Pfeffer

1 Den Rosenkohl waschen und putzen. Einen Großteil der Blättchen vorsichtig ablösen und beiseite legen. Bei den verbleibenden Röschen die Strünke über Kreuz einschneiden.

2 Den Fond in einem Topf aufkochen lassen. Die Rosenkohlröschen in einen Dämpfeinsatz in den Topf stellen und zugedeckt bei mittlerer Hitze 5 Min. dämpfen. Die Rosenkohlblätter dazugeben und 1–2 Min. mitdämpfen.

3 Die Birne schälen, vierteln, vom Kerngehäuse befreien, in Spalten schneiden und mit dem Zitronensaft beträufeln. Mit den lauwarmen Rosenkohlröschen und -blättern mischen. Zusammen mit dem Parmaschinken auf Tellern anrichten.

4 Für das Dressing den Joghurt mit Quark, Meerrettich, Salz und Pfeffer verrühren und über den Salat geben.

!! Tipp: Statt des Gemüsefonds können Sie auch ganz normale Gemüsebrühe verwenden.

Bild oben: Exotischer Fruchtsalat mit Hähnchenbrust
Bild unten: Rosenkohlsalat mit Parmaschinken

Frühlingssuppe mit Reis

Kohlenhydrate
Fett
Ballaststoffe

40 Min.

Pro Portion ca. 1127 kcal
4 g Eiweiß · 7 g Fett · 13 g Kohlenhydrate

ZUTATEN FÜR 2 PORTIONEN:
1 Möhre
1 kleiner Kohlrabi
1 Bund Frühlingszwiebeln
2 TL Olivenöl
2 EL Rundkornreis
600 ml Gemüsebrühe
geriebene Muskatnuss
Currypulver
Salz · Pfeffer
1/2 Bund Petersilie

1 Möhre und Kohlrabi putzen, waschen, schälen und klein würfeln. Die Frühlingszwiebeln putzen, waschen und in Ringe schneiden.

2 Das Öl erhitzen und den Reis darin bei schwacher Hitze glasig werden lassen. Die Frühlingszwiebeln dazugeben und kurz mitdünsten. Die Brühe angießen, das Gemüse dazugeben und 20 Min. kochen lassen.

3 Die Suppe mit den Gewürzen abschmecken. Die Petersilie waschen, trockenschütteln und fein hacken. Die Suppe mit Petersilie besteut servieren.

!! Tipp: Für ein sättigendes Hauptgericht die Zutatenmenge verdoppeln und zur Abrundung 150 g tiefgekühlte und verzehrsfertige Krabben kurz vor Ende der Garzeit mitkochen lassen.

Brotsuppe mit Zwiebeln

Kohlenhydrate
Fett
Ballaststoffe

50 Min.

Pro Portion ca. 276 kcal
7 g Eiweiß · 14 g Fett · 30 g Kohlenhydrate

ZUTATEN FÜR 2 PORTIONEN:
2 große Gemüsezwiebeln
1 EL Olivenöl
500 ml Gemüsebrühe
5 EL Sahne
1/2 TL Speisestärke
2 dünne Scheiben Roggen-Vollkornbrot
Salz
Pfeffer
3 EL frisch geriebener Parmesan

1 Die Zwiebeln schälen und in dünne Ringe schneiden. Das Öl in einem Topf erhitzen und die Zwiebeln darin bei schwacher Hitze glasig werden lassen. Mit der Brühe ablöschen und 30 Min. bei schwacher Hitze kochen lassen.

2 Den Backofen auf 220° vorheizen. Sahne mit der Stärke verrühren und in die Suppe rühren.

3 Brotscheiben rösten. Suppe mit Salz und Pfeffer würzen und in große feuerfeste Schalen füllen. Mit je 1 Scheibe Brot bedecken. Den Parmesan darüber streuen und die Suppe im Backofen (Mitte, Umluft 200°) überbacken.

!! Tipp: Die Suppe wird würziger, wenn Sie das Brot weglassen und dafür 6 EL frisch geriebenen Parmesan über die Suppe streuen.

Champignon-Lauch-Suppe

Kohlenhydrate	◖	35 Min.
Fett	●●●	
Ballaststoffe	●	

Pro Portion ca. 146 kcal
8 g Eiweiß · 13 g Fett · 6 g Kohlenhydrate

ZUTATEN FÜR 2 PORTIONEN:
1 kleine Stange Lauch
150 g kleine Champignons
1 EL Rapsöl
400 ml Geflügelbrühe
100 g saure Sahne
1 EL gehackte Mandeln
1 Bund Kerbel oder Petersilie
Salz · Pfeffer

1 Den Lauch putzen, längs aufschlitzen, gründlich waschen und die weißen und hellgrünen Teile in feine Streifen schneiden. Die Champignons putzen, eventuell abreiben und in Scheiben schneiden. Das Öl erhitzen, den Lauch darin bei schwacher Hitze andünsten.

2 Mit der Brühe ablöschen und aufkochen lassen. Einige Champignonscheiben beiseite legen, die restlichen zum Lauch geben und 10 Min. bei schwacher Hitze ziehen lassen, mit der Brühe, der sauren Sahne und den Mandeln pürieren.

3 Den Kerbel oder die Petersilie waschen, trockenschütteln und hacken. Die Suppe mit Kerbel oder Petersilie, Salz und Pfeffer würzen. Die übrigen Champignonscheiben auf die Suppe geben und servieren.

Rote-Bete-Cremesuppe

Kohlenhydrate	●◖	35 Min.
Fett	–	
Ballaststoffe	–	

Pro Portion ca. 74 kcal
3 g Eiweiß · 1 g Fett · 14 g Kohlenhydrate

ZUTATEN FÜR 2 PORTIONEN:
1 mehlig kochende Kartoffel
500 ml Rote-Bete-Saft
1/2 TL Zimt
Nelkenpulver
Salz
Pfeffer
3 TL Schmand (24 % Fett)

1 Die Kartoffel waschen, schälen und in Würfel schneiden. Mit dem Rote-Bete-Saft in einem Topf zum Kochen bringen und die Kartoffel bei schwacher Hitze in 15 Min. garen.

2 Die Kartoffeln zusammen mit dem Saft im Mixer oder mit dem Pürierstab pürieren, eventuell nochmals erwärmen. Die Suppe mit Zimt, etwas Nelkenpulver, Salz und Pfeffer würzen. Den Schmand mit der Suppe verrühren. Die Suppe in Suppenschalen oder tiefen Tellern anrichten und sofort servieren.

!! Tipp: Für eine Karotten-Cremesuppe statt Rote-Bete-Saft einfach Karottensaft nehmen und anstelle von Zimt- und Nelkenpulver mit mildem Currypulver würzen.

Möhrencremesuppe mit Pistazien

Kohlenhydrate ● **25 Min.**
Fett ●●●
Ballaststoffe ●●

Pro Portion ca. 148 kcal
3 g Eiweiß · 10 g Fett · 10 g Kohlenhydrate

ZUTATEN FÜR 2 PORTIONEN:
400 g Möhren
1 Petersilienwurzel
1 EL Butter
2 Frühlingszwiebeln
Salz · Pfeffer
je 1 Msp. gemahlener Koriander, frisch geriebene Muskatnuss und Ingwerpulver
1 Prise Cayennepfeffer
4 EL Sahne
1 EL gehackte Pistazien

1 Möhren und Petersilienwurzel waschen, putzen, schälen und würfeln. 1/2 EL Butter in einem Topf erhitzen und das Gemüse bei mittlerer Hitze unter Rühren 1 Min. dünsten. Mit 400 ml heißem Wasser ablöschen und 15 Min. kochen lassen. Die Frühlingszwiebeln putzen und waschen. Die weißen und hellgrünen Teile in feine Ringe schneiden. Die übrige Butter in einer Pfanne erhitzen und die Frühlingszwiebeln darin bei schwacher Hitze glasig werden lassen, dann beiseite stellen.

2 Möhren und Petersilienwurzel pürieren. Das Püree mit Salz, Pfeffer, Koriander, Muskat, Ingwerpulver und Cayennepfeffer würzen. Die Frühlingszwiebeln unterrühren und die Suppe bei schwacher Hitze 5 Min. kochen lassen. Die Sahne mit einer Gabel schaumig schlagen und unter die Suppe ziehen. Die Suppe mit Pistazien bestreut servieren.

!! Tipp: Wenn Sie keine Petersilienwurzel bekommen, können Sie diese durch einen kleinen Kohlrabi ersetzen.

Brokkolisuppe mit Thymiancreme

Kohlenhydrate ●● **45 Min.**
Fett ●
Ballaststoffe ●●●

Pro Portion ca. 187 kcal
9 g Eiweiß · 6 g Fett · 22 g Kohlenhydrate

ZUTATEN FÜR 2 PORTIONEN :
140 g vorwiegend fest kochende Kartoffeln
500 g Brokkoli
1 mittelgroße Zwiebel
1 TL Olivenöl
1/2 l Gemüsebrühe (Brühwürfel)
Salz
1 EL Schmand (24 % Fett)
1/2 Limette
1/2 TL frisch gehackter Thymian
Pfeffer
1 Msp. frisch geriebene Muskatnuss

1 Die Kartoffeln waschen, schälen und klein würfeln. Den Brokkoli waschen, putzen und in kleine Röschen teilen. Die Stiele schälen abschneiden und in dickere Scheiben schneiden.

2 Die Zwiebel schälen und grob würfeln. Die Zwiebel im erhitzten Öl bei mittlerer Hitze leicht bräunen. Die Kartoffeln hinzufügen und kurz andünsten. Die Gemüsebrühe dazugießen. Von den Brokkoliröschen etwa 140 g beiseite legen und den übrigen Brokkoli untermischen. Das Gemüse einmal aufkochen lassen und zugedeckt bei schwacher Hitze in 25 Min. garen.

3 Inzwischen den beiseite gelegten Brokkoli in einem Topf knapp bedeckt mit leicht gesalzenem Wasser bei schwacher Hitze in 10 Min. garen. Das Kochwasser abgießen und den Brokkoli im geschlossenen Topf warm halten.

4 Für die Thymiancreme den Schmand in einer kleinen Schüssel glatt rühren. Von der Limette etwas Schale abreiben und dazugeben. 2 TL Limettensaft auspressen und mit dem Thymian unterrühren. Die Creme mit 1 Prise Salz würzen.

5 Die Brokkolisuppe mit dem Pürierstab im Topf pürieren und mit etwas Salz, Pfeffer und 1 Msp. Muskat abschmecken. Die Brokkoliröschen in die Suppe geben. Die Suppe in 2 tiefen Tellern anrichten und mit je 1 Klecks Thymiancreme servieren.

Bild: Brokkolisuppe mit Thymiancreme

Graupensuppe mit Käse

Kohlenhydrate ●●●◖	1 Std.
Fett ●●●	
Ballaststoffe ●●●	

Pro Portion ca. 317 kcal
14 g Eiweiß · 12 g Fett · 37 g Kohlenhydrate

ZUTATEN FÜR 2 PORTIONEN:
1 kleine Knoblauchzehe
80 g Perlgraupen (mittel)
1 EL Olivenöl
1/2 l Gemüsebrühe (Brühwürfel)
1/2 Bund Frühlingszwiebeln
1 kleiner Zucchino
200 g Tomaten
je 1 kleiner Zweig Rosmarin und Thymian
50 g grüne gepalte Erbsen
1 Hand voll Basilikumblätter
Salz
1–2 TL Zitronensaft
30 g Parmesan

1 Den Knoblauch schälen und fein hacken. Die Perlgraupen in einer Schüssel mit kaltem Wasser waschen, das Wasser abgießen und die Perlgraupen abtropfen lassen.

2 Das Öl in einem mittelgroßen Topf erhitzen und den Knoblauch darin bei schwacher Hitze andünsten. Die Graupen dazugeben und unter Rühren kurz mitdünsten. Die Gemüsebrühe dazugießen und einmal umrühren. Die Graupen zugedeckt bei schwacher Hitze in 30 Min. garen.

3 Inzwischen die Frühlingszwiebeln putzen und waschen. Die weißen und hellgrünen Teile in feine Ringe schneiden. Zucchino waschen, putzen und in kleine Würfel schneiden. Die Tomaten waschen, halbieren und ohne die Stielansätze mit dem Pürierstab pürieren oder fein hacken. Rosmarin und Thymian waschen und trockenschütteln.

4 Das Gemüse samt Erbsen, Rosmarin und Thymian hinzufügen und unter die Graupen rühren. Die Suppe zugedeckt bei schwacher Hitze 20 Min. kochen lassen.

5 Inzwischen die Basilikumblätter abreiben und in feine Streifen schneiden. Die Suppe mit 1/2 TL Salz und dem Zitronensaft würzen. Das Basilikum unterrühren.

6 Den Parmesan fein reiben und in einem kleinen Schälchen extra zur Graupensuppe reichen.

Kartoffelsuppe mit Lachs

Kohlenhydrate ●●●◖	35 Min.
Fett ●●●	
Ballaststoffe ●●●	

Pro Portion ca. 342 kcal
13 g Eiweiß · 13 g Fett · 36 g Kohlenhydrate

ZUTATEN FÜR 2 PORTIONEN:
500 g mehlig kochende Kartoffeln
3 Fühlingszwiebeln
1 Knoblauchzehe
1 Bund Suppengrün
10 g Butter
600 ml Gemüsebrühe
1 Lorbeerblatt
1 Prise gemahlener Kümmel
3–4 Zweige glatte Petersilie
Salz · Pfeffer
2 EL saure Sahne
50 g Räucherlachs

1 Die Kartoffeln waschen, schälen und würfeln. Die Frühlingszwiebeln putzen und waschen. Die weißen Teile grob hacken und die hellgrünen in dünne Ringe schneiden. Den Knoblauch schälen und fein hacken. Das Suppengrün waschen, putzen und in Würfel schneiden.

2 Die Butter in einem großen Topf erhitzen und die weißen Teile der Frühlingszwiebeln, den Knoblauch und das Suppengrün darin bei mittlerer Hitze unter ständigem Rühren anbraten. Die Kartoffeln zufügen und kurz mitbraten.

3 Die Gemüsebrühe angießen, das Lorbeerblatt und den Kümmel unterrühren. Die Suppe zugedeckt bei mittlerer Hitze 15 Min. kochen lassen.

4 Inzwischen die Petersilie waschen, trockenschütteln und fein hacken. Das Lorbeerblatt entfernen. Die Suppe mit dem Pürierstab grob pürieren, mit Salz und Pfeffer herzhaft abschmecken. Die Hälfte der Petersilie und die saure Sahne unterrühren.

5 Lachs in Streifen schneiden. Die Suppe in tiefe Teller füllen und die Lachsstreifen obenauf geben. Die hellgrünen Frühlingszwiebeln und die restliche Petersilie über die Suppe streuen.

Bild oben: Graupensuppe mit Käse
Bild unten: Kartoffelsuppe mit Lachs

Schlanke Erbsensuppe

Kohlenhydrate ●●◖ — **2 Std. (+ Quellzeit über Nacht)**
Fett –
Ballaststoffe ●●●

Pro Portion ca. 213 kcal
17 g Eiweiß · 3 g Fett · 31 g Kohlenhydrate

ZUTATEN FÜR 2 PORTIONEN:
125 g gelbe Schälerbsen
80 g Knollensellerie
120 g Möhren
100 g Lauch
1/2 Bund Petersilie
Salz
1/2 TL getrockneter Majoran
1 kleine Zwiebel
1 TL Rapsöl
1 Stück Küchengarn

1 Die Erbsen in 1/2 l kaltem Wasser einweichen und abgedeckt über Nacht quellen lassen.

2 Sellerie schälen und klein würfeln. Möhren waschen, putzen, schälen, längs halbieren und in Scheiben schneiden. Den Lauch putzen, längs aufschlitzen, waschen kleinschneiden. Petersilie waschen, von den groben Stielen befreien, die Zweige mit Küchengarn zusammenbinden.

3 Gemüse und Petersilie zu den Erbsen geben, 1/2 TL Salz und Majoran unterrühren, aufkochen lassen. Zugedeckt 1 Std. 20 Min. kochen lassen. Die Petersilie herausnehmen. Eventuell etwas Wasser unterrühren.

4 Die Zwiebel schälen und fein hacken. Das Öl erhitzen und die Zwiebel anbraten. Die Petersilie fein hacken und untermischen. Die Suppe anrichten und mit der Zwiebel-Petersilien-Mischung obenauf servieren.

Schnelle Tomatensuppe

Kohlenhydrate ◖ — **15 Min.**
Fett ●●
Ballaststoffe ●

Pro Portion ca. 170 kcal
4 g Eiweiß · 9 g Fett · 8 g Kohlenhydrate

ZUTATEN FÜR 2 PORTIONEN:
1 Zwiebel
1 kleine Knoblauchzehe
1 EL Olivenöl
1 kleine Dose geschälte Tomaten (225 g Abtropfgewicht)
1 EL Tomatenmark
50 ml trockener Rotwein
1/4 l Gemüsebrühe
1 kleines Lorbeerblatt
Salz
Pfeffer
1/4 TL edelsüßes Paprikapulver
1 Prise Cayennepfeffer
2 Zweige Basilikum
2 EL frisch geriebener Pecorino oder Ziegenmilch-Gouda

1 Die Zwiebel und den Knoblauch schälen und hacken. Das Öl in einem Topf erhitzen, die Zwiebel und den Knoblauch darin bei schwacher Hitze unter Rühren glasig werden lassen.

2 Die Tomaten abtropfen lassen, dabei den Saft auffangen. Die Tomaten grob hacken und mit dem Tomatenmark zur Zwiebel in den Topf geben und kurz mitbraten. Tomatensaft, Wein, Brühe und Lorbeerblatt zugeben und die Suppe zugedeckt bei mittlerer Hitze 10 Min. kochen lassen.

3 Die Tomatensuppe mit Salz, Pfeffer, Paprikapulver und dem Cayennepfeffer würzen; eventuell mit dem Pürierstab pürieren.

4 Das Basilikum waschen, trockenschütteln in Streifen schneiden und unter die Suppe rühren. Die Suppe in vorgewärmten Tellern anrichten und mit Käse bestreuen.

!! Tipp: Geriebener Käse über Aufläufen, als i-Tüpferl auf dem Salat oder in der Suppe gehört für viele Genießer einfach dazu. Wie bei dieser Tomatensuppe beeinflusst es aber keineswegs den Geschmack, wenn Sie auf den gehobelten Käse verzichten. Ihr Fettkonto würde es aber deutlich entlasten!

Bild: Schnelle Tomatensuppe

Gemüse

Eine Hauptmahlzeit mit viel knackig frischem Gemüse macht fit und leistungsfähig.

Bunte Gemüsegerichte sind nicht nur ein Augenschmaus. Gemüse lässt sich so abwechslungsreich zubereiten und kombinieren, dass man täglich neue Variationen servieren kann, ohne dass es eintönig wird. Zudem können Sie es in beliebigen Mengen verzehren – roh oder erhitzt – ohne dass sich das auf den Blutzuckerspiegel auswirkt.
Das große Plus: Sie nehmen dabei eine Menge leistungsfördernder Vitamine und Mineralstoffe auf.

Spargel in Kerbelsauce mit neuen Kartoffeln

Kohlenhydrate	●●●◖	1 Std.
Fett	●●●	
Ballaststoffe	●●●	

Pro Portion ca. 348 kcal
15 g Eiweiß · 13 g Fett · 42 g Kohlenhydrate

ZUTATEN FÜR 2 PORTIONEN:
1 kg weißer Spargel
Salz
Zucker
400 g kleine fest kochende neue Kartoffeln
20 g Margarine
1 geh. TL Mehl (10 g)
250 ml Vollmilch
1 Msp. Muskatnuss
1 Msp. Zitronenschale 1 unbehandelten Zitrone
1–2 TL Zitronensaft
1/2 Hand voll Kerbelblättchen

1 Den Spargel waschen, putzen und gründlich schälen. Etwa 1 l Wasser mit 1 TL Salz und 2 Prisen Zucker in einem weiten Topf zum Kochen bringen.

2 Inzwischen die Kartoffeln unter fließendem Wasser waschen. Mit Salzwasser knapp bedeckt zugedeckt in 20 Min. garen.

3 Den Spargel in das sprudelnd kochende Wasser legen und bei schwacher Hitze in 15 Min. garen.

4 Inzwischen für die Sauce die Margarine in einem kleinen Topf bei schwacher Hitze schmelzen lassen. Das Mehl mit dem Schneebesen unterrühren und kurz anschwitzen. Die Milch mit dem Schneebesen in die Mehlschwitze rühren und 10 Min. bei schwacher Hitze köcheln lassen, dabei gelegentlich umrühren.

5 Kurz bevor der Spargel gar ist, 50 ml Kochwasser abnehmen und unter die Sauce rühren. Den Topf beiseite stellen und die Sauce mit Salz, Muskat, Zitronenschale und -saft und etwas Zucker abschmecken.

6 Den Kerbel waschen, trockentupfen, fein hacken und unter die Sauce rühren. Die Sauce bei schwacher Hitze warm halten.

7 Die Kartoffeln abgießen und einige Minuten ausdampfen lassen. Den Spargel gut abtropfen lassen und sofort mit den Kartoffeln und der Kerbelsauce servieren.

Gemüseragout mit Safrannocken

Kohlenhydrate	●●●	30 Min.
Fett	–	
Ballaststoffe	●●●	

Pro Portion ca. 278 kcal
7 g Eiweiß · 3 g Fett · 35 g Kohlenhydrate

ZUTATEN FÜR 2 PORTIONEN:
400 g gemischtes Frühlingsgemüse (z. B. Möhren, Frühlingszwiebeln, Zuckerschoten)
1/4 l Gemüsebrühe
1 Hand voll Kerbelblättchen
Jodsalz
schwarzer Pfeffer
Für die Safrannocken:
140 ml Magermilch
40 g Weizenvollkorngrieß
Jodsalz
1 Msp. gemahlener Safran
1 EL gehackte Petersilie

1 Das Gemüse waschen, putzen, eventuell schälen und kleinschneiden. Zusammen mit der Brühe in einen Topf geben, zum Kochen bringen und zugedeckt bei schwacher Hitze 10–15 Min. köcheln lassen.

2 Inzwischen für die Nocken die Milch in einem kleinen Topf aufkochen lassen. Den Grieß unter ständigem Rühren einrieseln lassen und bei schwacher Hitze kochen lassen, bis ein dicker Brei entsteht. Den Grießbrei mit Salz und Safran würzen, die Petersilie unterrühren.

3 Den Kerbel waschen, trockentupfen, fein hacken und zum Gemüseragout geben. Das Ragout mit Salz und Pfeffer abschmecken.

4 Vom Grießbrei mit zwei Löffeln Nocken abstechen, auf Tellern anrichten und mit dem Gemüseragout sofort servieren.

!! Tipp: Der Safran in den Nocken sorgt nicht nur für ein raffiniertes Aroma, sondern auch für die goldgelbe Farbe, die sonst meist durch Eigelb erreicht wird. Die Safran-Variante ist dagegen fettarm und cholesterinfrei.

Bild oben: Spargel in Kerbelsauce mit neuen Kartoffeln
Bild unten: Gemüseragout mit Safrannocken

Ofenkartoffeln mit Quark und Tomatensalat

Kohlenhydrate ●●●◖ 50 Min.
Fett – (+ 10–15 Min. Backzeit)
Ballaststoffe ●●

Pro Portion ca. 267 kcal
23 g Eiweiß · 2 g Fett · 38 g Kohlenhydrate

ZUTATEN FÜR 2 PORTIONEN:
500 g fest kochende Kartoffeln
Salz
250 g Magerquark
2 EL Mineralwasser
1/2 Hand voll Brunnenkresseblätter
frisch geriebene Muskatnuss
flüssiger Süßstoff
1 EL Olivenöl
1 TL Aceto Balsamico
200 g Tomaten
1 kleine Zwiebel
Alufolie

1 Die Kartoffeln unter fließendem Wasser waschen. Mit Salzwasser knapp bedeckt aufkochen lassen und zugedeckt bei schwacher Hitze in 30 Min. garen.

2 Inzwischen den Quark mit dem Mineralwasser in einer Schüssel glatt rühren. Die Brunnenkresse waschen, trockentupfen, fein hacken und unter den Quark rühren. Mit 2–3 Prisen Salz, etwas Muskat und 1 Spritzer Süßstoff abschmecken.

3 Für das Dressing das Olivenöl mit dem Essig in einer Salatschüssel kräftig verrühren und mit 1 Prise Salz würzen. Die Tomaten waschen, ohne die Stielansätze vierteln, die Viertel in mundgerechte Stücke schneiden und zum Dressing geben.

4 Den Backofengrill auf Stufe 1 oder auf starke Oberhitze vorheizen. Die Zwiebel schälen, halbieren, in feine Ringe schneiden und zu den Tomaten geben. Alles einmal durchmischen.

5 Die Kartoffeln abgießen, längs halbieren, die Hälften auseinander klappen und jeweils nebeneinander auf ein etwa 20 x 30 cm großes Stück Alufolie legen. Die Schnittflächen mit etwas Salz bestreuen. Die Folie mit den Kartoffeln auf dem Rost im Backofen (Mitte) 10–15 Min. überbacken, bis die Kartoffeln leicht gebräunt sind. Die Kartoffeln mit Quark und Tomatensalat anrichten.

Auberginen mit Tomaten und Minze-Joghurt

Kohlenhydrate ●◖ 45 Min.
Fett ●●●
Ballaststoffe ●●●

Pro Portion ca. 268 kcal
17 g Eiweiß · 14 g Fett · 16 g Kohlenhydrate

ZUTATEN FÜR 2 PORTIONEN:
2 mittelgroße Auberginen
1 EL Olivenöl
2 Tomaten
Salz
Pfeffer
1/2 TL getrockneter Oregano
50 g frisch geriebener Parmesan
200 g fettarmer Joghurt
1 TL Zitronensaft
1 kleine Knoblauchzehe
2 Zweige frische Minze oder 1/2 TL getrocknete

1 Den Backofen auf 200° vorheizen. Die Auberginen waschen, putzen und längs im Abstand von 2 cm etwa 1 cm breite Streifen abschneiden. Das Öl in einer beschichteten Pfanne erhitzen und die Auberginen darin bei mittlerer Hitze rundum goldbraun anbraten, dann kalt werden lassen. Die Auberginen in Scheiben schneiden. Die Tomaten waschen und ohne die Stielansätze in Scheiben schneiden.

2 Auberginen- und Tomatenscheiben abwechselnd dachziegelartig in eine mittelgroße feuerfeste Form schichten. Mit Salz, Pfeffer und Oregano bestreuen. Den Käse darüber streuen und im Backofen (Mitte, Umluft 200°) 20 Min. überbacken.

3 Inzwischen den Joghurt mit dem Zitronensaft verrühren. Den Knoblauch schälen und durch die Knoblauchpresse dazudrücken. Mit Salz und Pfeffer würzen. Die Minze waschen, trockenschütteln, fein hacken und unterrühren. Die Joghurtsauce extra zu den Auberginen reichen.

!! Tipp: Statt Auberginen können Sie auch Zucchini verwenden. Diese waschen, putzen und in Scheiben schneiden. Die Zucchinischeiben in wenig Olivenöl in einer beschichteten Pfanne beidseitig anbraten. Mit den Tomaten in die Form schichten und wie beschrieben backen.

Bild oben: Ofenkartoffeln mit Quark und Tomatensalat
Bild unten: Auberginen mit Tomaten und Minze-Joghurt

Gemüse-Tortilla

Kohlenhydrate ●◖ **40 Min.**
Fett +
Ballaststoffe ●●●

Pro Portion ca. 221 kcal
11 g Eiweiß · 17 g Fett · 18 g Kohlenhydrate

ZUTATEN FÜR 2 PORTIONEN:
2 mittelgroße fest kochende Kartoffeln
1 rote Paprikaschote
1 kleine Aubergine
je 1 gehackte Zwiebel und Knoblauchzehe
2 EL Olivenöl
Salz · Pfeffer
2 mittelgroße Eier
2 EL gehackte Petersilie

1 Kartoffeln und Gemüse waschen und putzen. Die Kartoffeln schälen und in dünne Scheiben schneiden. Die Paprikaschote in kleine Quadrate schneiden. Die Aubergine würfeln.

2 1 EL Öl erhitzen. Die Kartoffeln darin bei mittlerer Hize unter Wenden anbraten. Paprika und Auberginenwürfel unterrühren und 10 Min. mitbraten, dabei gelegentlich wenden. Mit Salz und Pfeffer leicht würzen. Das Gemüse abkühlen lassen.

3 Die Eier mit etwas Salz, 1 Prise Pfeffer und Petersilie verquirlen. Die Kartoffel-Gemüse-Mischung untermischen. 1 TL Öl in der Pfanne erhitzen. Die Eier-Gemüse-Masse hinein geben, glatt streichen und bei schwacher Hitze von beiden Seiten goldbraun braten. Dabei die Pfanne gelegentlich leicht hin und her rütteln, eventuell noch etwas Öl zugeben. Die Tortilla in Viertel teilen und sofort servieren.

!! Tipp: Dazu schmeckt grüner Salat.

Gemüse-Eier-Pfanne

Kohlenhydrate ● **30 Min.**
Fett ●●●
Ballaststoffe ●●●

Pro Portion ca. 199 kcal
14 g Eiweiß · 11 g Fett · 11 g Kohlenhydrate

ZUTATEN FÜR 2 PORTIONEN:
1 Zucchino
1 kleine Aubergine
1 kleine rote Paprikaschote
2 Frühlingszwiebeln
75 g Bohnenkeime
1 TL Olivenöl
1 TL frisch geriebener Ingwer
1 gehackte Knoblauchzehe
1/8 l Gemüsebrühe
1–2 EL Sojasauce
schwarzer Pfeffer
2 Eier (Klasse M)
2 EL frisch geriebener Parmesan
1 Zweig Basilikum

1 Das Gemüse waschen und putzen. Den Zucchino, die Aubergine und die Paprikaschote in kleine Würfel schneiden. Die Frühlingszwiebeln schräg in Ringe schneiden. Die Bohnenkeime abbrausen und abtropfen lassen.

2 Das Öl erhitzen, Ingwer, Knoblauch und Frühlingszwiebeln darin bei schwacher Hitze 1 Min. anbraten. Zucchini-, Auberginen- und Paprikawürfel dazugeben und bei schwacher Hitze unter Rühren 6 Min. anbraten. Die Brühe angießen und die Bohnenkeime dazugeben. Das Gemüse mit Sojasauce und Pfeffer würzen und 1 Min. kochen lassen.

3 Mit einem Kochlöffel 2 Mulden ins Gemüse drücken und je 1 Ei hineingleiten lassen. Mit Parmesan bestreuen. Zugedeckt 5 Min. garen, bis das Eiweiß gestockt ist.

4 Basilikum waschen, trockenschütteln, fein hacken und über die Gemüse-Eier-Pfanne streuen.

!! Tipp: Eier sind wertvolle Vitamin- und Eiweißträger, enthalten aber auch viel Fett und Cholesterin. Deswegen sollten solche Eiergerichte nicht öfter als ein- oder zweimal im Monat verzehrt werden.

Bild: Gemüse-Eier-Pfanne

Spinat-Gratin

Kohlenhydrate	◖	25 Min.
Fett	●●	(+ 10 Min. Backzeit)
Ballaststoffe	–	

Pro Portion ca. 164 kcal
15 g Eiweiß · 8 g Fett · 8 g Kohlenhydrate

ZUTATEN FÜR 2 PORTIONEN:
250 g Tomaten
1 EL gehackte Pinienkerne
6–8 Basilikumblätter
1 gehackte Knoblauchzehe · Salz
1 TL Zitronensaft
500 g Blattspinat
70 g Mozzarella
frisch geriebene Muskatnuss
Öl für die Form

1 Die Tomaten mit kochendem Wasser überbrühen, häuten und ohne die Stielansätze in Scheiben schneiden. Die Pinienkerne ohne Fett rösten. Pinienkerne, Basilikum, Knoblauch, 1 Prise Salz und Zitronensaft vermischen.

2 Spinat waschen, verlesen und von den groben Stielen befreien. Tropfnass in einem Topf zugedeckt in 4 Min. zusammenfallen lassen. Abtropfen lassen und grob zerkleinern.

3 Eine feuerfeste Form mit Öl ausstreichen. In eine Hälfte der Form die Tomaten legen. Mit etwas Salz würzen. Die Pinienkernmischung darauf verteilen. Den Spinat in die andere Hälfte geben. Mit 2 Prisen Salz und Muskat würzen. Abgetropften Mozzarella in 4 Scheiben schneiden und auf den Spinat legen. Im Backofen (Mitte, Umluft 180°) 10 Min. überbacken. Mit Brioche (Rezept Seite 184) servieren.

!! Tipp: Statt frischen Spinat tiefgekühlten Blattspinat nehmen und nach dem Auftauen, wie im Rezept beschrieben, verarbeiten. Dazu schmecken die Dinkelbrioche von Seite 184.

Oliven-Omelett

Kohlenhydrate	●	15 Min.
Fett	++	
Ballaststoffe	●●	

Pro Portion ca. 335 kcal
17 g Eiweiß · 25 g Fett · 10 g Kohlenhydrate

ZUTATEN FÜR 2 PORTIONEN:
1 kleine Aubergine
1 Zucchino
1 Knoblauchzehe
1 Zwiebel
2 EL Rapsöl
200 ml Tomatensaft
1/2 Bund Petersilie
Salz · Pfeffer
4 Eier
2 EL Milch
Currypulver
10 grüne entsteinte Oliven

1 Aubergine und Zucchino waschen, putzen und klein würfeln. Den Knoblauch und die Zwiebel schälen und kleinschneiden. 1 EL Öl in einer Pfanne erhitzen, Knoblauch und Zwiebel darin bei schwacher Hitze glasig dünsten. Die Gemüsewürfel kurz mitdünsten, den Tomatensaft angießen und alles bei mittlerer Hitze in 15 Min. garen.

2 Inzwischen die Petersilie waschen, trockenschütteln, fein hacken und zum Gemüse geben. Mit Salz und Pfeffer würzen.

3 Die Eier mit der Milch schaumig schlagen. Die Eiermilch mit Salz, Pfeffer und Curry würzen. Die Oliven in dünne Scheiben schneiden und unter die Eiermilch geben.

4 Für jedes Omlett 1 TL Öl in einer Pfanne erhitzen. Jeweils die Hälfte der Eiermilch in die Pfanne gießen und ein Omelett backen, warm stellen. Das Gemüse auf den Omeletts verteilen. Jeweils einmal einschlagen, anrichten und servieren.

Bild oben: Spinat-Gratin
Bild unten: Oliven-Omelett

Pochierte Eier auf Gemüseragout

Kohlenhydrate ●◖ **50 Min.**
Fett ●●●
Ballaststoffe ●●

Pro Portion ca. 201 kcal
11 g Eiweiß · 12 g Fett · 13 g Kohlenhydrate

ZUTATEN FÜR 2 PORTIONEN:
1 Stange Lauch
100 g Blattspinat
2 Möhren
1 Kohlrabi
1 Knoblauchzehe
1 EL Olivenöl
100 ml Gemüsebrühe
2 Eier
100 ml Essig
Salz
Pfeffer
frisch geriebene Muskatnuss

1 Den Lauch putzen, längs aufschneiden, gründlich waschen und in feine Streifen schneiden. Den Blattspinat gründlich waschen, verlesen, von den groben Stielen befreien. Die Möhren und den Kohlrabi waschen, putzen, schälen und in Streifen schneiden.

2 Den Knoblauch schälen und fein hacken. Das Öl erhitzen. Den Lauch und den Knoblauch darin bei mittlerer Hitze andünsten. Den Spinat zugeben und zugedeckt in 5 Min. zusammenfallen lassen. Die Möhren- und Kohlrabistreifen mit der Gemüsebrühe zugeben und 15 Min. kochen lassen.

3 In einem Topf 1 l Wasser mit dem Essig aufkochen lassen. Die Eier einzeln aufschlagen, in das leicht siedende Essigwasser gleiten lassen und darin etwa 4 Min. ziehen lassen. Mit einem Schaumlöffel herausnehmen.

4 Das Gemüseragout mit Salz, Pfeffer und Muskat würzen. Das Ragout auf Tellern anrichten und mit den pochierten Eiern servieren.

!! Tipp: Zu diesem Gemüseragout schmeckt auch gebratener Tofu sehr gut: Schneiden Sie 150 g Tofu in feine Würfelchen, braten Sie ihn in 1–2 TL Olivenöl kross an und verteilen Sie ihn vor dem Servieren auf dem Gemüse. Diese Kombination hebt Ihre Calciumaufnahme deutlich.

Gemüseeintopf mit Nudeln und Pesto

Kohlenhydrate ●●●●◖ **40 Min.**
Fett +
Ballaststoffe ●●●

Pro Portion ca. 422 kcal
19 g Eiweiß · 16 g Fett · 50 g Kohlenhydrate

ZUTATEN FÜR 2 PORTIONEN:
3 Stangen Staudensellerie
1 kleine Fenchelknolle
200 g Brokkoli
1 Paprikaschote
2 dünne Möhren
2 EL Olivenöl
30 g rohe Schinkenwürfel ohne Fettrand
1 gehackte Zwiebel
1 kleine Dose geschälte Tomaten (225 g Einwaage)
1/2 l Gemüsebrühe
80 g Hartweizen-Nudeln (in Muschel- oder Schmetterlingsform)
1/2 Bund Petersilie
2 Zweige Basilikum
1 gehackte Knoblauchzehe
1 EL frisch geriebener Parmesan oder alter Pecorino
1 TL Zitronensaft
Salz
1 EL Pinienkerne
Pfeffer

1 Das Gemüse waschen und putzen. Staudensellerie und Fenchel kleinschneiden. Brokkoli in kleine Röschen teilen. Die Paprikaschote halbieren, von Kernen und Trennhäuten befreien und in kleine Streifen schneiden. Die Möhren schälen und in Scheiben schneiden.

2 1 EL Öl erhitzen. Schinken- und Zwiebelwürfel darin anbraten. Das Gemüse unterrühren und 1 Min. mitbraten. Tomaten mit Saft dazugeben, dabei die Tomaten grob zerkleinern. Die Brühe angießen und den Eintopf zugedeckt bei mittlerer Hitze 10–15 Min. kochen lassen.

3 Die Nudeln nach Packungsanleitung bissfest garen und abgießen. Für das Pesto die Petersilie und das Basilikum waschen, trockenschütteln und grob hacken. Die Kräuter mit Knoblauch, Parmesan, Zitronensaft, 1 El Öl, etwas Salz und den Pinienkernen fein pürieren. Die Nudeln unter den Eintopf mischen, salzen und pfeffern. Den Eintopf in tiefen Tellern mit je einem Klecks Pesto in der Mitte servieren.

Bild oben: Pochierte Eier auf Gemüseragout
Bild unten: Gemüseeintopf mit Nudeln und Pesto

Gemüse auf thailändische Art

Kohlenhydrate	●●◖	35 Min.
Fett	●	
Ballaststoffe	●●●	

Pro Portion ca. 168 kcal
7 g Eiweiß · 6 g Fett · 25 g Kohlenhydrate

ZUTATEN FÜR 2 PORTIONEN:
1 kleine rote Chilischote
1 Möhre
75 g Paksoi
250 g Brokkoli
2 Frühlingszwiebeln
2 Scheiben frische Ananas
2 TL Öl
1 gehackte Knoblauchzehe
1 EL frisch gehackter Ingwer
2 TL Zucker
100 ml Gemüsebrühe
2 EL Fischsauce
1 Spritzer Limettensaft
einige Zweige Thai-Basilikum

1 Die Chilischote längs aufschlitzen, entkernen, waschen und in feine Streifen schneiden. Das Gemüse waschen und putzen. Die Möhre schräg in dünne Scheiben schneiden. Den Paksoi verlesen und in breite Streifen schneiden. Den Brokkoli in kleine Röschen teilen. Die Stiele schälen und klein würfeln. Die Frühlingszwiebeln schräg in Ringe schneiden. Die Ananasscheiben schälen und ohne den mittleren Strunk würfeln.

2 Das Öl im Wok erhitzen. Knoblauch, Ingwer und Chili darin unter Rühren anbraten. Möhren und Brokkoli dann 2 Min. pfannenrühren. Die Frühlingszwiebeln dazugeben und 1 Min. pfannenrühren.

3 Leicht zuckern, die Brühe angießen. Paksoi, Ananas, Fischsauce und den Limettensaft untermischen, alles aufkochen lassen. Das Thai-Basilikum waschen, trockenschütteln, in Streifen schneiden und über das Gemüse streuen.

Aubergine mit Bulgur-Füllung

Kohlenhydrate	●●●◖	45 Min.
Fett	+	
Ballaststoffe	●●●	

Pro Portion ca. 353 kcal
17 g Eiweiß · 15 g Fett · 37 g Kohlenhydrate

ZUTATEN FÜR 2 PORTIONEN:
1 große Aubergine · Saft 1 Zitrone
2 rote Paprikaschoten
1 Zucchino
2 EL Olivenöl
60 g Bulgur (Weizenschrot)
1 gehackte Zwiebel
100 ml Gemüsebrühe
200 g Tomatenpüree
Salz · Pfeffer
30 g frisch geriebener Parmesan

1 Die Aubergine waschen, putzen und längs halbieren. Das Fruchtfleisch rundherum lösen, dabei einen Rand lassen. Das Fruchtfleisch aus den Auberginenhälften lösen, würfeln und beiseite legen. Die ausgehöhlten Auberginenhälften mit Zitronensaft bestreichen.

2 Den Backofen vorheizen. Paprikaschoten waschen, halbieren, putzen und würfeln. Zucchino waschen, putzen und in mittelgroße Würfel schneiden. Die Auberginenhälften in eine feuerfeste Form setzen. Im Backofen bei 200° (Mitte, Umluft 180°) 15 Min. backen.

3 Das Öl erhitzen und den Bulgur darin rösten. Die Zwiebelwürfel kurz mitdünsten, die Gemüsebrühe angießen und die Gemüsewürfel zugeben. Alles 15 Min. leicht kochen lassen.

4 Das Tomatenpüree unterrühren. Mit Salz und Pfeffer abschmecken, in die Auberginenhälften füllen, mit Parmesan bestreuen. Im Backofen (Mitte) 15 Min. überbacken.

Linseneintopf mit Curry

Kohlenhydrate	●●●●◖	1 Std.
Fett	●●	
Ballaststoffe	●●●	

Pro Portion ca. 371 kcal
19 g Eiweiß · 8 g Fett · 51 g Kohlenhydrate

ZUTATEN FÜR 2 PORTIONEN:
120 g grüne Linsen
450 ml Gemüsebrühe
1 rote Paprikaschote
1 kleine Dose geschälte Tomaten (240 g Abtropfgewicht)
1 EL Olivenöl
1 gehackte Zwiebel
1 gehackte Knoblauchzehe
50 ml Rotwein oder Tomatensaft
1 EL frisch gehackter Koriander
einige Korianderblättchen
1 TL Currypulver
1 Prise Cayennepfeffer
Salz · Pfeffer aus der Mühle

1 Die Linsen in einem Sieb kalt abspülen und abtropfen lassen. Die Brühe zum Kochen bringen. Die Linsen darin bei schwacher Hitze 45 Min. garen.

2 Die Paprikaschote waschen, halbieren, putzen und klein würfeln. Die Tomaten abtropfen lassen, dabei den Saft auffangen und die Tomaten grob hacken.

3 Öl erhitzen. Zwiebel und Knoblauch darin bei schwacher Hitze glasig dünsten. Paprikawürfel mitbraten. Tomaten samt -saft, Rotwein und gehackten Koriander zugeben und aufkochen lassen. Linsen mit Brühe zum Gemüse gießen und zugedeckt 15 Min. kochen lassen. Eintopf mit Gewürzen herzhaft abschmecken. Mit dem übrigen Koriander bestreut servieren.

Bild oben: Gemüse auf thailändische Art
Bild unten links: Aubergine mit Bulgur-Füllung
Bild unten rechts: Linseneintopf mit Curry

Zucchinischiffchen mit Reisfüllung

Kohlenhydrate	●●●	1 Std. 5 Min.
Fett	●●●	(+ 30 Min. Backzeit)
Ballaststoffe	●●	

Pro Portion ca. 333 kcal
15 g Eiweiß · 14 g Fett · 36 g Kohlenhydrate

ZUTATEN FÜR 2 PORTIONEN:
Für die Zucchini:
200 ml Gemüsebrühe
65 g Naturreis
2 große Zucchini
60 g Mozzarella
1/2 Bund Basilikum
2 EL gehackte Pinienkerne
Salz · Pfeffer
Für die Tomatensauce:
2 TL Olivenöl
2 gehackte Zwiebeln
1 kleine Dose geschälte Tomaten (400 g)
Tabasco

1 Die Brühe aufkochen lassen, den Reis darin zugedeckt bei schwacher Hitze in 20–40 Min. bissfest garen.

2 Zucchini waschen, putzen und längs halbieren. Mit einem kleinen Messer das Fruchtfleisch rundum lösen, dabei einen 1/2–1 cm breiten Rand lassen. Den Mozzarella abtropfen lassen und klein würfeln. Das Basilikum waschen, trockenschütteln und kleinschneiden.

3 Für die Tomatensauce das Öl erhitzen, die Zwiebel darin bei schwacher Hitze glasig dünsten. Die Tomaten mit dem Saft dazugeben, dabei die Tomaten grob zerdrücken. Das Zucchinifleisch dazugeben, mit Salz, Pfeffer und einigen Tropfen Tabasco würzen und die Sauce zugedeckt bei schwacher Hitze 15 Min. köcheln lassen. Mit Salz und Pfeffer abschmecken.

4 Den Backofen auf 225° vorheizen. Den Reis mit Mozzarella, Pinienkernen und Basilikum mischen, salzen und pfeffern. Die Zucchinihälften damit füllen. Die Tomatensauce in eine Auflaufform gießen. Die Zucchinihälften hineinsetzen und im Backofen (Mitte, Umluft 160°) 30 Min. backen.

Paprikaschoten mit Polentafüllung

Kohlenhydrate	●●●◖	20 Min.
Fett	●●●	(+ 45 Min. Backzeit)
Ballaststoffe	●●●	

Pro Portion ca. 311 kcal
12 g Eiweiß · 12 g Fett · 37 g Kohlenhydrate

ZUTATEN FÜR 2 PORTIONEN:
Jodsalz
75 g Maisgrieß (Polenta)
2 große rote Paprikaschoten
1 EL Olivenöl
400 g Tomaten
1 EL frisch gehackte Petersilie
schwarzer Pfeffer
150 ml Gemüsebrühe
30 g frisch geriebener Gruyère oder Emmentaler

1 Etwa 1/2 l Wasser mit 1/2 TL Salz in einem Topf aufkochen lassen. Den Maisgrieß unter ständigem Rühren einrieseln lassen und bei schwacher Hitze unter häufigem Rühren nach Packungsanweisung kochen lassen, bis ein fester Brei entsteht. Den Topf vom Herd nehmen.

2 Die Paprikaschoten waschen, längs halbieren, von Kernen und Trennhäutchen befreien und jeweils an den runden Seiten eine dünne Scheibe abschneiden, damit die Hälften gerade stehen bleiben.

3 Den Backofen auf 200° vorheizen. Eine mittelgroße Gratinform mit dem Olivenöl einpinseln.

4 Die Tomaten waschen, von den Stielansätzen befreien, klein würfeln und in die Form geben. Mit Petersilie, Salz und Pfeffer würzen. Die Paprikaschoten mit der Polenta füllen und auf die Tomaten in der Form setzen. Die Gemüsebrühe angießen und die Paprikaschoten im Backofen (Mitte; Umluft 180°) in 20 Min. garen.

5 Die Form herausnehmen und die Tomaten umrühren. Die Paprikaschoten mit Tomatenbrühe aus der Form beträufeln und weitere 20 Min. im Ofen garen, dabei die Paprikaschoten noch zweimal mit Brühe aus der Form beträufeln. Den Käse über die Paprikaschoten streuen und 5 Min. überbacken, bis der Käse geschmolzen ist.

Bild oben: Zucchinischiffchen mit Reisfüllung
Bild unten: Paprikaschoten mit Polentafüllung

Wirsingroulade mit Grieß-Möhren-Füllung

Kohlenhydrate	●●●◐	55 Min.
Fett	●●●	
Ballaststoffe	●●●	

Pro Portion ca. 431 kcal
20 g Eiweiß · 20 g Fett · 41 g Kohlenhydrate

ZUTATEN FÜR 2 PORTIONEN:
1 kleiner Wirsing
2 EL Rapsöl
400 ml Gemüsebrühe
1 Möhre · 1 gehackte Zwiebel
300 ml fettarme Milch
75 g Hartweizengrieß · 1 Ei
1 TL Rosmarin
Salz · Pfeffer
frisch geriebene Muskatnuss
50 g saure Sahne
2 EL frisch gehackte Petersilie

1 Den Wirsing waschen, putzen. Die vier äußeren Blätter entfernen. Vom restlichen Wirsing die Hälfte kleinschneiden. 1 EL Öl erhitzen, den Wirsing darin bei mittlerer Hitze 5 Min. andünsten. 200 ml Brühe angießen und zugedeckt bei schwacher Hitze 30 Min. köcheln.

2 Übrige Wirsingblätter in kochendem Salzwasser 1–2 Min. blanchieren, abschrecken und abtropfen lassen. Möhre waschen, putzen und klein würfeln. Restliches Öl erhitzen und die Zwiebel darin glasig dünsten. Möhrenwürfel 10 Min. mitdünsten.

3 Die Milch aufkochen lassen, den Grieß einrühren, unter Rühren aufkochen und abkühlen lassen. Ei, Zwiebel und Möhre unterrühren. Mit Rosmarin, Salz, Pfeffer und Muskat würzen.

4 Den Grieß auf die Wirsingblätter verteilen. Die Blätter aufrollen und mit Holzspießchen verschließen. Die restliche Brühe aufkochen und die Wirsingrouladen darin 10 Min. ziehen lassen.

5 Die saure Sahne unter das Wirsinggemüse rühren, salzen und pfeffern. Zur Wirsingroulade servieren, alles mit Petersilie bestreuen.

Indisches Blumenkohl-Kartoffel-Curry

Kohlenhydrate	●●●●	50 Min.
Fett	●●	
Ballaststoffe	●●●	

Pro Portion ca. 298 kcal
13 g Eiweiß · 7 g Fett · 46 g Kohlenhydrate

ZUTATEN FÜR 2 PORTIONEN:
350 g fest kochende Kartoffeln
400 g Blumenkohl
1 EL Öl
1 Tomate
3 Frühlingszwiebeln
1 Knoblauchzehe
1 kleine grüne Chilischote
1 EL frisch gehackter Ingwer
3 TL Garam Masala
75 g fettarmer Joghurt
1/4 TL Weizenmehl (Type 1050)
2 EL Zitronensaft
Jodsalz
Pfeffer
2 TL Sesamsamen

1 Die Kartoffeln waschen, schälen und etwa 2 cm groß würfeln. Den Blumenkohl waschen und putzen, in kleine Röschen teilen, die Stiele würfeln.

2 Das Öl in einem Wok oder in einer beschichteten Pfanne erhitzen. Die Kartoffeln und den Blumenkohl darin bei mittlerer Hitze unter häufigem Rühren 20 Min. anbraten. Eventuell etwas heißes Wasser angießen.

3 Die Tomate mit kochendem Wasser überbrühen, häuten und klein würfeln. Die Frühlingszwiebeln putzen, waschen und in dünne Ringe schneiden. Etwas von dem Grün zum Garnieren beiseite legen.

4 Den Knoblauch schälen und kleinschneiden. Die Chilischote waschen, längs aufschlitzen, putzen und kleinschneiden. Beides mit Ingwer und den Frühlingszwiebeln in den Wok oder in die Pfanne geben und kurz anbraten. Garam Masala unterrühren. Den Joghurt mit dem Mehl glatt rühren und mit den Tomaten zu den Kartoffeln geben. Alles bei schwacher Hitze 10 Min. kochen lassen.

5 Das Kartoffel-Curry mit Zitronensaft, Salz und Pfeffer würzen. Mit dem Frühlingszwiebelgrün und den Sesamsamen bestreut servieren.

Bild: Indisches Blumenkohl-Kartoffel-Curry

Brokkoli-Paprika-Gemüse

Kohlenhydrate ●●●◖ **40 Min.**
Fett ++
Ballaststoffe ●●●

Pro Portion ca. 397 kcal
15 g Eiweiß · 23 g Fett · 39 g Kohlenhydrate

ZUTATEN FÜR 2 PORTIONEN:
50 g parboiled Langkornreis
200 ml Gemüsebrühe
4 Frühlingszwiebeln
500 g Brokkoli
1 rote Paprikaschote
2 EL Rapsöl
1–2 EL frisch gehackter Ingwer
Saft 1/2 Zitrone
Salz
Currypulver
200 g saure Sahne
10 g gehackte Mandeln

1 Den Reis mit der Hälfte der Gemüsebrühe zum Kochen bringen und bei schwacher Hitze 20 Min. quellen lassen.

2 Das Gemüse waschen und putzen. Die Frühlingszwiebeln in Ringe schneiden. Den Brokkoli in kleine Röschen teilen, die Stiele schälen und kleinschneiden. Die Paprikaschote grob würfeln.

3 Das Öl erhitzen. Die Frühlingszwiebeln darin bei schwacher Hitze andünsten. Die Brokkoliröschen und Paprikawürfel kurz mitdünsten. Die restliche Gemüsebrühe angießen und das Gemüse bei schwacher Hitze in 5 Min. bissfest garen.

4 Ingwer, Zitronensaft, Salz, etwas Currypulver und saure Sahne verrühren. Zum Gemüse geben und weitere 5 Min. kochen lassen.

5 Die Mandeln in einer kleinen beschichteten Pfanne ohne Fett goldbraun rösten und über das Gemüse streuen. Das Gemüse mit dem Reis servieren.

Fenchel-Kartoffel-Tortilla

Kohlenhydrate ●●● **1 Std.**
Fett ●●● **(+ 10 Min.**
Ballaststoffe ●●● **Backzeit)**

Pro Portion ca. 317 kcal
16 g Eiweiß · 13 g Fett · 33 g Kohlenhydrate

ZUTATEN FÜR 2 PORTIONEN:
400 g vorwiegend fest kochende Kartoffeln
1 Zwiebel
1 große Fenchelknolle
2 TL Olivenöl
150 ml Milch
2 Eier (Klasse M)
Salz · schwarzer Pfeffer
1 Tomate

1 Die Kartoffeln waschen und in leicht gesalzenem Wasser in 25 Min. garen. Die Zwiebel schälen und kleinschneiden. Den Fenchel waschen, putzen und in dünne Scheiben schneiden. Die Kartoffeln abgießen, ausdampfen lassen, pellen und in kleine Würfel schneiden.

2 Das Öl in einer großen Pfanne mit feuerfestem Griff erhitzen und die Zwiebel darin bei schwacher Hitze glasig werden lassen. Die Fenchelscheiben und die Kartoffelwürfel zu den Zwiebeln geben und mitdünsten. Die Milch mit den Eiern verquirlen, mit Salz und Pfeffer würzen. Die Eiermilch über das Gemüse geben und bei mittlerer Hitze stocken lassen.

3 Die Tomate waschen und ohne den Stielansatz in Scheiben schneiden. Die Tomatenscheiben auf die Tortilla legen und die Tortilla unter dem Backofengrill in 10 Min. goldbraun backen.

!! Tipp: Kartoffeln sollten Sie als Pellkartoffeln mit Schale genießen.

Weiche Eier in Kräutersauce

Kohlenhydrate ●●◖ **35 Min.**
Fett +
Ballaststoffe ●

Pro Portion ca. 358 kcal
24 g Eiweiß · 18 g Fett · 26 g Kohlenhydrate

ZUTATEN FÜR 2 PORTIONEN:
300 g Kartoffeln
Salz
2 Eier
1 Bund Petersilie
1 Bund Kerbel
1 Bund Schnittlauch
150 g Magerquark
75 g Joghurt
1 EL scharfer Senf
1 EL Weißweinessig
2 EL Olivenöl
Pfeffer
frisch geriebene Muskatnuss

1 Die Kartoffeln waschen, schälen und in Salzwasser in 25 Min. garen.

2 Die Eier anstechen und in kochendem Wasser 8 Min. kochen lassen. Sofort mit kaltem Wasser abschrecken und pellen.

3 Für die Sauce die Petersilie, den Kerbel und den Schnittlauch waschen und trockenschütteln. Petersilie und Kerbel sehr fein hacken. Den Schnittlauch in feine Röllchen schneiden. Die Kräuter mit Quark, Joghurt, Senf, Essig und Öl verrühren. Die Sauce mit Salz, Pfeffer und etwas Muskat würzen. Die Sauce auf Tellern verteilen. Die Eier halbieren und mit den Salzkartoffeln auf der Sauce anrichten. Mit Salz und Pfeffer bestreut servieren.

Bild oben: Brokkoli-Paprika-Gemüse
Bild unten links: Fenchel-Kartoffel-Tortilla
Bild unten rechts: Weiche Eier in Kräutersauce

Kartoffelkuchen mit saurer Sahne

Kohlenhydrate ●●●●●◖ **1 Std. 15 Min.**
Fett +
Ballaststoffe ●●●

Pro Portion ca. 491 kcal
24 g Eiweiß · 17 g Fett · 63 g Kohlenhydrate

ZUTATEN FÜR 2 PORTIONEN:
1 kg überwiegend fest kochende Kartoffeln
1 mittelgroße Zwiebel
Salz
Pfeffer
frisch geriebene Muskatnuss
2 TL getrockneter Rosmarin
2 Eier
30 g Lachsschinken ohne Fettrand
1 TL Öl
150 g saure Sahne
1/2 Bund Schnittlauch
Mehl nach Belieben

1 Die Kartoffeln waschen, schälen, fein raspeln und in einem Haarsieb abtropfen lassen. Inzwischen die Zwiebel schälen und in kleine Würfel schneiden. Die Kartoffeln im Sieb kräftig ausdrücken und mit den Zwiebelwürfeln in einer Rührschüssel mischen. Mit 1 TL Salz, etwas Pfeffer, Muskat und dem Rosmarin würzen.

2 Die Eier mit der Gabel in einer kleinen Schüssel verrühren und unter die Kartoffeln mischen. Den Lachsschinken in kleine Stücke schneiden und ebenfalls untermischen. Sollte der Teig sehr feucht sein, noch 1–2 EL Mehl untermischen.

3 Den Backofen auf 250° vorheizen. Eine mittelgroße feuerfeste Form mit dem Öl ausstreichen. Die Kartoffelmasse in die Form füllen, glatt streichen und mit Alufolie (mit der glänzenden Seite nach innen) abdecken.

4 Den Kartoffelkuchen im Backofen (Mitte, Umluft 220°) in 30 Min. backen. Dann die Folie entfernen und die Kartoffeln weitere 15 Min. backen, bis die Oberfläche leicht gebräunt ist.

5 Inzwischen die saure Sahne in einer kleinen Schüssel glatt rühren. Den Schnittlauch waschen, trockenschütteln und in feine Röllchen schneiden. Mit der sauren Sahne extra zum heißen Kartoffelkuchen servieren.

Palatschinken mit Sauerkraut

Kohlenhydrate ●●●● **20 Min.**
Fett + **(+ 30 Min. Ruhezeit)**
Ballaststoffe ●●

Pro Portion ca. 480 kcal
35 g Eiweiß · 18 g Fett · 45 g Kohlenhydrate

ZUTATEN FÜR 2 PORTIONEN:
200 ml Milch
2 Eier
Salz
100 g Vollkornmehl (Type 1050)
200 g Sauerkraut
30 g Parmesan
4 TL Rapsöl
200 g fettarmer Frischkäse mit Joghurt (5 % Fett)
4 EL Schnittlauchröllchen
Pfeffer

1 Für den Teig die Milch mit den Eiern, Salz und dem Mehl glatt verrühren. Den Teig 30 Min. ruhen lassen.

2 Das Sauerkraut mit einer Gabel auseinanderpflücken. Den Parmesan fein reiben. Aus dem Teig 8 Palatschinken backen. Dafür je 1/2 TL Öl in einer beschichteten Pfanne erhitzen. Je eine Kelle Teig in die Pfanne geben und bei mittlerer Hitze von beiden Seiten goldbraun ausbacken.

3 Die Palatschinken unmittelbar nach dem Backen mit dem Frischkäse bestreichen, mit dem Sauerkraut belegen, mit Parmesan und Schnittlauchröllchen bestreuen. Mit Pfeffer würzen. Die Palatschinken aufrollen und warm halten.

!! Tipp: Sauerkraut ist ein idealer Vitamin-C-Spender – nicht nur im Winter. Sein Kalium wirkt entschlackend, und auf Grund des hohen Milchsäureanteils fördert das Kraut den Aufbau einer gesunden Darmflora.

Bild oben: Kartoffelkuchen mit saurer Sahne
Bild unten: Palatschinken mit Sauerkraut

Fisch

Fisch essen heißt Energie tanken!

Fisch ist reich an leicht verdaulichem Eiweiß, liefert hochwertige Fettsäuren und Jod für einen aktiven Stoffwechsel. Wenn Sie ein- bis zwei Mal in der Woche Fisch auf Ihren Speiseplan setzen, werden Sie schnell bemerken, dass Ihre Energie kontinuierlich zunimmt und Sie sich von Tag zu Tag fitter fühlen.
Bevorzugen Sie Gerichte mit jodreichen Meeresfischen wie Kabeljau, Schellfisch, Seelachs und Garnelen sowie Heilbutt, Rotbarsch, Scholle und Tunfisch, aber auch Bückling und Makrele.

Forellenfilet mit warmem Kartoffelsalat

Kohlenhydrate ●●●◖ **50 Min.**
Fett –
Ballaststoffe ●●

Pro Portion ca. 280 kcal
17 g Eiweiß · 3 g Fett · 38 g Kohlenhydrate

ZUTATEN FÜR 2 PORTIONEN:
500 g vorwiegend fest kochende Kartoffeln
Salz
3 EL heiße Gemüsebrühe
3 TL frisch geriebener Meerrettich
je 1/2 Bund Schnittlauch und Dill
2 Radieschen
100 g geräucherte Forellenfilets

1 Die Kartoffeln unter fließendem Wasser gründlich waschen. Leicht gesalzenes Wasser zum Kochen bringen und die Kartoffeln darin in 20 Min. garen. Abgießen, kurz ausdampfen lassen, heiß pellen und in Scheiben schneiden.

2 Für das Dressing die Gemüsebrühe mit dem Meerrettich in einer Schüssel verrühren und mit etwas Salz würzen. Die Kartoffelscheiben untermischen.

3 Den Schnittlauch und den Dill waschen und trockenschütteln. Den Schnittlauch in feine Röllchen schneiden. Den Dill abzupfen und hacken. Schnittlauchröllchen und Dill unter die Kartoffeln mischen.

4 Die Radieschen putzen, waschen und in Scheiben schneiden. Die Forellenfilets mit dem Kartoffelsalat auf 2 Tellern anrichten und mit den Radieschenscheiben garniert servieren.

!! Tipp: Forellen sind wie alle Fische sehr eiweißreich. Der Fettgehalt des feinen, zartnussigen Fleischs kann je nach Art variieren. Doch da Fischfett generell reich an gesundheitsfördernden Omega-3-Fettsäuren ist, die sonst nur noch in Raps- und Leinöl vorkommen, können Sie es oft und ohne Bedenken genießen.

Matjes mit Apfel-Bohnen-Salat

Kohlenhydrate ●● **25 Min.**
Fett +++ **(+ 1 Std. Ruhezeit)**
Ballaststoffe ●●

Pro Portion ca. 590 kcal
31 g Eiweiß · 42 g Fett · 22 g Kohlenhydrate

ZUTATEN FÜR 2 PORTIONEN:
150 g Buschbohnen
Salz
1 kleine Zwiebel
2 säuerliche Äpfel
1 kleine Gewürzgurke
1/2 Bund Kerbel
1 Zitrone
1/2 TL scharfer Senf
75 g saure Sahne
75 g fettarmer Joghurt
4 küchenfertige Matjesfilets
Pfeffer

1 Die Bohnen waschen und putzen. Salzwasser in einem Topf zum Kochen bringen und die Bohnen darin bei mittlerer Hitze 10 Min. kochen lassen.

2 Die Zwiebel schälen und klein würfeln. Die Äpfel schälen, halbieren, vom Kerngehäuse befreien und in kleine Würfel schneiden. Die Gewürzgurke ebenfalls fein würfeln. Den Kerbel waschen, trockenschütteln und hacken.

3 Die Bohnen abgießen, abtropfen und abkühlen lassen, dann in kleine Stücke schneiden. Die Bohnen mit den Zwiebel-, Apfel-, und Gurkenwürfeln sowie dem Kerbel mischen.

4 Den Saft der Zitrone auspressen. Für das Dressing den Zitronensaft mit dem Senf, der sauren Sahne und dem Joghurt verrühren und unter den Salat rühren. Die Matjesfilets in mundgerechte Stücke schneiden und unter den Salat heben. Den Salat mit Salz und Pfeffer würzen und im Kühlschrank 1 Std. ziehen lassen.

Bild oben: Forellenfilet mit warmem Kartoffelsalat
Bild unten: Matjes mit Apfel-Bohnen-Salat

Fischpfanne mit Sommergemüse

Kohlenhydrate ●●●● 1 Std. 10 Min.
Fett +
Ballaststoffe ●●●

Pro Portion ca. 517 kcal
48 g Eiweiß · 15 g Fett · 47 g Kohlenhydrate

ZUTATEN FÜR 2 PORTIONEN:
2 Kabeljaufilets
1 Frühlingszwiebel · 1 Stange Lauch
2 Möhren · 1 Kohlrabi
200 g Zuckerschoten
60 g parboiled Langkornreis
Salz
2 EL Rapsöl
1 gehackte Zwiebel
300 ml Gemüsebrühe · Pfeffer
1/2 Bund Dill
Saft 1 Zitrone
4 EL saure Sahne

1 Kabeljaufilets waschen, mit Küchenpapier trockentupfen und von allen Gräten befreien. Gemüse waschen und putzen. Die Frühlingszwiebel in Ringe schneiden. Weiße und hellgrüne Teile des Lauchs in Streifen schneiden. Möhren und Kohlrabi in schmale Stifte schneiden.

2 Den Reis in 120 ml kochendes Salzwasser geben und bei schwacher Hitze zugedeckt in 20 Min. quellen lassen.

3 Öl erhitzen, Zwiebel, Frühlingszwiebel und Lauch darin bei mittlerer Hitze glasig dünsten. Möhren und Kohlrabi und Zuckerschoten mitdünsten, mit der Gemüsebrühe ablöschen. Die Kabeljaufilets auf das Gemüse geben und zugedeckt bei schwacher Hitze in 20 Min. garen.

4 Den Fisch und das Gemüse salzen und pfeffern. Den Dill waschen, trockenschütteln und fein hacken. Zitronensaft, Dill, Salz und Pfeffer mit der sauren Sahne verrühren und mit dem Reis zum Fisch servieren.

Scholle mit Tomaten-Polenta

Kohlenhydrate ●●●● 1 Std. 30 Min.
Fett ++
Ballaststoffe ●●

Pro Portion ca. 527 kcal
34 g Eiweiß · 22 g Fett · 45 g Kohlenhydrate

ZUTATEN FÜR 2 PORTIONEN:
100 g Maisgrieß (Polenta)
500 ml Gemüsebrühe
1 Bund Basilikum
3 Eier
3 EL Tomatenpüree
2 EL Olivenöl
Pfeffer · 2 EL Milch
300 g Schollenfilets
Salz · Pfeffer · 2 EL Mehl
2 EL frisch gehackte Petersilie

1 Den Maisgrieß in die Gemüsebrühe einrühren und unter ständigem Rühren bei schwacher Hitze 45 Min. quellen lassen.

2 Den Backofen auf 150° vorheizten. Das Basilikum waschen und hacken. Mit 1 Ei und Tomatenpüree verrühren und unter die Polenta rühren. Die Polenta auf ein mit Backpapier ausgelegtes Backblech streichen und im Backofen (Mitte, Umluft 130°) in 15 Min. backen.

3 Die Polenta in Scheiben schneiden. 1 EL Öl erhitzen, die Polenta-Schnitten darin bei mittlerer Hitze von beiden Seiten anbraten. Mit Pfeffer würzen und warm stellen. Die übrigen Eier mit der Milch verquirlen.

4 Die Schollenfilets waschen, trockentupfen und von allen Gräten befreien. Die Filets salzen und pfeffern, in Mehl wenden, dann durch die Eiermilch ziehen. Das übrige Öl erhitzen und die Schollenfilets darin bei mittlerer Hitze von jeder Seite 5 Min. goldbraun braten. Mit den Polenta-Schnitten auf Tellern anrichten und mit Petersilie bestreut servieren.

Seelachs mit Gemüse

Kohlenhydrate ●●●● 45 Min.
Fett ●●
Ballaststoffe ●●

Pro Portion ca. 451 kcal
46 g Eiweiß · 9 g Fett · 46 g Kohlenhydrate

ZUTATEN FÜR 2 PORTIONEN:
Saft 1 Zitrone · 1 TL Walnussöl
2 TL Weißweinessig
1 gehackte Schalotte
Salz · Pfeffer
gemahlener Koriander
2 Möhren
1 kleine Fenchelknollen
1 Zucchino · 1 EL Olivenöl
2 Zweige Estragon
2 Seelachsfilets
100 g Bandnudeln

1 Zitronensaft, Öl, Essig und Schalotte verrühren. Mit Salz, Pfeffer und Koriander würzen. Backofen auf 180° vorheizen.

2 Das Gemüse waschen, putzen, in Scheiben oder Streifen schneiden. Öl erhitzen und das Gemüse darin 5 Min. dünsten. Estragon waschen.

3 Alufolie in zwei Stücke (Größe 20 x 30 cm) zuschneiden, darauf je die Hälfte des Gemüses geben. Darauf je 1 Seelachsfilet und 1 Estragonzweig legen und mit der Marinade beträufeln. Die Folie verschließen. Im Backofen (Mitte, Umluft 160°) in 15 Min. garen.

4 Bandnudeln nach Packungsangabe garen, abgießen und abtropfen lassen. Den Fisch im Gemüsebett auf Tellern anrichten und mit den Nudeln servieren.

Bild oben: Fischpfanne mit Sommergemüse
Bild unten links: Scholle mit Tomaten-Polenta
Bild unten rechts: Seelachs mit Gemüse

Gegrillte Rotbrassen mit Estragon

Kohlenhydrate – **20 Min.**
Fett ●●●
Ballaststoffe –

Pro Portion ca. 248 kcal
33 g Eiweiß · 12 g Fett ·1 g Kohlenhydrate

ZUTATEN FÜR 2 PORTIONEN:
2 kleine küchenfertige Rotbrassen (je 300 g)
Jodsalz
Pfeffer
2 EL Limettensaft
frische Basilikumblättchen
1 Schalotte
1 EL Olivenöl

1 Einen Tischgrill oder den Gartengrill aufheizen.
Die Brassen waschen und mit Küchenpapier trockentupfen. Mit einem scharfen Messer auf jeder Seite drei- oder viermal schräg leicht einschneiden. Mit Salz und Pfeffer würzen, mit dem Limettensaft beträufeln.

2 Das Basilikum waschen und trockenschütteln. Die Schalotte schälen und in Ringe schneiden. Je einige Blättchen Basilikum und die Hälfte der Schalottenringe in jede Bauchhöhle geben.

3 Die Rotbrassen rundherum leicht mit Öl einpinseln. Den Tischgrill oder den Rost des Gartengrills ebenfalls leicht einölen. Die Brassen bei mittlerer Hitze von jeder Seite gut 5 Min. grillen.

!! Tipp: Vollkornbrot passt ebenso gut wie gebackene Kartoffeln. Außerdem können Sie einen leichten Gemüsesalat dazu servieren, um die Mahlzeit abzurunden.

!! Tipp: Rotbrassen sind sehr gut zum Grillen geeignet. Die Fische sollten aber nicht schwerer als 400 g sein. Anstelle der Rotbrassen können Sie auch die etwas teureren Goldbrassen verwenden, die auch unter der Bezeichnung Doraden angeboten werden.

Lachs aus der Folie mit Gurkensalat

Kohlenhydrate ◖ **50 Min.**
Fett +
Ballaststoffe –

Pro Portion ca. 267 kcal
23 g Eiweiß · 18 g Fett · 4 g Kohlenhydrate

ZUTATEN FÜR 2 PORTIONEN:
2 Scheiben Lachsfilet (je 110 g)
Salz
1 TL Öl für die Form
1/2 Zwiebel
4–5 Zweige Dill
2 TL Zitronensaft
Schale 1/2 unbehandelten Zitrone
200 g Salatgurke
1 EL Obstessig
1 TL Öl
1/2 TL flüssiger Honig
1/2 TL mittelscharfer Senf
Pfeffer
flüssiger Süßstoff

1 Die Lachsfilets waschen, trockentupfen, auf beiden Seiten salzen. Den Backofen auf 200° vorheizen. Den Boden einer feuerfesten Form mit dem Öl ausstreichen. Die Zwiebel schälen, in Streifen schneiden und nebeneinander in die Form legen. Den Dill waschen, trockenschütteln und die Dillblättchen fein hacken. Die Dillstiele auf die Zwiebelstreifen legen.

2 Den Lachs in die Form legen, mit Zitronensaft beträufeln. Die Zitronenschale darauf legen. Die Form mit Alufolie abdecken. Den Lachs im Backofen (Mitte, Umluft 180°) 15 Min. backen. Die Folie entfernen und im ausgeschalteten Ofen weitere 5 Min. stehen lassen.

3 Für den Gurkensalat die Gurke schälen, längs halbieren, von den Kernen befreien und zunächst längs in Streifen, dann quer in kleine Würfel schneiden.

4 Für das Dressing Essig, Öl, Honig und Senf in einer Schüssel verrühren. Das Dressing mit 2 Prisen Salz, etwas Pfeffer und einem Spritzer Süßstoff würzen. Den übrigen Dill und die Gurkenwürfel untermischen. Den Lachs mit dem Gurkensalat anrichten. Dazu Kartoffeln servieren.

Bild: Lachs aus der Folie mit Gurkensalat

Exotische Fischpfanne

Kohlenhydrate ●●●● **30 Min.**
Fett ●
Ballaststoffe ●

Pro Portion ca. 336 kcal
26 g Eiweiß · 6 g Fett · 45 g Kohlenhydrate

ALS HAUPTMAHLZEIT FÜR 2 PORTIONEN:
250 g Fischfilet (Seelachs, Kabeljau oder Rotbarsch)
4 EL Fischfond (aus dem Glas)
schwarzer Pfeffer
100 g Duftreis oder Vollkorn-Wildreis-Mischung
20 g frischer Ingwer
1/2 unbehandelte Limette
1 Chilischote
1 rote Paprikaschote
1 El Olivenöl
220 ml ungesüßte Kokosmilch

1 Die Fischfilets waschen, mit Küchenpapier trockentupfen und in mundgerechte Stücke schneiden. Mit 2 EL Fischfond und 1 Msp. Pfeffer vermischen und 20 Min. im Kühlschrank marinieren.

2 Den Reis nach Packungsangabe zubereiten. Den Ingwer schälen und in dünne Scheiben schneiden. Die Limettenhälfte waschen, die Schale abreiben und den Saft auspressen. Die Chilischote waschen, längs aufschlitzen, von den Kernen und Trennhäuten befreien und in feine Streifen schneiden. Die Paprikaschote waschen, halbieren, von Kernen und Trennhäuten befreien und in Stücke schneiden.

3 Das Öl in einer Pfanne erhitzen. Chili und Paprika darin bei mittlerer Hitze kurz anbraten und unter Rühren in 2–3 Min. weich dünsten. Kokosmilch, Ingwer und Limettenschale dazugeben und aufkochen lassen. Die Fischstücke und den übrigen Fischfond dazugeben und alles bei mittlerer Hitze 3–4 Min. kochen lassen. Die Fischpfanne in eine Schüssel geben und 2 EL Limettensaft unterrühren.

4 Den Ingwer entfernen und die Fischpfanne mit dem Duftreis servieren.

Gedämpfte Forellen

Kohlenhydrate ◖ **40 Min.**
Fett ●●●
Ballaststoffe ●

Pro Portion ca. 367 kcal
55 g Eiweiß · 10 g Fett · 8 g Kohlenhydrate

ZUTATEN FÜR 2 PORTIONEN:
2 kleine Forellen (je 280 g; küchenfertig)
2 EL Zitronensaft
Jodsalz
weißer Pfeffer
1/2 Bund Dill
1 Bund Suppengemüse
1/4 l Lachs- oder Fischfond (aus dem Glas)
1 EL heller Saucenbinder
1 EL Schmand (24 % Fett)

1 Die Forellen waschen, mit Küchenpapier vorsichtig trockentupfen, rundherum mit dem Zitronensaft beträufeln und mit Salz und Pfeffer würzen. Den Dill waschen und trockenschütteln. Je 1 Zweig Dill in jede Bauchhöhle geben. Den übrigen Dill hacken und beiseite legen.

2 Das Suppengemüse waschen, putzen, eventuell schälen und in sehr feine Stifte oder Würfel schneiden.

3 Den Fond in einem Topf aufkochen lassen, das Gemüse dazugeben und einen Dämpfeinsatz hineinstellen. Die Forellen nebeneinander auf einen hitzebeständigen Teller legen und diesen auf den Dämpfeinsatz stellen. Die Forellen zugedeckt darin 8 Min. dämpfen.

4 Die Forellen herausnehmen und warm stellen. Den Fond mit dem Gemüse mit dem Saucenbinder andicken. Den Schmand unterrühren und mit Salz und Pfeffer abschmecken. Die Forellen mit der Gemüsesauce anrichten und mit Dill bestreut servieren.

!! Tipp: Kartoffeln, Naturreis oder auch Vollkornbaguette passen sehr gut dazu.

Bild oben: Exotische Fischpfanne
Bild unten: Gedämpfte Forellen

Provenzalische Bouillabaisse

Kohlenhydrate ●◖ | 1 Std. 30 Min.
Fett ●●●
Ballaststoffe ●

Pro Portion ca. 322 kcal
133 g Eiweiß · 12 g Fett · 17 g Kohlenhydrate

ZUTATEN FÜR 2 PORTIONEN:
2 mittelgroße fest kochende Kartoffeln
2 Fleischtomaten
1/2 Bund Petersilie
2 EL Olivenöl
1/2 gehackte Zwiebel
2 gehackte Knoblauchzehen
2 Lorbeerblätter
0,2 g gemahlener Safran
Salz · schwarzer Pfeffer
400 g Seeteufel

1 Die Kartoffeln waschen, schälen und in Scheiben hobeln. Tomaten über Kreuz einritzen, mit kochendem Wasser überbrühen, häuten, vierteln und die Viertel ohne Stielansätze und Kerne würfeln. Die Petersilie waschen und trockenschütteln.

2 Das Öl erhitzen, Zwiebel und Knoblauch darin bei schwacher Hitze glasig werden lassen. Die Kartoffelscheiben dazugeben und bei mittlerer Hitze kurz mitbraten. Tomaten, Petersilie, Lorbeer und Safran dazugeben, salzen und pfeffern. Alles zugedeckt bei schwacher Hitze 5 Min. köcheln lassen.

3 Den Seeteufel waschen, mit Küchenpapier trockentupfen, von der Mittelgräte lösen und in mundgerechte Stücke teilen. 500 ml Wasser zum Kochen bringen. Die Fischstücke zum Gemüse geben und 3 Min. kochen lassen. Das Wasser dazugießen. Die Suppe bei mittlerer Hitze 15–20 Min. kochen lassen.

!! Tipp: Dazu schmeckt geröstetes Baguette sehr gut. Dafür Baguettebrötchen in dünne Scheiben schneiden und in einer trockenen Pfanne ohne Öl rösten oder toasten.

Rotbarschfilet mit Paprika aus dem Ofen

Kohlenhydrate ●● | 30 Min. (+ 8–10 Min. Backzeit)
Fett ++
Ballaststoffe ●●●

Pro Portion ca. 167 kcal
43 g Eiweiß · 23 g Fett · 21 g Kohlenhydrate

ZUTATEN FÜR 2 PORTIONEN:
400 g Rotbarschfilet
2 EL Zitronensaft
Salz · Pfeffer
2 rote Paprikaschoten · 100 g Tomaten
1 kleiner Zucchino
1 kleine Aubergine
3 Zweige Petersilie
3 Zweige Basilikum
3 EL Olivenöl
30 g Paniermehl
Basilikum zum Garnieren

1 Das Rotbarschfilet waschen und mit Küchenpapier trockentupfen. Den Fisch mit Zitronensaft beträufeln, mit Salz und Pfeffer würzen.

2 Das Gemüse waschen und putzen. Die Paprikaschoten in Streifen schneiden. Die Tomaten ohne die Stielansätze in Scheiben schneiden. Den Zucchino längs halbieren und die Hälften in Scheiben schneiden. Die Aubergine in Stücke schneiden.

3 Petersilie und Basilikum waschen, trockenschütteln und hacken. Etwas Basilikum zum Garnieren beiseite legen. Die Kräuter mit 1 EL Öl, dem Paniermehl und etwas Salz vermischen. Den Backofen auf 200° vorheizen.

4 1 EL Öl in einer Pfanne erhitzen. Die Fischfilets darin bei mittlerer Hitze von jeder Seite 5 Min. braten, dann in eine feuerfeste mittelgroße Form legen. Die Pfanne säubern und 1 EL Öl darin erhitzen. Die Aubergine darin bei mittlerer Hitze unter gelegentlichem Wenden 5–6 Min. dünsten. Das übrige Gemüse dazugeben und weitere 5 Min. dünsten. Mit Salz und Pfeffer würzen.

5 Das Gemüse auf dem Fisch verteilen. Die Kräutermischung darüber geben. Den Fisch im Backofen (Mitte, Umluft 180°) in 8–10 Min. fertig garen. Mit dem übrigen Basilikum garniert servieren.

!! Tipp: Dazu Vollkornbaguette reichen.

Bild oben: Provenzalische Bouillabaisse
Bild unten: Rotbarschfilet mit Paprika aus dem Ofen

Schollenfilet-Gemüse-Päckchen

Kohlenhydrate ●◖ **Fett** ●●● **Ballaststoffe** ●	**30 Min. (+ 15 Min. Backzeit)**

Pro Portion ca. 280 kcal
30 g Eiweiß · 12 g Fett · 14 g Kohlenhydrate

ZUTATEN FÜR 2 PORTIONEN:
100 g Blattspinat
150 g mehlig kochende Kartoffeln
1 Möhre
2 Frühlingszwiebeln
300 g Schollenfilets (frisch oder tiefgekühlt)
Salz · Pfeffer
einige Spritzer Zitronensaft
20 g Butter
1 Msp. unbehandelte Zitronenschale
1 Prise Cayennepfeffer
1 EL frisch gehackte Petersilie
1 EL frisch gehackter Dill
2 dünne unbehandelte Zitronenscheiben
Alufolie

1 Den Spinat waschen, putzen und in Streifen schneiden. Die Kartoffeln waschen, schälen und in dünne Scheiben hobeln. Möhre und Frühlingszwiebeln waschen und putzen. Die Möhre in Scheiben schneiden. Die Frühlingszwiebeln einmal längs, dann quer halbieren. Den Backofen auf 180° vorheizen

2 Die Schollenfilets kalt waschen, mit Küchenpapier trockentupfen, mit Salz und Pfeffer würzen und mit Zitronensaft beträufeln. Die Alufolie in zwei Quadrate von etwa 30 x 30 cm zuschneiden und diese mit 5 g Butter einfetten. Je eine Portion Spinat darauf geben, dann je eine Lage Kartoffeln, Möhre und die Zwiebeln obenauf legen. Dabei jede Gemüselage salzen und pfeffern.

3 Die Schollenfilets auf das Gemüse setzen. Die übrige Butter mit Zitronenschale, Cayennepfeffer, Petersilie, Dill und etwas Salz vermischen. Die Mischung auf den Fischfilets verteilen. Je 1 Zitronenscheibe obenauf legen.

4 Die Folie zu Päckchen zusammenlegen, die Seiten mehrmals falten, damit kein Saft austreten kann. Den Fisch auf einem Backblech im Backofen (Mitte, Umluft 169°) in 15 Min. garen. Den Fisch in der oben geöffneten Folie auf Tellern anrichten.

!! Tipp: Statt Schollenfilet können Sie Rotbarsch-, Seelachs-, Kabeljau- oder Zanderfilet auf diese Weise zubereiten.

Schwertfisch-Spieße mit Zucchini

Kohlenhydrate ◖ **Fett** + **Ballaststoffe** ●●	**20 Min.**

Pro Portion ca. 325 kcal
33 g Eiweiß · 18 g Fett · 8 g Kohlenhydrate

ZUTATEN FÜR 2 PORTIONEN:
300 g Schwertfisch in Scheiben (je 2 cm dick)
2 EL Olivenöl
1 EL Zitronensaft
1 TL Thymianblättchen oder 1/2 TL getrockneter Thymian
Salz
Pfeffer
4 Schalotten
4 Spitzpaprikaschoten
100 g Eiertomaten oder feste Strauchtomaten
100 g dünne Zucchini
1/2 Bund glatte Petersilie
Schaschlikspieße

1 Den Schwertfisch in etwa 2 cm große Würfel schneiden. 1 EL Öl mit Zitronensaft, Thymian, Salz und Pfeffer verrühren und den Fisch darin wenden. Den Fisch zugedeckt 30 Min. marinieren.

2 Die Schalotten schälen und halbieren. Die Paprikaschoten waschen, halbieren, ohne Stielansätze, Kerne und Trennhäute in etwa 3 cm breite Stücke schneiden. Die Tomaten waschen, vierteln und von den Stielansätzen befreien.

3 Die Zucchini waschen, putzen und in etwa 2 cm dicke Scheiben schneiden. Die Petersilie waschen, trockenschütteln und die Blättchen abzupfen. Den Backofengrill oder Tischgrill vorheizen.

4 Abwechselnd Fischwürfel und Gemüse auf Spieße stecken. Das Gemüse mit 1 EL Öl einpinseln, leicht salzen und pfeffern. Die Spieße unter oder auf dem Grill 2–3 Min. pro Seite grillen, dabei mit der übrigen Marinade beträufeln. Die Schwertfischspieße auf den Petersilienblättern anrichten.

!! Tipp: Wer die Spieße lieber braten möchte, verwendet 1 EL Öl nicht zum Einpinseln, sondern streicht eine beschichtete Pfanne damit aus. Die Spieße darin bei starker Hitze von jeder Seite 2–3 Min. braten.

Bild oben: Schollenfilet-Gemüse-Päckchen
Bild unten: Schwertfisch-Spieße mit Zuchini

Fischfilet mit Zucchini

Kohlenhydrate | **1 Std.**
Fett
Ballaststoffe

Pro Portion ca. 245 kcal
31 g Eiweiß · 9 g Fett · 11 g Kohlenhydrate

ZUTATEN FÜR 2 PORTIONEN:
300 g Zucchini
1 gehackte Zwiebel
500 g Tomaten
250 g Fischfilet (z. B. Rotbarsch oder Seelachs)
2 EL Zitronensaft
Salz
weißer Pfeffer
gemahlener Koriander
1/2 Bund Basilikum
1 TL Olivenöl für die Form
2 EL geriebener Emmentaler

1 Die Zucchini waschen, putzen und grob raspeln, mit der Zwiebel mischen. Die Tomaten waschen und ohne die Stielansätze in Scheiben schneiden.

2 Das Fischfilet kalt waschen, mit Küchenpapier trockentupfen und in Stücke schneiden. Den Fisch mit Zitronensaft beträufeln, mit Salz, Pfeffer und Koriander würzen.

3 Den Backofen auf 175° vorheizen. Das Basilikum waschen, trockenschütteln und hacken. Die Hälfte mit den Zucchiniraspeln mischen, die Mischung in eine gefettete Gratinform geben. Mit Salz und Pfeffer würzen. Den Fisch und die Tomaten darauf schichten.

4 Den Käse darüber streuen. Im Backofen (Mitte, Umluft 160°) in 30 Min. goldbraun überbacken. Mit dem restlichen Basilikum bestreut servieren.

Tipp: Dazu passt gemischter Salat und Vollkornbaguette.

Barsch mit Orange

Kohlenhydrate | **25 Min.**
Fett – | **(+ 30 Min.**
Ballaststoffe | **Marinierzeit)**

Pro Portion ca. 195 kcal
32 g Eiweiß · 3 g Fett · 10 g Kohlenhydrate

ZUTATEN FÜR 2 PORTIONEN:
1 kleine unbehandelte Orange
1 gehackte Zwiebel
Salz
2 Barschfilets (je 150 g)
300 g Fenchelknolle
1 Frühlingszwiebel
2 EL Schmand (24 % Fett)
frisch geriebene Muskatnuss
schwarzer Pfeffer

1 Die Orange heiß abwaschen und abtrocknen. Etwas Schale fein abreiben und den Saft auspressen. Beides mit Zwiebel und 1/2 TL Salz mischen.

2 Die Fischfilets kalt waschen, mit Küchenpapier trockentupfen, in der Orangenmarinade wenden und zugedeckt 30 Min. stehen lassen.

3 Das Gemüse waschen und putzen. Den Fenchel halbieren und in feine Scheiben schneiden. Die Frühlingszwiebel längs halbieren und in feine Streifen schneiden. Den Backofen auf 200° vorheizen. Das Gemüse in sprudelnd kochendem Wasser 1–2 Min. blanchieren, kalt abschrecken und abtropfen lassen.

4 Das Gemüse in eine mittelgroße Gratinform schichten. Den Schmand mit 2–3 EL Marinade verrühren und über das Gemüse geben. Die Fischfilets darauf legen, leicht mit Muskat und Pfeffer würzen. Im Backofen (Mitte, Umluft 180°) in 10 Min. garen, dabei zwischendurch mit der Orangenmarinade beträufeln. Den Fisch sofort servieren.

Wels mit Tomaten

Kohlenhydrate | **25 Min.**
Fett +
Ballaststoffe

Pro Portion ca. 290 kcal
21 g Eiweiß · 18 g Fett · 6 g Kohlenhydrate

ZUTATEN FÜR 2 PORTIONEN:
2 Zweige Rosmarin
Saft und Schale 1/2 unbehandelten Zitrone
Salz · weißer Pfeffer
1 Prise getrocknete Chilischote
250 g Wels- oder Lachsfilet
400 g Eiertomaten
2 TL Olivenöl
1 gehackte Zwiebel
1 gehackte Knoblauchzehe

1 Den Rosmarin waschen, trockenschütteln, die Nadeln abstreifen und fein hacken. Zitronensaft, Zitronenschale, Rosmarin, Salz, Pfeffer und Chilibrösel verrühren.

2 Das Fischfilet kalt waschen, mit Küchenpapier trockentupfen, in 2 Portionen schneiden und in der Marinade wenden.

3 Die Tomaten über Kreuz einritzen, mit kochendem Wasser überbrühen, häuten, entkernen und ohne Stielansätze klein würfeln.

4 1 EL Olivenöl erhitzen, Zwiebel und Knoblauch darin bei schwacher Hitze glasig dünsten. Tomaten einrühren, salzen und pfeffern und alles 10 Min. garen.

5 1 EL Olivenöl leicht erhitzen. Den Fisch darin bei schwacher Hitze von jeder Seite 2–3 Min. braten. Das Tomatenragout mit Salz und Pfeffer würzen und mit dem Fisch anrichten.

Bild oben: Fischfilet mit Zucchini
Bild unten links: Barsch mit Orange
Bild unten rechts: Wels mit Tomaten

Krabben-Curry mit Reis

Kohlenhydrate ●●●●	30 Min.
Fett +	
Ballaststoffe ●	

Pro Portion ca. 427 kcal
24 g Eiweiß · 17 g Fett · 44 g Kohlenhydrate

ZUTATEN FÜR 2 PORTIONEN:
150 ml Hühnerbrühe
75 g Basmatireis
1 große Zwiebel
1 Bund Petersilie
2 EL Sesamöl
1 Banane
200 ml Tomatenpüree
200 g gegarte, tiefgekühlte Krabben
Salz
Pfeffer
Currypulver

1 Die Hühnerbrühe zum Kochen bringen. Den Basmatireis in der Brühe bei schwacher Hitze zugedeckt 20 Min. quellen lassen, dabei gelegentlich umrühren.

2 Inzwischen die Zwiebel schälen und kleinschneiden. Die Petersilie waschen, trockenschütteln und hacken. Das Öl in einer Pfanne erhitzen und die Zwiebel darin bei schwacher Hitze glasig werden lassen. Die Banane schälen, in Stücke schneiden und mitdünsten. Das Tomatenpüree dazugeben und bei mittlerer Hitze 3 Min. kochen lassen. Die Krabben unterrühren und weitere 2 Min. kochen. Mit Salz, Pfeffer und Currypulver würzen.

3 Das Krabben-Curry mit dem Basmatireis mischen, auf Tellern anrichten und mit Petersilie bestreuen.

!! Tipps: Der Basmatireis gehört zu den edelsten Reissorten mit einem einzigartigem Aroma und einem stolzen Preis. Sie können aber auch den weitaus günstigeren Langkornreis als Beilage servieren. Wer auf den Nährstoffgehalt Wert legt, nimmt anstatt polierten den parboiled Langkornreis. Er bietet ein Vielfaches mehr an lebenswichtigen Mineralstoffen und Vitaminen.

Garnelen aus dem Wok

Kohlenhydrate ◖	45 Min.
Fett ●●●	
Ballaststoffe –	

Pro Portion ca. 207 kcal
17 g Eiweiß · 14 g Fett · 5 g Kohlenhydrate

ZUTATEN FÜR 2 PORTIONEN:
10 mittelgroße, küchenfertige Garnelen
1 gehackte Knoblauchzehe
2 EL süßliche Sojasauce (Ketjap asin)
1 TL Sonnenblumenöl
1 Msp. Galgantpulver
1 Msp. gemahlener Koriander
200 g Zucchini
1–2 rote milde oder scharfe Peperoni
1 Frühlingszwiebel
1 EL Limettensaft
1 TL frisch gehackter Ingwer
1 Msp. Zucker
Salz · Pfeffer
1 TL frisch gehacktes Koriander
1 TL Sesamöl
2 EL Öl

1 Die Garnelen kalt waschen, trockentupfen, entlang der Rückenmitte einschneiden und den Darm entfernen. Knoblauch, Sojasauce, Öl, Galgant, Koriander und 1 EL Wasser verrühren. Die Garnelen darin wenden und 20 Min. marinieren.

2 Gemüse und Peperoni waschen, putzen. Die Zucchini in etwa 1,5 cm dicke Scheiben schneiden. Die Peperoni in 2–3 cm breite Stücke schneiden.

3 Für die Sauce die weißen und hellgrünen Teile der Frühlingszwiebel längs vierteln und die Viertel in Stückchen schneiden. Mit Limettensaft, Ingwer, Zucker, Salz, Pfeffer, Koriander und Sesamöl verrühren, 1–2 EL Wasser unterrühren.

4 2 El Öl im Wok erhitzen. Garnelen, Zucchini und Peperoni nacheinander und portionsweise unter Rühren jeweils 2 Min. anbraten, eventuell etwas Marinade angießen. Mit der Sauce servieren.

!! Tipp: Dazu Vollkorn-Basmati- oder eine Naturreis-Wildreis-Mischung servieren.

Bild oben: Krabben-Curry mit Reis
Bild unten: Garnelen aus dem Wok

Fleisch & Geflügel

Weniger ist mehr ...

Zwei bis drei Portionen Fleisch in der Woche haben auch bei einer gesundheitsbewussten Ernährung durchaus ihre Berechtigung. Fleisch liefert hochwertiges Eiweiß und außerdem viele wichtige Nährstoffe, die in pflanzlichen Lebensmitteln nur in kleinen Mengen vorkommen, wie Eisen, Vitamin B_{12} und Zink.
Doch auf der anderen Seite enthält Fleisch, je nach Sorte, einen hohen Anteil an gesättigten Fettsäuren, Cholesterin und Purine. Nährstoffe, die die Gesundheit eher nachteilig beeinflussen können.
Deswegen sollten Sie Fleisch und Fleischprodukte seltener genießen, dafür können Sie sich aber Stücke von besonders guter Qualität vom Biobauern gönnen.

Schnitzelchen auf Gemüse

Kohlenhydrate ●●●●◖ **50 Min.**
Fett ●●●
Ballaststoffe ●●

Pro Portion ca. 399 kcal
25 g Eiweiß · 12 g Fett · 43 g Kohlenhydrate

ZUTATEN FÜR 2 PORTIONEN:
1 EL Olivenöl
1 gehackte Zwiebel
1 kleine gehackte Knoblauchzehe
100 g Langkorn-Naturreis
3 EL trockener Weißwein
Salz · 1 Möhre
1/2 Fenchelknolle
75 g fettarmer Joghurt
2 TL Zitronensaft
1 EL frisch gehackte Petersilie
160 g Schweineschnitzel
edelsüßes Paprikapulver
gemahlener Rosmarin
1 EL Öl zum Braten

1 Öl erhitzen, Zwiebel und Knoblauch darin andünsten. Reis unterrühren und anbraten. Wein und 250 ml Wasser angießen, alles leicht salzen. Den Reis aufkochen lassen, zugedeckt bei schwacher Hitze in 40 Min. garen.

2 Das Gemüse waschen und putzen. Die Möhre schälen. Möhre und Fenchel in Scheiben hobeln. Auf Tellern anrichten. Joghurt mit 1 Prise Salz, Zitronensaft und Petersilie verrühren und darüber ziehen.

3 Schnitzel mit Salz, Paprika und Rosmarin würzen. In 6 kleine Scheiben schneiden. Die Schnitzel im heißen Öl von jeder Seite 3 Min. anbraten. Mit Gemüse und Reis servieren.

!! Tipp: Fleisch ist in einer gesunden Ernährung Beilage zu Kartoffeln, Nudeln oder Reis und einer großen Gemüseportion. Empfehlenswert sind 80–150 g Fleisch pro Person zum Hauptgericht bis zu dreimal die Woche.

Kräuterfrikadellen mit Paprika

Kohlenhydrate ●●●◖ **35 Min.**
Fett ++
Ballaststoffe ●●●

Pro Portion ca. 537 kcal
37 g Eiweiß · 26 g Fett · 39 g Kohlenhydrate

ZUTATEN FÜR 2 PORTIONEN:
2 Zwiebeln
1 Bund Petersilie
10 Zweige Thymian oder 1 TL getrockneter Thymian
2 Scheiben Vollkornbrot
4 EL fettarme Milch
2 rote Paprikaschoten
1 Möhre
200 g Rinderhackfleisch
2 Eier
Mehl zum Binden
Salz
Pfeffer
1 TL Rapsöl

1 Die Zwiebeln schälen und fein hacken. Die Petersilie und Thymianzweige waschen, trockenschütteln und hacken. Das Vollkornbrot entrinden, in sehr feine Würfel schneiden und die Würfel in der Milch einweichen. Die Paprikaschoten waschen, halbieren, von Stielansätzen, Kernen und Trennhäuten befreien und in kleine Würfel schneiden. Die Möhre waschen, putzen, schälen und ebenfalls in Würfel schneiden.

2 Das Hackfleisch mit den Zwiebel- und Paprikawürfeln, den Eiern und und den Brotwürfeln verkneten, eventuell etwas Mehl zum Binden dazugeben. Das Hackfleisch mit Salz und Pfeffer kräftig abschmecken.

3 Aus dem Fleischteig 2 Frikadellen formen. Das Öl in einer beschichteten Pfanne erhitzen und die Frikadellen darin bei mittlerer Hitze von jeder Seite in 5–6 Min. braun anbraten.

Geschnetzeltes mit Paprika

Kohlenhydrate ◖ **30 Min.**
Fett ●●
Ballaststoffe ●

Pro Portion ca. 188 kcal
27 g Eiweiß · 7 g Fett · 8 g Kohlenhydrate

ZUTATEN FÜR 2 PORTIONEN:
je 1 gelbe und grüne Paprikaschote
1 rote Zwiebel
200 g Schweinefilet
1 Knoblauchzehe
6 Salbeiblättchen
6 Zweige Thymian
2 TL Olivenöl
1 1/2 TL Weizenmehl (Type 1050)
150 ml Gemüsebrühe
Salz · Pfeffer

1 Paprikaschoten waschen, putzen und in feine Streifen schneiden. Die Zwiebel schälen und in Spalten schneiden. Das Filet waschen, trockentupfen und in feine Streifen schneiden. Knoblauch schälen und in feine Stifte schneiden. Die Salbeiblättchen abreiben und kleinschneiden. Den Thymian waschen und fein hacken.

2 1 TL Olivenöl in einer Pfanne erhitzen. Das Fleisch darin bei mittlerer Hitze braun anbraten, dann beiseite stellen.

3 Das restliche Öl in derselben Pfanne erhitzen, das Gemüse darin anbraten. Die Kräuter dazugeben, alles mit Mehl bestäuben und unter Rühren die Brühe angießen, salzen und pfeffern. Alles in 5 Min. garen. Das Fleisch dazugeben und nochmals erhitzen.

Bild oben: Schnitzelchen auf Gemüse
Bild unten links: Kräuterfrikadellen mit Paprika
Bild unten rechts: Geschnetzeltes mit Paprika

Linsen mit Geschnetzeltem

Kohlenhydrate ●●●◖ 1 Std.
Fett +
Ballaststoffe ●●●

Pro Portion ca. 520 kcal
46 g Eiweiß · 19 g Fett · 40 g Kohlenhydrate

ZUTATEN FÜR 2 PORTIONEN:
1 Zwiebel · 1 Möhre
150 g Staudensellerie
1 EL Olivenöl
100 g rote Linsen
300 ml Fleischbrühe
2 EL Weißweinessig
Cayennepfeffer
Salz
Pfeffer
300 g Schweinefilet
1 EL Rapsöl
1/2 TL Currypulver
5 EL Traubensaft
4 TL Schmand (24 % Fett)

1 Die Zwiebel schälen und klein würfeln. Die Möhre waschen, putzen, schälen und in kleine Würfel schneiden. Den Staudensellerie waschen, putzen und in dünne Scheiben schneiden. Das Öl in einem Topf erhitzen und das Gemüse zugedeckt bei mittlerer Hitze 10 Min. dünsten.

2 Die Linsen zum Gemüse geben, 200 ml Fleischbrühe angießen, mit Essig, etwas Cayennepfeffer, Salz und Pfeffer würzen und zugedeckt bei schwacher Hitze in 40 Min. garen.

3 Das Filet in Scheiben schneiden. Das Öl erhitzen und das Fleisch darin bei mittlerer Hitze braun anbraten. Mit Salz, Pfeffer und Currypulver würzen. Herausnehmen und warm stellen.

4 Den Bratensatz mit dem Traubensaft ablösen, die Fleischbrühe dazugeben und den Fond bei starker Hitze sirupartig einkochen lassen. Das Fleisch zugeben und den Schmand einrühren. Das Geschnetzelte mit den Linsen servieren.

Schweinefilet mit Wirsing

Kohlenhydrate ●● 50 Min.
Fett +++
Ballaststoffe ●●●

Pro Portion ca. 588 kcal
44 g Eiweiß · 33 g Fett · 20 g Kohlenhydrate

ZUTATEN FÜR 2 PORTIONEN:
1 kleiner Wirsing
Salz
300 g Schweinefilet
Pfeffer
20 g Butterschmalz
1/8 l trockener Weißwein
1 mittelgroße weiße Zwiebel
2 Knoblauchzehen
2 mittelgroße Tomaten
20 g Sultaninen
50 g rohe Schinkenwürfel
je 1 kleiner Zweig Thymian und Majoran
1 EL geschälte, gehackte Mandeln
1 EL Pinienkerne

1 Wirsing putzen, die zarten Blätter abtrennen und von den Strünken befreien. Die Blätter in kochendem Salzwasser 3 Min. blanchieren, herausnehmen, abschrecken und abtropfen lassen.

2 Das Fleisch salzen und pfeffern. Die Hälfte Butterschmalz erhitzen und das Fleisch hellbraun anbraten, herausnehmen und beiseite stellen. Den Backofen auf 200° vorheizen. Das Fleisch in Scheiben schneiden und in eine Auflaufform legen. Den Bratensatz mit der Hälfte von dem Wein ablösen und über das Fleisch gießen. Die Wirsingblätter auf das Fleisch legen.

3 Zwiebel schälen und würfeln. Knoblauch schälen und flach drücken, so dass die Zehe aufplatzt. Tomaten überbrühen, abschrecken, häuten und ohne die Stielansätze würfeln. Sultaninen waschen und abtropfen lassen.

4 Im übrigen Butterschmalz Schinkenwürfel, Zwiebel, Knoblauch, Tomaten und Sultaninen anbraten. Restlichen Wein angießen. Diese Mischung auf dem Wirsing verteilen. Thymian und Majoran waschen, darauf legen. Im Backofen (Mitte, Umluft 180°) 20 Min. schmoren lassen. Mandeln ohne Fett rösten, dann fein zerstoßen und mit den Pinienkernen über den Wirsing streuen. Weitere 10 Min. schmoren lassen.

Bild: Schweinefilet mit Wirsing

Kalbsrouladen mit Schinken-Käse-Füllung

Kohlenhydrate ◖ **30 Min.**
Fett +++
Ballaststoffe –

Pro Portion ca. 643 kcal
58 g Eiweiß · 43 g Fett · 5 g Kohlenhydrate

ZUTATEN FÜR 2 PORTIONEN:
2 dünne Kalbfleischschnitzel (350 g)
4 dünne Scheiben Parmaschinken
4 Scheibchen junger Pecorino
1 Knoblauchzehe
2 EL frisch gehackte Petersilie
2 EL Olivenöl
Salz
Pfeffer
8 Basilikumblätter und einige Blätter zum Garnieren
50 ml trockener Weißwein
4 EL Gemüsebrühe
2 EL Crème fraîche
4 Holzspießchen

1 Die Kalbsschnitzel auf einem Brett mit dem Fleischklopfer noch dünner klopfen und halbieren. Jede Hälfte mit je 1 Scheibe Parmaschinken und Pecorino belegen.

2 Den Knoblauch schälen und hacken. Mit der Petersilie und 1 EL Öl im Mörser zu einer dicken Paste verarbeiten. Die Paste mit Salz und Pfeffer leicht würzen.

3 Die Paste auf den Pecorino streichen. Die Basilikumblätter abreiben und auf die Paste legen. Die Rouladen zusammenrollen und mit Holzspießchen feststecken.

4 1 EL Öl in einer Pfanne erhitzen und die Rouladen darin bei mittlerer Hitze braun anbraten. Den Wein und die Brühe angießen und die Rouladen zugedeckt bei schwacher Hitze 10 Min. kochen lassen. Die Crème fraîche unterrühren und die Sauce mit Salz und Pfeffer abschmecken. Die Kalbsrouladen auf einer vorgewärmten Platte mit Sauce anrichten. Mit Basilikum garniert servieren.

!! Tipp: Dazu passt Vollkornreis.

!! Tipp: Statt mit Kalbfleisch können Sie die Rouladen auch mit preiswerterem Putenfleisch zubereiten.

Mangold-Kalbfleisch-Eintopf mit Kartoffeln

Kohlenhydrate ●● **45 Min.**
Fett +
Ballaststoffe ●●

Pro Portion ca. 409 kcal
44 g Eiweiß · 16 g Fett · 22 g Kohlenhydrate

ZUTATEN FÜR 2 PORTIONEN:
300 g Kalbfleisch aus der Schulter
1 mittelgroße Zwiebel
1 Knoblauchzehe
2 EL Olivenöl
Saft 1/2 Zitrone
Salz
Pfeffer
300 g fest kochende Kartoffeln
300 g Mangold
30 g frisch geriebener Parmesan

1 Das Fleisch kalt waschen, mit Küchenpapier trockentupfen und in mundgerechte Stücke schneiden. Zwiebel und Knoblauch schälen und klein würfeln.

2 Das Öl in einem Topf erhitzen und die Fleischwürfel darin bei mittlerer Hitze anbraten. Zwiebel und Knoblauch zugeben und glasig werden lassen. 1/4 l Wasser und den Zitronensaft angießen. Alles mit Salz und Pfeffer würzen und zugedeckt bei mittlerer Hitze 15 Min. kochen lassen.

3 Die Kartoffeln waschen, schälen und vierteln. Den Mangold waschen, putzen, die Stängel in etwa 2 cm lange Stücke schneiden. Die Blätter grob hacken.

4 Kartoffeln und Mangoldstängel zum Fleisch geben und 15 Min. kochen lassen. Die gehackten Blätter unterrühren und zugedeckt weitere 3 Min. kochen lassen. Den Eintopf mit Salz und Pfeffer abschmecken, anrichten und mit dem Parmesan zum Bestreuen servieren.

!! Tipp: Der Eintopf schmeckt auch mit jungem Wirsing statt mit Mangold.

Bild oben: Kalbsrouladen mit Schinken-Käse-Füllung
Bild unten: Mangold-Kalbfleisch-Eintopf mit Kartoffeln

Lamm-Curry mit Tomaten und Zucchini

Kohlenhydrate ●●●●●◖	**2 Std.**
Fett +++	**(+ 4 Std. Ruhezeit)**
Ballaststoffe ●●●	

Pro Portion ca. 625 kcal
30 g Eiweiß · 25 g Fett · 68 g Kohlenhydrate

ZUTATEN FÜR 2 PORTIONEN:
200 g mageres Lammfleisch aus der Keule
1 kleine Knoblauchzehe
Salz
2 gestr. TL Madras-Currypulver
1 Zwiebel
3 Fleischtomaten
1 EL Olivenöl
2 Lorbeerblätter
1 kleine rote Paprika
1 Möhre
1 kleiner Zucchino
120 g Duftreis (Basmatireis)
1/2 Hand voll Koriandergrün

1 Das Lammfleisch waschen, trockentupfen und würfeln, dabei Fett und Sehnen abschneiden. Den Knoblauch schälen und hacken. Das Lammfleisch mit 1/2 TL Salz, 1 gestr. TL Currypulver und dem Knoblauch in einer Schüssel vermischen. Zugedeckt mindestens 4 Std. kalt stellen.

2 Die Zwiebel schälen und fein hacken. Tomaten waschen, halbieren und ohne Stielansätze pürieren. Das Öl erhitzen. Lammfleisch und Zwiebel darin anbraten. Mit je 1 gestr. TL Currypulver und Salz würzen. Tomaten und Lorbeer unterrühren und aufkochen lassen. Zugedeckt bei schwacher Hitze 1 Std. schmoren lassen.

3 Das Gemüse waschen und putzen. Paprika putzen und in Stücke schneiden. Möhre schälen, längs halbieren und die Hälften in Scheiben schneiden. Zucchino längs vierteln und kleinschneiden. Das Gemüse am Ende der Garzeit unter das Fleisch mischen, aufkochen lassen und zugedeckt 30–40 Min. köcheln lassen.

4 Den Duftreis in leicht gesalzenem Wasser nach den Packungsangaben garen. Den Koriander waschen, fein hacken und unter das Curry mischen. Den Duftreis dazu servieren.

!! Tipp: Statt mit Koriandergrün können Sie auch mit einer Mischung aus 4 zerstoßenen Korianderkörnern und 1 EL frisch gehackter glatter Petersilie würzen.

Lammeintopf mit Bohnen und Paprika

Kohlenhydrate ●●●●	**50 Min.**
Fett +	
Ballaststoffe ●●●	

Pro Portion ca. 450 kcal
27 g Eiweiß · 18 g Fett · 44 g Kohlenhydrate

ZUTATEN FÜR 2 PORTIONEN:
75 g parboild Langkornreis
200 g Lammfilet
Salz
1 TL Olivenöl
1 große Zwiebel
600 ml Fleischbrühe
Pfeffer
300 g grüne Bohnen
2 rote Paprikaschoten
2 Knoblauchzehen
getrockneter Thymian
Chilipulver

1 Den Reis in 150 ml kochendes Salzwasser geben und zugedeckt bei schwacher Hitze in 20 Min. quellen lassen, dabei gelegentlich umrühren.

2 Das Lammfilet in Würfel schneiden. Das Öl in einem Topf erhitzen und das Fleisch darin braun anbraten. Die Zwiebel schälen, kleinschneiden, dazugeben und glasig werden lassen. Die Brühe angießen. Das Fleisch mit Salz und Pfeffer würzen und bei mittlerer Hitze in 20 Min. garen.

3 Inzwischen die Bohnen waschen, putzen und in mundgerechte Stücke schneiden. Die Paprikaschoten waschen, halbieren, von Stielansätzen, Kernen und Trennhäuten befreien und in grobe Würfel schneiden. Den Knoblauch schälen und hacken. Bohnen, Paprika, Knoblauch und Thymian 10 Min. vor Ende der Garzeit zum Fleisch geben. Den Lammtopf mit Salz und Chilipulver kräftig abschmecken und mit dem Reis servieren.

!! Tipp: Bevorzugen Sie rote Paprikaschoten nicht nur wegen der schönen leuchtend roten Farbe, sondern auch, weil die roten Exemplare ein Vielfaches mehr an Vitamin C enthalten als die grünen.

Bild oben: Lammeintopf mit Bohnen und Paprika
Bild unten: Lamm-Curry mit Tomaten und Zucchini

Rindfleisch-eintopf

Kohlenhydrate	●●●	1 Std. 40 Min.
Fett	+	
Ballaststoffe	●●●	

Pro Portion ca. 433 kcal
39 g Eiweiß · 15 g Fett · 35 g Kohlenhydrate

ZUTATEN FÜR 2 PORTIONEN:
500 g Tomaten
2 Möhren
300 g Kartoffeln
300 g Rindfleisch
1 Zwiebel
1 Knoblauchzehe
2 EL Olivenöl
1 Lorbeerblatt
200 ml Fleischbrühe
4 Zweige Rosmarin
Salz · Pfeffer

1 Tomaten einritzen, überbrühen, abschrecken, häuten und ohne die Stielansätze vierteln. Möhren und Kartoffeln waschen, schälen und würfeln.

2 Das Rindfleisch würfeln. Zwiebel und Knoblauch schälen und hacken. Zwiebel und Knoblauch im heißen Öl andünsten. Fleisch zugeben, von allen Seiten braun anbraten. Tomaten, Möhren, Kartoffeln und Lorbeer dazugeben. Brühe angießen, zugedeckt 1 Std. kochen lassen.

3 Rosmarin waschen und kleinschneiden. Den Eintopf mit Rosmarin, Salz und Pfeffer würzen. Lorbeer entfernen.

Bœuf à la ficelle

Kohlenhydrate	●●	1 Std.
Fett	●●	
Ballaststoffe	●●●	

Pro Portion ca. 312 kcal
36 g Eiweiß · 8 g Fett · 24 g Kohlenhydrate

ZUTATEN FÜR 2 PORTIONEN:
250 g fest kochende Kartoffeln
200 g Möhren
3 Frühlingszwiebeln
3 Stangen Staudensellerie
1 1/2 l kräftige Gemüsebrühe
300 g Rinderfilet
1 EL heller Saucenbinder
Salz · schwarzer Pfeffer

1 Gemüse waschen und putzen oder schälen. Kartoffeln und Möhren würfeln. Frühlingszwiebeln in Stücke, Sellerie in Scheiben schneiden. Brühe aufkochen lassen. Kartoffeln darin zugedeckt 5 Min. köcheln lassen.

2 Rinderfilet waschen und trockentupfen. Mit Küchengarn umwickeln, an den Enden je eine Schlaufe binden. Einen Kochlöffel hindurch ziehen.

3 Gemüse zu den Kartoffeln geben. Den Kochlöffel auf den Topf legen, so dass das Fleisch in der Brühe ist. Zugedeckt 30 Min. ziehen lassen. Fleisch herausnehmen, etwas Brühe mit Saucenbinder andicken, salzen und pfeffern. Das Fleisch in Scheiben schneiden, mit Brühe und Gemüse servieren.

Rinderragout mit Tomaten

Kohlenhydrate	◖	30 Min.
Fett	+++	(+ 1 Std.
Ballaststoffe	–	Schmoren)

Pro Portion ca. 458 kcal
33 g Eiweiß · 30 g Fett · 6 g Kohlenhydrate

ZUTATEN FÜR 2 PORTIONEN:
300 g Rinderbraten
30 g magerer Speck
2 Zwiebeln
2 Knoblauchzehen
1 TL Olivenöl
100 ml Fleisch- oder Gemüsebrühe
100 ml trockener Rotwein
2 Tomaten
Salz · Pfeffer
je 1 kleiner Zweig Rosmarin und Thymian
3 Zweige glatte Petersilie
30 g grüne entsteinte Oliven

1 Fleisch und Speck würfeln. Zwiebeln und Knoblauch schälen und fein hacken. Das Öl erhitzen und den Speck darin bei mittlerer Hitze anbraten.

2 Fleisch zugeben und braun anbraten. Zwiebeln und Knoblauch mitbraten. Brühe und Wein angießen und zum Kochen bringen. Die Tomaten waschen, ohne die Stielansätze würfeln und unter das Fleisch rühren, salzen und pfeffern.

3 Rosmarin, Thymian und Petersilie waschen und trockenschütteln. Rosmarin und Thymian auf das Fleisch legen und das Ragout zugedeckt bei schwacher Hitze 1 Std. sanft schmoren lassen. 15 Min. vor Ende der Garzeit die Oliven untermischen. Die Petersilie hacken und unter das Ragout rühren.

Bild: Rinderragout mit Tomaten

Geschmorte Hähnchenkeulen mit Krautsalat

Kohlenhydrate	●●●	1 Std. 45 Min.
Fett	++	
Ballaststoffe	●●●	

Pro Portion ca. 458 kcal
30 g Eiweiß · 22 g Fett · 34 g Kohlenhydrate

ZUTATEN FÜR 2 PORTIONEN:
3 Fleischtomaten · 1 kleine Zwiebel
2 getrocknete Aprikosen · 2 EL Tomatenmark
1 TL Obstessig · Salz
300 g fest kochende Kartoffeln
(möglichst längliche und gleich große)
gemahlener Rosmarin
2 Hähnchenkeulen (à 130 g)
edelsüßes Paprikapulver
flüssiger Süßstoff · Tabasco
Für den Krautsalat:
150 g junger Weißkohl (geputzt und gewaschen)
1 EL frisch gehackte glatte Petersilie
1 kleine Zwiebel · 2 EL Obstessig
1 EL Sonnenblumenöl · 1/2 TL mittelscharfer Senf
Salz · flüssiger Süßstoff
1 EL Öl für die Form

1 Tomaten waschen und vierteln. 2 Tomaten pürieren, die übrige würfeln. Tomatenpüree und -würfel in einen Topf geben. Zwiebel schälen, klein würfeln. Aprikosen fein hacken und beides dazugeben. Tomatenmark, Obstessig und 2 Prisen Salz unterrühren. Alles aufkochen und offen 2 Min. köcheln lassen. Den Backofen auf 250° vorheizen.

2 Kartoffeln waschen, schälen und längs vierteln. Gratinform mit Öl ausstreichen. Kartoffeln in die Form legen, mit 2 Prisen Salz und Rosmarin würzen. Die Haut der Hähnchenkeulen am Knochenende einschneiden und abziehen. Mit Salz und Paprika einreiben. Auf die Kartoffeln legen.

3 Tomatensauce mit Salz, Süßstoff und etwas Tabasco abschmecken, über die Keulen gießen. Mit Alufolie abdecken. In den Backofen (oben, Umluft 220°) schieben. Kartoffeln auf dem Blech in den Ofen (unten) schieben. Beides 35–40 Min. backen. Die Folie entfernen. Die Keulen weitere 10 Min. und die Kartoffeln noch 15–20 Min. backen.

4 Weißkohl in Streifen schneiden und mit Petersilie mischen. Zwiebel schälen und würfeln. Das Gemüse mit 3 EL Wasser, Obstessig, Öl und Senf aufkochen lassen, zugedeckt in 4 Min. garen. Mit Salz und Süßstoff abschmecken, untermischen.

Risi-Bisi mit Hähnchenbrust

Kohlenhydrate	●●●●●	30 Min.
Fett	++	
Ballaststoffe	●●	

Pro Portion ca. 675 kcal
15 g Eiweiß · 22 g Fett · 57 g Kohlenhydrate

ZUTATEN FÜR 2 PORTIONEN:
150 g tiefgekühlte Erbsen
1 Zwiebel
75 g gekochter Schinken
4 EL Olivenöl
400 ml Geflügelbrühe
100 g Langkornreis
300 g Hähnchenbrustfilet
30 g Parmesan
1 Bund Petersilie
Salz
Pfeffer
2 EL saure Sahne

1 Die Erbsen antauen lassen. Die Zwiebel schälen und in kleine Würfel schneiden. Den Schinken in Streifen schneiden. 2 EL Öl erhitzen und die Zwiebel darin bei schwacher Hitze glasig werden lassen. Den Schinken kurz anbraten.

2 300 ml Brühe aufkochen lassen. Erbsen und Reis zur Zwiebel-Schinken-Mischung geben und mit etwas kochender Brühe ablöschen. Nach und nach die gesamte Brühe dazugießen und den Reis bei schwacher Hitze in 15 Min. quellen lassen.

3 Das übrige Öl erhitzen und das Hähnchenbrustfilet darin bei mittlerer Hitze von allen Seiten anbraten. Die übrige Brühe angießen und das Fleisch zugedeckt bei schwacher Hitze 10 Min. dünsten.

4 Den Parmesan reiben. Die Petersilie waschen, trockenschütteln und fein hacken. Das Risi-Bisi mit Salz und Pfeffer würzen. Parmesan und Petersilie unterheben. Das Hähnchenbrustfilet aufschneiden. Die saure Sahne unter den Fleischfond rühren. Das Fleisch mit der Sauce und dem Risi-Bisi servieren.

Bild oben: Geschmorte Hähnchenkeulen mit Krautsalat
Bild unten: Risi-Bisi mit Hähnchenbrust

Hähnchenbrust mit Currysauce und Basmatireis

Kohlenhydrate ●●● 40 Min.
Fett +
Ballaststoffe ●

Pro Portion ca. 423 kcal
36 g Eiweiß · 17 g Fett · 33 g Kohlenhydrate

ZUTATEN FÜR 2 PORTIONEN:
75 g Basmatireis
Salz
100 ml ungesüßte Kokosmilch
100 ml Fischfond (aus dem Glas)
1 Limette
4 Zweige Koriander
Currypulver
Sambal Oelek
Pfeffer
250 g Hähnchenbrustfilet
1 kleine Paprikaschote
2 EL Sesamöl

1 Den Basmatireis in 150 ml kochendem Salzwasser zugedeckt bei schwacher Hitze 20 Min. quellen lassen, dabei gelegentlich umrühren.

2 Die Kokosmilch mit dem Fischfond aufkochen lassen. Den Saft der Limette auspressen. Den Koriander waschen, trockenschütteln und hacken. Die Kokosmilch-Mischung mit Limettensaft, Koriander, Currypulver, Sambal Oelek, Salz und Pfeffer würzen.

3 Das Hähnchenbrustfilet in dünne Streifen schneiden. Die Paprikaschote waschen, halbieren, von Stielansatz, Kernen und Trennhäuten befreien und kleinschneiden.

4 Das Öl in einer Pfanne erhitzen. Die Hähnchenbruststreifen und die Paprikawürfel darin bei mittlerer Hitze anbraten. Die Kokosmilch-Mischung angießen und bei mittlerer Hitze in 10 Min. einkochen lassen. Die Hähnchenbruststreifen mit der Currysauce und dem Basmatireis servieren.

!! Tipp: Anstelle des Hähnchenbrustfilets schmecken auch große küchenfertige Garnelen in der Currysauce.

Huhn mit Gemüse und Tunfischsauce

Kohlenhydrate ● 50 Min.
Fett ++
Ballaststoffe ●●●

Pro Portion ca. 461 kcal
56 g Eiweiß · 21 g Fett · 11 g Kohlenhydrate

ZUTATEN FÜR 2 PORTIONEN:
1/2 küchenfertiges Huhn (500 g)
Pfeffer
2 mittelgroße Möhren
3 Stangen Staudensellerie
1 Zwiebel
Saft 1 Zitrone · Salz
1/2 Dose Tunfisch im eigenen Saft (75 g)
1 EL Kapern
2 TL Olivenöl
1 Eigelb
2 EL frisch gehackte glatte Petersilie
2 EL frisch gehacktes Basilikum
Basilikumblättchen zum Garnieren

1 Das Huhn kalt waschen, trockentupfen und mit Pfeffer einreiben. Möhren und Sellerie waschen, putzen, die Möhren schälen und beides in große Stücke schneiden. Die Zwiebel schälen und vierteln. 1 l Wasser mit der Hälfte von dem Zitronensaft, 1 TL Salz und dem Gemüse in einen Suppentopf geben und aufkochen lassen. Das Huhn dazugeben und bei schwacher Hitze in 40 Min. garen.

2 Den Tunfisch abtropfen lassen und mit Kapern und 1 TL Öl mit dem Pürierstab pürieren. Das Eigelb, 1 Msp. Salz und 1 EL Zitronensaft mit dem Schneebesen so lange unterschlagen, bis die Masse dickcremig ist. 1 TL Öl unterrühren.

3 Die Petersilie, das gehackte Basilikum und 2 EL abgekühlte Geflügelbrühe unterrühren, bis eine dicke Sauce entsteht. Mit Salz, Pfeffer und dem übrigen Zitronensaft herzhaft abschmecken.

4 Das Huhn aus der Brühe nehmen, das Hühnerfleisch von den Knochen lösen, dabei die Haut entfernen. Das Fleisch mit dem Gemüse anrichten und mit der Tunfischsauce übergießen. Mit dem übrigen Basilikum garniert servieren.

Bild oben: Hähnchenbrust mit Currysauce und Basmatireis
Bild unten: Huhn mit Gemüse und Tunfischsauce

Hähnchenspieße mit Linsensauce

Kohlenhydrate ●●	35 Min.
Fett –	
Ballaststoffe ●●	

Pro Portion ca. 267 kcal
33 g Eiweiß · 3 g Fett · 24 g Kohlenhydrate

ZUTATEN FÜR 2 PORTIONEN:

200 g Hähnchenbrustfilet
2 EL Sojasauce
1 TL Sambal Oelek
3 Schalotten
1/4 l Gemüsebrühe
1 TL Currypulver
75 g rote Linsen
1/2 Bund Schnittlauch
6–8 Holzspieße

1 Das Hähnchenbrustfilet kalt waschen, mit Küchenpapier trockentupfen und in etwa 1 cm große Würfel schneiden. Die Sojasauce mit Sambal Oelek in einer Schüssel verrühren, die Fleischwürfel darin wenden und 15 Min. kalt stellen.

2 Inzwischen die Schalotten schälen und klein würfeln. Die Brühe mit Schalotten und Currypulver in einem kleinen Topf aufkochen lassen. Die Linsen zugeben und zugedeckt bei schwacher Hitze in 6–8 Min. garen.

3 Den Tischgrill vorheizen. Das Hähnchenfleisch auf Spieße stecken und auf dem Grill in 6 Min. von allen Seiten goldbraun grillen.

4 Einige Linsen aus dem Topf nehmen und beiseite stellen. Für die Sauce die übrigen Linsen mit dem Pürierstab im Topf pürieren. Das Linsenpüree aufkochen lassen, eventuell etwas Wasser angießen. Die Sauce mit Currypulver abschmecken und zusammen mit den Spießchen anrichten. Den Schnittlauch waschen, trockenschütteln, in Röllchen schneiden und darüber streuen. Die beiseite gestellten Linsen ebenfalls darüber geben.

!! Tipp: Ohne Haut ist Geflügelfleisch von Hähnchen und Pute sehr fettarm, trocknet allerdings auch leicht aus. Braten Sie es deswegen nur kurz an oder bestreichen Sie es zuvor mit einer Marinade auf Pflanzenölbasis.

Putensteaks auf Linsensalat

Kohlenhydrate ●●●●	50 Min.
Fett ●●●	(+ 15 Min. Marinierzeit)
Ballaststoffe ●●	

Pro Portion ca. 447 kcal
48 g Eiweiß · 11 g Fett · 44 g Kohlenhydrate

ZUTATEN FÜR 2 PORTIONEN:

2 Putensteaks (à 150 g)
1 Orange
2 EL Sojasauce
50 g parboiled Langkornreis
Salz
200 ml Geflügelbrühe
50 g braune Linsen
1 Stange Lauch
1 EL Walnussöl
1 EL Apfelessig
Pfeffer
Cayennepfeffer
1 EL Rapsöl

1 Die Putensteaks flach klopfen. Die Orange auspressen und den Saft mit der Sojasauce in einer Schüssel verrühren. Die Putensteaks in der Marinade 15 Min. marinieren.

2 Den Reis in 100 ml kochendem Salzwasser zugedeckt bei schwacher Hitze 20 Min. quellen lassen, dabei gelegentlich umrühren.

3 Die Brühe aufkochen lassen. Die Linsen in die kochende Brühe geben und bei mittlerer Hitze in 40 Min. garen.

4 Inzwischen den Lauch putzen, längs aufschneiden, gründlich waschen und die weißen und hellgrünen Teile in feine Streifen schneiden. Den Lauch 15 Min. vor Ende der Garzeit zu den Linsen geben und mitgaren. Die Linsen vom Herd nehmen und leicht abkühlen lassen. Das Walnussöl und den Apfelessig unterrühren und den Salat mit Salz, Pfeffer und Cayennepfeffer pikant würzen.

5 Die Putensteaks aus der Marinade nehmen und mit Küchenpapier trockentupfen. Das Rapsöl in einer Pfanne erhitzen und die Putensteaks bei mittlerer Hitze in 4 Min. je Seite braun anbraten. Auf dem lauwarmen Linsensalat mit dem Reis anrichten und servieren.

Bild oben: Hähnchenspieße mit Linsensauce
Bild unten: Putensteaks auf Linsensalat

Puten-Gurken-Topf

Kohlenhydrate ◖	1 Std. 25 Min.
Fett ●	
Ballaststoffe ●	

Pro Portion ca. 217 kcal
38 g Eiweiß · 4 g Fett · 7 g Kohlenhydrate

ZUTATEN FÜR 2 PORTIONEN:
300 g Putenbrustfilet
Jodsalz
Pfeffer
gemahlener Koriander
400 g kleine Schmorgurken
1 Bund Frühlingszwiebeln
3–4 Zweige Liebstöckel
1/4 l Gemüsebrühe
1 EL Zitronensaft
edelsüßes Paprikapulver

1 Einen Tontopf 15 Min. wässern. Das Putenbrustfilet kalt abwaschen, mit Küchenpapier trockentupfen und mundgerecht würfeln. Mit Salz, Pfeffer und Koriander vermengen und zugedeckt 15 Min. kalt stellen.

2 Die Schmorgurken waschen, putzen, längs halbieren und die Hälften in Scheiben schneiden. Die Frühlingszwiebeln waschen, putzen und in Ringe schneiden. Den Liebstöckel waschen, trockenschütteln und hacken.

3 Den Tontopf aus dem Wasser nehmen. Schmorgurken, Frühlingszwiebeln und Liebstöckel darin vermengen. Die Brühe angießen, alles mit Salz und Pfeffer würzen.

4 Den Deckel auf den Tontopf legen. Den Topf in den kalten Ofen (Mitte) stellen, das Gemüse bei 200° (Umluft 180°) etwa 30 Min. garen.

5 Den Topf aus dem Ofen nehmen, das Putenfleisch unter die Gurken mischen und alles in 30 Min. fertig garen. Den Puten-Gurken-Topf mit Salz, Pfeffer und Zitronensaft abschmecken und mit Paprikapulver bestreut servieren.

Putenkeule mit Risotto

Kohlenhydrate ●●●●	2 Std.
Fett ●●●	(+ 4 Std. Einweichzeit)
Ballaststoffe ●●●	

Pro Portion ca. 506 kcal
49 g Eiweiß · 13 g Fett · 48 g Kohlenhydrate

ZUTATEN FÜR 2 PORTIONEN:
4 g getrocknete Steinpilze
1 EL Dinkel
1 dünne Stange Lauch
250 g Möhren
250 g Knollensellerie
1 kleiner Zweig Rosmarin
1 Knoblauchzehe · Salz
400 g Putenoberkeule
edelsüßes Paprikapulver
1 kleine Zwiebel
1 EL Sonnenblumenöl
100 g Langkorn-Naturreis
1 Lorbeerblatt
1 EL frisch gehackte Petersilie

1 Pilze und Dinkel getrennt in Wasser mindestens 4 Std. einweichen. Den Tontopf 15 Min. wässern. Das Gemüse waschen und putzen. Den Lauch längs aufschneiden und waschen. Möhren und Sellerie schälen, klein würfeln. Lauch in Streifen schneiden. Gemüse in den Tontopf legen. Rosmarin waschen und kleinschneiden. Knoblauch schälen. Das Gemüse salzen, Rosmarin und Knoblauch untermischen.

2 Fleisch mit Salz und Paprika einreiben. Das Fleisch mit der Fettseite nach unten in einer heißen Pfanne 4 Min. braten. Das Putenfleisch mit der ausgebratenen Fettseite nach oben auf das Gemüse legen. In den kalten Backofen (2. Schiene von unten) schieben. Bei 200° (Umluft 180°) in 1 Std. garen. Im ausgeschalteten Ofen 1/2 Std. stehen lassen.

3 Pilze und Dinkel abgießen, das Pilzwasser auffangen. Die Pilze kleinschneiden. Zwiebel schälen und klein würfeln. Zwiebel und Pilze im heißen Öl anbraten. Reis und Dinkel untermischen, mit 50 ml Pilzwasser ablöschen. Mit Lorbeer, 400 ml kaltem Wasser und 2 Prisen Salz aufkochen lassen und offen in 40–45 Min. garen. Putenkeule in Scheiben schneiden, mit Gemüse anrichten. Risotto mit Petersilie bestreuen und dazu reichen.

Bild: Putenkeule mit Risotto

Fondue Chinoise

Kohlenhydrate	●●●●	45 Min.
Fett	●●	
Ballaststoffe	●●●	

Pro Portion ca. 474 kcal
49 g Eiweiß · 9 g Fett · 48 g Kohlenhydrate

ZUTATEN FÜR 2 PORTIONEN:
200 g Salatgurke
1 kleine rote Zwiebel
1 TL Sonnenblumenöl
1 Knoblauchzehe
1 TL Zucker · 1 Prise Currypulver
1 EL Reisessig
Jodsalz · schwarzer Pfeffer
je 1 grüne und rote Chilischote
1 Gemüsezwiebel
1 TL Sonnenblumenöl · 1/8 l Gemüsebrühe
2 EL Sojasauce
75 g Reisbandnudeln
300 g Hähnchenbrustfilet
1 kleiner Chinakohl · 2 Möhren
2–3 l Gemüsebrühe
20 g frischer Ingwer

1 Gurke schälen und raspeln. Zwiebel schälen und würfeln. Öl erhitzen, die Zwiebel andünsten. Knoblauch schälen und dazudrücken. Gurkenraspel unterrühren. Mit Zucker, Currypulver, Reisessig, Salz und Pfeffer würzen und zugedeckt 15 Min. köcheln lassen. Abkühlen lassen.

2 Chilischoten aufschlitzen, putzen, waschen und in feine Streifen schneiden. Gemüsezwiebel schälen und würfeln. Öl erhitzen, Zwiebel und Chili darin anbraten. Die Brühe angießen, mit Sojasauce würzen und zugedeckt 15 Min. köcheln lassen.

3 Reisnudeln mit warmem Wasser übergießen und quellen lassen. Fleisch waschen und trockentupfen, Fett entfernen und in Scheiben schneiden.

4 Gemüse waschen und putzen. Chinakohl in Streifen schneiden. Möhren schälen und in Scheiben schneiden. Nudeln abtropfen lassen. Fleisch, Gemüse und Nudeln anrichten, die Saucen in Schälchen umfüllen.

5 Brühe aufkochen lassen. Den Fonduetopf zur Hälfte mit der Brühe auffüllen. Ingwer schälen, in der Brühe im Fonduetopf auf dem Rechaud köcheln lassen. Die Zutaten in Fonduesiebe in der Brühe garen.

Hähnchen mit Ingwer

Kohlenhydrate	●◖	40 Min.
Fett	++	
Ballaststoffe	●	

Pro Portion ca. 356 kcal
29 g Eiweiß · 20 g Fett · 15 g Kohlenhydrate

ZUTATEN FÜR 2 PORTIONEN:
200 g Hähnchenbrustfilet
1 Knoblauchzehe
10 g Ingwer
2 EL Sojasauce
1/2 TL Sambal Oelek
1/2 Bund Frühlingszwiebeln
200 g Paksoi
100 g frische Ananas, geschält gewogen
2 EL Sonnenblumenöl
je 1 Msp. gemahlener Koriander, Zitronengras und Galgant
50 ml Geflügelfond
Saft 1/2 Limette
1 EL Mandelblättchen · Salz

1 Das Hähnchenbrustfilet in Streifen schneiden. Knoblauch schälen und durch die Knoblauchpresse in eine Schüssel drücken. Den Ingwer schälen und fein hacken. Mit Sojasauce und Sambal Oelek zum Knoblauch geben und verrühren. Das Fleisch mit der Marinade vermischen und zugedeckt im Kühlschrank 1 Std. marinieren.

2 Frühlingszwiebeln putzen, waschen und in Ringe schneiden, 1 EL davon zum Garnieren beiseite stellen. Paksoi waschen, putzen und in Stücke schneiden. Die Ananas würfeln.

3 Öl im Wok oder in einer hohen Pfanne erhitzen und das Fleisch scharf anbraten. Koriander, Zitronengras, Galgant, Frühlingszwiebeln, Paksoi und Ananas zugeben und unter Rühren 5 Min. anbraten. Fond und Limettensaft zugießen und alles zugedeckt bei mittlerer Hitze in 5 Min. garen.

4 Die Mandelblättchen ohne Fett goldbraun rösten. Die Hähnchenpfanne mit Salz abschmecken. Mit den übrigen Frühlingswiebeln und den Mandelblättchen bestreut servieren.

!! Tipp: Anstelle von Paksoi, ein Kohlgemüse aus dem Asienladen, können Sie Chinakohl oder Brokkoli verwenden.

Bild oben: Fondue Chinoise
Bild unten: Hähnchen mit Ingwer

Couscous mit Kaninchen

Kohlenhydrate ●●●●◖ 1 Std. 10 Min.
Fett ++
Ballaststoffe ●●●

Pro Portion ca. 559 kcal
70 g Eiweiß · 27 g Fett · 53 g Kohlenhydrate

ZUTATEN FÜR 2 PORTIONEN:
75 g Couscous
250 ml Wildbrühe (aus dem Glas)
2 Kaninchenfilets
1 EL Rapsöl
Salz
Pfeffer
1 EL Portwein
2 EL Crème fraîche
400 g Zuckerschoten
2 Möhren

1 Couscous mit 5 El Wasser begießen, auflockern und in ein mit einem Küchentuch ausgelegtes großes Sieb geben. Das Sieb auf einen Topf mit 200 ml dampfender Wildbrühe setzen und zugedeckt bei schwacher Hitze 30 Min. dämpfen.

2 Den Backofen auf 100° vorheizen. Die Kaninchenfilets von Häuten und Sehnen befreien. Das Rapsöl in einer Pfanne erhitzen und die Kaninchenfilets darin bei mittlerer Hitze von allen Seiten braun anbraten. Mit Salz und Pfeffer würzen. Die Filets im Backofen 30 Min. warm halten.

3 Übrige Wildbrühe mit dem Portwein aufkochen lassen, die Crème fraîche unterrühren und bei schwacher Hitze auf die Hälfte einkochen lassen.

4 Die Zuckerschoten waschen und putzen. Die Möhren waschen, putzen, schälen und in schmale Scheiben schneiden. Zuckerschoten und Möhren in wenig Salzwasser 10 Min. dünsten, mit Salz und Pfeffer würzen.

5 Das Couscous mit Salz und Pfeffer würzen. Die Filets in Scheiben aufschneiden, mit der Portweinsauce, dem Couscous und dem Gemüse servieren.

!! Tipp: Couscous bekommen Sie in jedem gut sortierten Lebensmittelmarkt, in türkischen Lebensmittelläden oder im Reformhaus. Die Wildbrühe ist als Fertigprodukte im Glas überall erhältlich.

Ente süßsauer

Kohlenhydrate ●●◖ 50 Min.
Fett ++++
Ballaststoffe ●

Pro Portion ca. 674 kcal
44 g Eiweiß · 42 g Fett · 29 g Kohlenhydrate

ZUTATEN FÜR 2 PORTIONEN:
2 kleine Entenbrustfilets
weißer Pfeffer
2 EL Reiswein
1 Zwiebel
1 Knoblauchzehe
4 Stangen Staudensellerie
2 frische Ananasscheiben
150 g frische Litschis
1 EL Tomatenketchup
2 EL Reisessig · 1 TL Zucker
2 TL Speisestärke
2 TL Sonenblumenöl
2 EL helle Sojasauce
etwas Chilisauce oder Tabasco

1 Entenfleisch von Haut und Fett befreien, waschen, trockentupfen und mundgerecht würfeln. Mit Pfeffer einreiben und mit dem Reiswein beträufeln. Das Fleisch 10 Min. marinieren.

2 Zwiebel und Knoblauch schälen und hacken. Den Staudensellerie waschen, putzen und klein würfeln. Die Ananasscheiben schälen und ohne den mittleren Strunk würfeln. Die Litschis aus der harten Schale lösen und entsteinen. Tomatenketchup, Reisessig, 5 EL Wasser, Zucker und die Speisestärke verrühren.

3 Das Öl in einer großen Pfanne oder in einem Wok stark erhitzen. Das Entenfleisch darin bei starker Hitze scharf anbraten, herausnehmen und mit der hellen Sojasauce beträufeln.

4 Zwiebel, Knoblauch und Staudensellerie in der Pfanne oder im Wok 1 Min. rührbraten. Die Ketchupmarinade noch einmal durchrühren, in den Wok gießen und mit dem Gemüse vermengen. Einmal aufkochen lassen.

5 Ananas, Litschis und Fleisch dazugeben, 1–2 Min. rührbraten und die Früchte erwärmen. Mit Chilisauce oder Tabasco abschmecken.

Bild oben: Couscous mit Kaninchen
Bild unten: Ente süßsauer

Rehmedaillons mit Pfifferling-Birnen-Gemüse

Kohlenhydrate ●◖ **45 Min.**
Fett ●●
Ballaststoffe ●●●

Pro Portion ca. 312 kcal
31 g Eiweiß · 8 g Fett · 19 g Kohlenhydrate

ZUTATEN FÜR 2 PORTIONEN:
1/4 TL Pimentkörner
1/2 TL Wacholderbeeren
1/2 TL getrockneter Rosmarin
Jodsalz
schwarzer Pfeffer
250 g Rehfilet
200 g Pfifferlinge
1 rote Zwiebel
2 kleine Birnen
2 EL Zitronensaft
1 TL Sonnenblumenöl
1 TL Weizenmehl (Type 1050)
1/8 l trockener Roséwein
1 Hand voll Kerbel

1 Piment, Wacholderbeeren, Rosmarin, Salz und Pfeffer im Mörser zerdrücken und vermischen. Das Rehfilet kalt waschen, mit Küchenpapier trockentupfen und von den Sehnen befreien. Das Fleisch in 4–5 cm dicke Scheiben schneiden und mit der Gewürzmischung einreiben.

2 Die Pfifferlinge kurz waschen, putzen und verlesen. Die Zwiebel schälen und in feine Spalten schneiden. Die Birnen schälen, vierteln, entkernen und die Viertel quer in Scheiben schneiden und sofort mit Zitronensaft beträufeln.

3 Das Öl mit einem Backpinsel in einer kleinen beschichteten Pfanne verteilen, dann erhitzen. Die Rehmedaillons darin bei mittlerer Hitze von beiden Seiten scharf anbraten und bei schwacher Hitze von jeder Seite in 3 Min. fertig braten.

4 Die Medaillons aus der Pfanne nehmen und warm halten. Die Zwiebelspalten in der Pfanne anbraten, die Pfifferlinge dazugeben und ebenfalls anbraten.

5 Das Mehl einstreuen und kurz anschwitzen und mit dem Wein ablöschen. Die Birnen untermischen und das Gemüse 1–2 Min. kochen lassen.

6 Das Gemüse mit Salz und Pfeffer abschmecken, zusammen mit den Rehmedaillons anrichten und mit Kerbel bestreut servieren.

Rehrücken mit Preiselbeersauce und Feldsalat

Kohlenhydrate ●●●◖ **1 Std. 20 Min.**
Fett ++
Ballaststoffe ●●

Pro Portion ca. 584 kcal
62 g Eiweiß · 22 g Fett · 37 g Kohlenhydrate

ZUTATEN FÜR 2 PORTIONEN:
500 g Rehrücken vom Halsende
Salz · edelsüßes Paprikapulver
50 g Möhre
50 g Knollensellerie · 1 kleine Zwiebel
3 Zweige Petersilie · 1 kleiner Zweig Thymian
1 Lorbeerblatt · 3 Wacholderbeeren
400 g Kartoffeln
50 g Feldsalat · 100 g Radicchio
Saft 1/2 Orange
1 TL Aceto Balsamico · 1 EL Olivenöl
1/2 TL Dijon-Senf · 1/2 TL Orangenmarmelade
Pfeffer · 1 kleine Schalotte
1 TL Margarine
2 TL Preiselbeerkompott (ohne Zucker)
30 g Schmand (24 % Fett) · 50 cm Bratschlauch

1 Rehrücken waschen und mit je 2 Prisen Salz und Paprika würzen. Möhre und Sellerie waschen, putzen, schälen und würfeln. Zwiebel schälen und vierteln. Kräuter waschen, die Petersilie hacken. Den Backofen auf 200° vorheizen. Den Bratschlauch auf den Rost legen. Gemüse, Lorbeer, Wacholder und Thymian einfüllen. Rehrücken mit der Fleischseite nach oben darauf legen. 2 EL Wasser hinzufügen, verschließen und oben einstechen. Im Backofen (Mitte, Umluft 180°) in 45 Min. garen.

2 Kartoffeln und Salat waschen, putzen oder schälen, zerteilen und in 20 Min. garen. Feldsalat abtropfen lassen. Radicchio in Streifen schneiden. 1 TL Orangensaft mit Essig, Öl, Senf, Orangenmarmelade und je 1 Prise Salz und Pfeffer verrühren.

3 Schalotte schälen, fein hacken und in der heißen Margarine andünsten. Den Bratschlauch aufschneiden. Das Fleisch in Alufolie einschlagen. Gemüse mit Bratflüssigkeit abgießen, den Fond auffangen. 75 ml Fond zu der Schalotte gießen. Preiselbeeren, Orangensaft und Schmand unterrühren und einige Min. köcheln lassen, salzen. Kartoffeln abgießen, mit Petersilie bestreuen. Salat und Dressing mischen. Alles servieren.

Bild oben: Rehmedaillons mit Pfifferling-Birnen-Gemüse
Bild unten: Rehrücken mit Preiselbeersauce und Feldsalat

Nudeln, Reis & Co

Kartoffeln und Nudeln, Reis, Getreide und Hülsenfrüchte – aber immer!

Längst ist wissenschaftlich erwiesen, dass Diabetiker sich bei diesen kohlenhydratreichen Grundnahrungsmitteln nicht zurückhalten müssen. Am günstigsten ist, wenn Sie vital- und mineralstoffreiche Vollkornprodukte bevorzugen. Sie sind besonders reich an Vitalstoffen. Außerdem verzögern ihre Ballaststoffe den Übertritt der Kohlenhydrate ins Blut und sorgen dafür, dass sich nicht so schnell wieder Hungergefühle einstellen.
Hülsenfrüchte wie Linsen, Erbsen und Bohnen enthalten große Mengen hochwertiges Eiweiß und werden in der modernen Küche immer beliebter. Neben traditionellen Eintöpfen basieren eine Reihe raffinierter Salate, Beilagen und Hauptgerichte auf diesen hochwertigen Grundnahrungsmitteln.

Gemüse-Lasagne

Kohlenhydrate ●●●●	30 Min.
Fett +	(+ 20 Min. Backzeit)
Ballaststoffe ●●●	

Pro Portion ca. 466 kcal
29 g Eiweiß · 19 g Fett · 43 g Kohlenhydrate

ZUTATEN FÜR 2 PORTIONEN:
1 Kohlrabi
5 Tomaten
200 g Spinat
2 Zwiebeln
2 TL Rapsöl
100 g Champignons
frisch geriebene Muskatnuss
Salz
Pfeffer
100 g Büffel-Mozzarella
6 Lasagneblätter (ohne Vorkochen, ca. 100 g)
4 EL geriebener Parmesan
Fett für die Form

1 Den Kohlrabi waschen, schälen und in Würfel schneiden. Die Tomaten waschen und ohne die Stielansätze achteln. Den Spinat putzen, verlesen, gründlich waschen, von den groben Stielen befreien und gut ausdrücken. Die Zwiebeln schälen und in kleine Würfel schneiden.

2 Das Öl erhitzen und die Zwiebelwürfel darin bei schwacher Hitze glasig werden lassen. Die Kohlrabiwürfel zugeben und anbraten. Spinat und Tomaten untermischen und das Gemüse zugedeckt bei schwacher Hitze in 10 Min. garen. Die Champignons putzen, mit Küchenpapier abreiben, in Scheiben schneiden, zum Gemüse geben und kurz mitgaren. Mit Muskat, Salz und Pfeffer würzen.

3 Den Mozzarella abtropfen lassen und in Würfel schneiden. Den Backofen auf 200° vorheizen. Eine 28 x 19 cm große Auflaufform einfetten und den Boden der Form mit zwei Lasagneblättern auslegen. Mit je einem Drittel Gemüse, Mozzarellawürfeln und 2 EL Parmesan belegen. 2 weitere Lasagneblätter darauf legen. Je ein weiteres Drittel Gemüse, Mozzarella und Parmesan darauf verteilen. Die übrigen Lasagneblätter darauf geben und mit dem restlichen Gemüse, Mozzarella und Parmesan enden.

4 Die Form auf dem Rost in den heißen Backofen (Mitte, Umluft 180°) stellen und die Lasagne 20 Min. backen, bis die Lasagneblätter gar sind und und die Oberfläche goldbraun ist.

Tomaten-Lasagne

Kohlenhydrate ●●●	1 Std.
Fett ●●●	(+ 20 Min. Backzeit)
Ballaststoffe ●	

Pro Portion ca. 319 kcal
20 g Eiweiß · 11 g Fett · 34 g Kohlenhydrate

ZUTATEN FÜR 2 PORTIONEN:
500 g Fleischtomaten
1 große Zwiebel
1 EL Olivenöl
Salz
1/2 TL Kräuter der Provence (getrocknet)
125 g Magerquark
1 EL Tomatenketchup oder Tomatenmark
1 Ei (Klasse L)
1/2 Hand voll Basilikumblätter
6 Lasagneblätter (ohne Vorkochen)
2 EL geriebener Parmesan

1 Die Tomaten waschen und ohne die Stielansätze vierteln. Die Zwiebel schälen und grob würfeln. Das Olivenöl erhitzen und die Zwiebelwürfel darin bei schwacher Hitze glasig werden lassen. Die Tomatenviertel, 1/2 TL Salz und die Kräuter der Provence untermischen und erhitzen. Die Tomaten zugedeckt bei schwacher Hitze 15 Min. schmoren lassen. Die Tomaten im Topf mit dem Pürierstab pürieren. Den Backofen auf 180° vorheizen.

2 Den Quark mit Tomatenketchup, Ei und 1 Prise Salz in einer Schüssel verrühren. Die Basilikumblätter abreiben und fein hacken. Das Basilikum unter den Quark mischen.

3 Den Boden einer 28 x 19 cm großen Auflaufform mit einer dünnen Schicht Tomatenpüree bedecken. Darauf 3 Lasagneblätter legen. Erneut mit Tomatenpüree bedecken und 3 Lasagneblätter darauf legen. Mit der Hälfte der Quarkmasse bestreichen. Darauf das restliche Tomatenpüree verteilen. Die restlichen 3 Lasagneblätter darauf legen und mit der übrigen Quarkmasse bestreichen. Den Parmesan darüber streuen.

4 Die Form auf dem Rost in den heißen Backofen (Mitte, Umluft 160°) stellen und die Lasagne 20 Min. backen, bis die Lasagneblätter gar sind und die Oberfläche goldbraun ist.

Bild oben: Gemüse-Lasagne
Bild unten: Tomaten-Lasagne

Pestospätzle

Kohlenhydrate ●●●◖ 40 Min. (+ 30 Min. Ruhezeit)
Fett ●●●
Ballaststoffe ●

Pro Portion ca. 318 kcal
12 g Eiweiß · 11 g Fett · 42 g Kohlenhydrate

ZUTATEN FÜR 2 PORTIONEN:
5 Tomaten · 1 Zwiebel
3 TL Olivenöl
2 Bund Basilikum
1 Knoblauchzehe
1 EL Pinienkerne
100 g Mehl (Type 405)
1 großes Ei (Klasse L)
Salz

1 Die Tomaten über Kreuz einritzen, mit kochendem Wasser überbrühen, häuten und ohne die Stielansätze würfeln. Die Zwiebel schälen und in Würfel schneiden. 2 EL Olivenöl erhitzen. Die Zwiebel- und Tomatenwürfel darin andünsten und bei schwacher Hitze 10 Min. köcheln lassen.

2 Basilikum waschen, trockenschütteln und die Blättchen abzupfen. Den Knoblauch schälen. Die Pinienkerne ohne Fett goldbraun rösten. Basilikum, Knoblauch und Pinienkerne im Mixer sehr fein pürieren.

3 Das Mehl mit dem Ei, etwas Salz und 3 EL Wasser zu einem glatten Teig verarbeiten. Das Pesto unterrühren und schlagen, bis der Teig zähflüssig ist, eventuell etwas Wasser dazugeben. Den Teig 30 Min. ruhen lassen.

4 Reichlich Salzwasser aufkochen lassen. Den Teig mit einem Spätzlehobel in das Wasser drücken und die Spätzle in 4 Min. garen, bis sie an der Oberfläche schwimmen. Die Spätzle herausheben, abtropfen lassen und anrichten. Mit dem Tomatenragout servieren.

Krautfleckerl

Kohlenhydrate ●●●● 45 Min.
Fett ●
Ballaststoffe ●●

Pro Portion ca. 257 kcal
9 g Eiweiß · 4 g Fett · 46 g Kohlenhydrate

ZUTATEN FÜR 2 PORTIONEN:
350 g Weißkohl
1 Zwiebel
2 TL Rapsöl
2 TL Weißweinessig
150 ml Gemüsebrühe
Salz · Pfeffer
Kümmel
100 g Fleckerl- oder breite Bandnudeln

1 Den Kohl waschen, putzen und in schmale Streifen schneiden. Die Zwiebel schälen und in Würfel schneiden. Das Öl erhitzen und die Zwiebelwürfel darin bei schwacher Hitze glasig werden lassen. Den Kohl dazugeben und 1–2 Min. anbraten. Den Essig und die Gemüsebrühe angießen, mit Salz, Pfeffer und Kümmel würzen und in 20 Min. garen.

2 Reichlich Salzwasser aufkochen lassen. Fleckerlnudeln oder in Quadrate gebrochene Bandnudeln dazugeben und bei mittlerer Hitze in 10 Min. garen. Die Nudeln in einem Sieb abgießen, abtropfen lassen und unter den Weißkohl mischen.

!! Tipp: Wer Kohl schlecht verträgt, sollte neben dem Strunk auch die Mittelrippen der Kohlblätter herausschneiden. Denn darin befinden sich viele blähende Stoffe. Auch reichlich Kümmel, am besten in einem Mörser grob zerstoßen, wirkt möglichen Blähungen entgegen.

Dinkelspätzle

Kohlenhydrate ●●●◖ 35 Min.
Fett ●●●
Ballaststoffe ●●

Pro Portion ca. 310 kcal
16 g Eiweiß · 11 g Fett · 37 g Kohlenhydrate

ZUTATEN FÜR 2 PORTIONEN:
100 g Dinkel-Vollkornmehl
Salz
frisch geriebene Muskatnuss
1 Ei (Klasse L)
1 kleine Zwiebel
40 g gekochter Schinken ohne Fettrand
1 TL Sonnenblumenöl
140 g Weinsauerkraut
1 EL frisch gehackte Petersilie
Pfeffer · 2 EL saure Sahne

1 Mehl, 2 Prisen Salz und etwas Muskat vermischen. In die Mitte eine Mulde drücken und das Ei hineingeben. Von der Mitte aus einen weichen Teig kneten, dabei nach und nach 75–80 ml kaltes Wasser dazugießen.

2 2 l Wasser mit 1 TL Salz zum Kochen bringen. Den Teig mit einem Spätzlehobel hineindrücken, die Spätzle in 4 Min. garen. Herausnehmen, mit kaltem Wasser übergießen und abtropfen lassen.

3 Zwiebel schälen und würfeln. Den Schinken fein würfeln. Öl erhitzen, Zwiebelwürfel darin andünsten. Schinken zugeben und 1–2 Min. anbraten. Die Spätzle untermischen und 1 Min. mitbraten.

4 Sauerkraut kleinschneiden, mit Petersilie untermischen, salzen und pfeffern. Mit je 1 EL saurer Sahne servieren.

Bild oben: Pestospätzle
Bild unten links: Krautfleckerl
Bild unten rechts: Dinkelspätzle

Risotto mit Artischocken

Kohlenhydrate ●●●●● **45 Min.**
Fett ●●●
Ballaststoffe ●●●

Pro Portion ca. 425 kcal
14 g Eiweiß · 10 g Fett · 60 g Kohlenhydrate

ZUTATEN FÜR 2 PORTIONEN:
4 kleine, längliche Artischocken
Saft 1 Zitrone
350 ml schwach gesalzene Gemüsebrühe
1 Schalotte
2 TL Olivenöl
120 g Risottoreis (Vialonereis)
4 EL trockener Weißwein
2 EL Sahne
Salz · Pfeffer
frisch geriebene Muskatnuss
4 EL frisch geriebener Parmesan

1 Artischocken waschen. Äußere Blätter entfernen, innere Blätter abschneiden. Artischockenböden und Stiele schälen, das Heu aus dem Inneren der Artischocken mit einem Teelöffel herausschaben. Die Artischocken in Achtel schneiden und in Wasser mit Zitronensaft legen. Die Brühe erhitzen.

2 Schalotte schälen und klein würfeln. Öl erhitzen und die Schalotte darin bei schwacher Hitze glasig werden lassen. Artischockenachtel abtropfen lassen und 3 Min. unter Rühren anbraten. Reis unterrühren und ebenfalls glasig werden lassen.

3 Mit Wein ablöschen, unter Rühren offen einkochen lassen. Brühe nach und nach dazugießen, bis die Flüssigkeit aufgesogen ist. Dabei immer wieder umrühren, damit der Risotto nicht ansetzt. Den Risotto in 20 Min. bissfest garen.

4 Sahne unterrühren, den Risotto mit Salz, Pfeffer und 1 Prise Muskat abschmecken. Die Hälfte Parmesan unterrühren. Mit dem restlichen Parmesan servieren.

Reis mit Tintenfisch

Kohlenhydrate ●●●●◖ **40 Min.**
Fett +
Ballaststoffe ●●●

Pro Portion ca. 479 kcal
25 g Eiweiß · 17 g Fett · 52 g Kohlenhydrate

ZUTATEN FÜR 2 PORTIONEN:
200 g küchenfertige Tintenfische
2 kleine Artischocken
Saft 1/2 Zitrone
100 g junge, ausgepalte Erbsen
2 Tomaten · 1 Knoblauchzehe
1 kleiner Zweig Fenchelgrün
3 Zweige glatte Petersilie
100 g spanischer Rundkornreis
3 EL Olivenöl · 5 Safranfäden
1/4 l Fischfond (aus dem Glas)
1 Prise Cayennepfeffer · 1 Prise Piment
Salz · Pfeffer

1 Tintenfische säubern und in quadratische Stücke schneiden. Artischocken waschen, harte Blätter großzügig abzupfen, Blattspitzen bis auf die fleischigen Ansätze abschneiden. Das Heu im Innern herauskratzen und die Böden schälen. Artischocken vierteln und in etwas Wasser mit dem Zitronensaft legen.

2 Erbsen in einem Sieb waschen. Tomaten über Kreuz einritzen, überbrühen, häuten und ohne die Stielansätze würfeln. Knoblauch schälen und hacken. Fenchelgrün und Petersilie waschen und hacken. Reis waschen und abtropfen lassen.

3 2 EL Öl erhitzen. Die Tintenfische 2 Min. anbraten, herausnehmen und beiseite stellen. Artischocken abtropfen lassen, im übrigen Öl anbraten. Erbsen, Tomaten und Knoblauch 2 Min. mitbraten und zum Tintenfisch geben. Safran in 2 EL Wasser einweichen. Den Fond mit Wasser auf 3/8 l auffüllen und erhitzen.

4 Das restliche Öl erhitzen. Den Reis darin unter Rühren glasig braten. Tintenfische und Gemüse unterrühren. Etwas Fond, Safran und Safranwasser zugießen, bei schwacher Hitze offen kochen lassen. Fenchelgrün und Petersilie untermischen. Mit Cayennepfeffer, Piment, Salz und Pfeffer würzen. Den Fond nach und nach zugießen, bis die Flüssigkeit aufgesogen ist. Dabei immer wieder umrühren. Den Reis in 20 Min. bissfest garen.

Bild: Reis mit Tintenfisch

Naturreis mit Möhren

Kohlenhydrate ●●●●● 45 Min.
Fett ●●●
Ballaststoffe ●●●

Pro Portion ca. 365 kcal
10 g Eiweiß · 12 g Fett · 57 g Kohlenhydrate

ZUTATEN FÜR 2 PORTIONEN:
Salz
120 g Langkorn-Naturreis
1 EL Sonnenblumenkerne
400 g Möhren
4 Frühlingszwiebeln
2 Tl Olivenöl
Zucker
1/2 Hand voll Korianderblätter
75 g saure Sahne
1/2 TL Zitronensaft

1 1/2 l leicht gesalzenes Wasser mit dem Naturreis aufkochen lassen. Den Reis offen in 40 Min. quellen lassen.

2 Die Sonnenblumenkerne ohne Fett goldbraun rösten, abkühlen lassen. Möhren waschen, putzen, schälen und fein raspeln. Frühlingszwiebeln putzen, waschen und in Stücke schneiden.

3 Das Öl erhitzen. Möhren und Frühlingszwiebeln darin unter Rühren bei mittlerer Hitze etwa 2 Min. braten. Mit 2 Prisen Salz und etwas Zucker würzen. Das Gemüse zugedeckt bei schwacher Hitze in 5 Min. garen.

4 Den Koriander waschen, trockentupfen und fein hacken. Die saure Sahne mit dem Koriander und dem Zitronensaft verrühren, mit etwas Salz abschmecken.

5 Den Reis in ein Sieb abgießen und abtropfen lassen. Mit dem Gemüse auf zwei Tellern anrichten. Die Sonnenblumenkerne darüber streuen. Die Koriandersahne extra dazu reichen.

Jambalaya mit Naturreis

Kohlenhydrate ●●●●◖ 50 Min.
Fett ●
Ballaststoffe ●●●

Pro Portion ca. 319 kcal
8 g Eiweiß · 6 g Fett · 53 g Kohlenhydrate

ZUTATEN FÜR 2 PORTIONEN:
300 ml leichte Gemüsebrühe
100 g Rundkorn-Naturreis
1 große Zwiebel
1 Knoblauchzehe
1 Chilischote
1 kleiner Staudensellerie
1 rote Paprikaschote
1/2 Bund glatte Petersilie
1 EL Öl
1 kleine Dose geschälte Tomaten
1 EL Tomatenmark
1 Msp. Nelkenpulver
Pfeffer · Tabasco · Salz

1 Brühe aufkochen lassen. Reis darin zugedeckt bei schwacher Hitze in 20–40 Min. garen. Zwiebel und Knoblauch schälen und kleinschneiden. Gemüse waschen und putzen. Chilischote längs aufschlitzen, entkernen und in feine Streifen schneiden. Sellerie in feine Scheiben schneiden. Paprika halbieren und in feine Streifen schneiden. Petersilie waschen und hacken.

2 Das Öl erhitzen, Zwiebel und Knoblauch darin glasig werden lassen. Chili, Sellerie und Paprika darin 3–4 Min. unter Rühren anbraten.

3 Tomaten mit Saft dazugeben, dabei die Tomaten zerdrücken. Die Hälfte der Petersilie und das Tomatenmark unterrühren. Mit Nelkenpulver, Pfeffer, Tabasco und Salz würzen. Das Gemüse offen 10 Min. kochen lassen.

4 Den Reis abtropfen lassen, unter das Gemüse rühren und kurz erhitzen. Mit Salz und Pfeffer würzen, mit der übrigen Petersilie bestreuen.

Reis-Gurken-Gemüse

Kohlenhydrate ●●●● 35 Min.
Fett +
Ballaststoffe ●●

Pro Portion ca. 364 kcal
15 g Eiweiß · 16 g Fett · 46 g Kohlenhydrate

ZUTATEN FÜR 2 PORTIONEN:
400 ml Gemüsebrühe
100 g parboiled Rundkornreis
250 g Salatgurke
1 EL Rapsöl
3 EL Crème fraîche
1/2 TL scharfer Senf
1 EL Kapern
Salz
Pfeffer
1/2 Bund Petersilie

1 Die Hälfte der Gemüsebrühe aufkochen lassen, den Rundkornreis dazugeben und zugedeckt bei schwacher Hitze in 20 Min. quellen lassen, dabei gelegentlich umrühren.

2 Die Gurke schälen, der Länge nach halbieren, von den Kernen befreien und in Scheiben schneiden. Das Öl erhitzen und die Gurken darin 5 Min. andünsten und mit der restlichen Brühe ablöschen. Crème fraîche und Senf unterrühren und zugedeckt bei schwacher Hitze in 15 Min. garen.

3 Den Reis unter das Gurkengemüse rühren. Die Kapern untermischen und mit Salz und Pfeffer würzen. Die Petersilie waschen, trockenschütteln und hacken und zur Hälfte unter das Reis-Gurken-Gemüse geben. Den Rest darüber streuen und den Reis sofort servieren.

Bild oben: Naturreis mit Möhren
Bild unten links: Jambalaya mit Naturreis
Bild unten rechts: Reis-Gurken-Gemüse

Hirsesoufflé mit Erbsen

Kohlenhydrate ●●● **40 Min.**
Fett ●●● **(+ 25 Min. Backzeit)**
Ballaststoffe ●

Pro Portion ca. 321 kcal
18 g Eiweiß · 11 g Fett · 36 g Kohlenhydrate

ZUTATEN FÜR 2 PORTIONEN:
50 g Hirse
150 ml Gemüsebrühe
200 g tiefgekühlte Erbsen
3 Eier
Salz
Pfeffer
1/2 Bund Petersilie
150 ml Karottensaft
1 EL Speisestärke
Currypulver
Fett für die Förmchen

1 Die Hirse mit der Gemüsebrühe aufkochen lassen. Die Hirse zugedeckt bei schwacher Hitze in 20 Min. quellen lassen, dabei gelegentlich umrühren. Nach 10 Min. die tiefgekühlten Erbsen dazugeben.

2 Den Backofen auf 200° vorheizen. Die Eier trennen. Die Eiweiße steif schlagen. Erst die Eigelbe, dann den Eischnee unter die Hirse heben. Die Masse mit Salz und Pfeffer würzen. 2 Soufflé-förmchen einfetten. Die Hirsemasse in die Förmchen geben und das Soufflé im Backofen (Mitte, Umluft 180°) 25 Min. backen.

3 Die Petersilie waschen, trockenschütteln und hacken. Den Karottensaft aufkochen lassen. Die Speisestärke in etwas kaltem Wasser auflösen und unter den Karottensaft rühren, aufkochen und abkühlen lassen. Die Petersilie untermischen und die Sauce mit Salz, Pfeffer und Currypulver pikant würzen. Die Karottensauce zum Hirsesoufflé servieren.

!! Tipp: Hirse ist in vielen Ländern ein wichtiges Grundnahrungsmittel. Wenn Sie Geschmack an den kleinen mineralstoffreichen, gelben Körnern finden, können Sie sie jederzeit im Mix mit oder alternativ zu Reis servieren. Lassen Sie für 2 Personen 1 Tasse Hirse in 3 Tassen Wasser kurz aufkochen und dann in 15–20 Min. ausquellen.

Hirserisotto mit Fenchel

Kohlenhydrate ●●●●◖ **55 Min.**
Fett ●●●
Ballaststoffe ●●●

Pro Portion ca. 393 kcal
20 g Eiweiß · 14 g Fett · 51 g Kohlenhydrate

ZUTATEN FÜR 2 PORTIONEN:
1 große Fenchelknolle
250 g Fleischtomaten
300 ml Geflügelbrühe (aus dem Glas)
1 große Zwiebel
1 Knoblauchzehe
1 EL Olivenöl
120 g Hirse
40 g Parmesan
Salz
Pfeffer

1 Den Fenchel waschen, putzen und sehr klein schneiden. Das Fenchelgrün beiseite legen.

2 Die Tomaten an der runden Seite über Kreuz einritzen, mit kochendem Wasser überbrühen, häuten, vierteln und ohne die Stielansätze pürieren. Das Tomatenpüree mit der Brühe aufkochen lassen und bei schwacher Hitze einige Min. kochen lassen.

3 Zwiebel und Knoblauch schälen und in kleine Würfel schneiden. Das Öl erhitzen und beides darin bei schwacher Hitze glasig werden lassen. Fenchel und Hirse dazugeben und kurz mitdünsten. Die Tomatenbrühe nach und nach angießen, so dass die Hirse immer mit Flüssigkeit bedeckt ist. Die Hirse in 20 Min. garen.

4 Den Parmesan reiben und zum heißen Hirserisotto geben. Mit Salz und Pfeffer würzen. Das Fenchelgrün hacken, über den Risotto streuen.

!! Tipp: Fenchel ist nicht jedermanns Sache. Sie können stattdessen auch Paprika-, Möhren-, Sellerie- oder Auberginenwürfel, Pilze oder grünen Spargel unter die Hirse mischen. Grüner Spargel und Pilze haben allerdings kürzere Garzeiten und sollten nur die letzten 10–20 Min. mitgegart werden.

Bild oben: Hirsesoufflé mit Erbsen
Bild unten: Hirserisotto mit Fenchel

Quinoa mit Möhren und Lauch

Kohlenhydrate	●●●◖	40 Min.
Fett	●●	
Ballaststoffe	●●●	

Pro Portion ca. 265 kcal
10 g Eiweiß · 7 g Fett · 39 g Kohlenhydrate

ZUTATEN FÜR 2 PORTIONEN:
Salz
100 g Quinoa
1 Knoblauchzehe
200 g Möhren
200 g Lauch
1 EL Rapsöl
100 ml Gemüsebrühe
1/2 TL milder Senf
Kurkuma
1/2 Bund Petersilie

1 In einem Topf 300 ml Salzwasser aufkochen lassen. Den Quinoa dazugeben und zugedeckt bei schwacher Hitze in 20 Min. quellen lassen.

2 Den Knoblauch schälen und kleinschneiden. Die Möhren waschen, putzen, schälen und klein würfeln. Den Lauch putzen, längs aufschneiden, gründlich waschen und in Streifen schneiden.

3 Das Öl erhitzen. Das Gemüse und den Knoblauch darin bei mittlerer Hitze 1–2 Min. anbraten. Die Brühe angießen und das Gemüse bei mittlerer Hitze in 15 Min. garen.

4 Den Quinoa dazugeben und alles mit Senf, Kurkuma und Salz würzen.

5 Die Petersilie waschen, trockenschütteln und fein hacken. Die Hälfte unter die Quinoa-Gemüse-Mischung geben. Das Gemüse mit der übrigen Petersilie bestreut servieren.

!! Tipp: Quinoa (ausgesprochen *kīnwa*) erhalten Sie im Reformhaus. Es handelt sich nicht um ein Getreide, sondern um den Samen eines Gänsefußgewächses. Dennoch kann es ähnlich wie Reis oder Hirse verwendet werden. Halten Sie sich bei der Zubereitung genau an die Packungsanleitung, da Quinoa sehr leicht verkocht, wenn die angegebene Garzeit überschritten wird.

Bulgur mit Tomaten und Paprika

Kohlenhydrate	●●●●◖	55 Min.
Fett	●●●	
Ballaststoffe	●●●	

Pro Portion ca. 328 kcal
11 g Eiweiß · 10 g Fett · 52 g Kohlenhydrate

ZUTATEN FÜR 2 PORTIONEN:
120 g mittelfeiner Bulgur
1 mittelgroße Zwiebel
4 Spitzpaprikaschoten · 2 Tomaten
1 EL Butter
200 ml Gemüse- oder Hühnerbrühe
Salz · Pfeffer
1 EL gehackte Walnüsse
3 EL frisch gehackte Petersilie

1 Den Bulgur in einem Sieb mit kaltem Wasser abbrausen und abtropfen lassen. Die Zwiebel schälen und klein würfeln. Die Paprika halbieren, putzen, waschen und in breite Streifen schneiden. Die Tomaten über Kreuz einritzen, überbrühen, häuten und ohne die Stielansätze klein würfeln.

2 In einem Topf die Butter erhitzen. Zwiebel und Gemüse darin bei mittlerer Hitze 2 Min. unter Rühren braten. Die Brühe angießen, aufkochen lassen, salzen und pfeffern. Bulgur einrühren und zugedeckt bei schwacher Hitze kochen, bis die Flüssigkeit aufgesogen ist. Vom Herd nehmen.

3 Die Walnüsse in einer kleinen beschichteten Pfanne ohne Fett goldbraun rösten und mit der Petersilie unter den Bulgur mischen. Den Topf mit einem sauberen Küchentuch bedecken. Den Deckel auflegen und den Bulgur weitere 30 Min. quellen lassen.

!! Tipp: Bulgur ist ein spezieller Weizenschrot, den Sie im Reformhaus oder im türkischen Lebensmittelgeschäft kaufen können. Den Bulgur entweder ohne Beilagen oder mit gebratenen oder gegrillten Hähnchenkeulen oder gebratenen Fleischbällchen und Salat servieren.

Bild oben: Quinoa mit Möhren und Lauch
Bild unten: Bulgur mit Tomaten und Paprika

Grünkernnocken in Käsesauce

Kohlenhydrate ●●● **45 Min.**
Fett ●●●
Ballaststoffe ●●

Pro Portion ca. 337 kcal
17 g Eiweiß · 13 g Fett · 36 g Kohlenhydrate

ZUTATEN FÜR 2 PORTIONEN:
80 g Grünkern
200 ml Gemüsebrühe
100 g Magerquark
1 Ei (Klasse L)
1 EL frisch gehackte Petersilie
1 gestr. TL Kräutersalz
1 EL Weizen-Vollkornmehl
Salz · 1 kleine Zwiebel · 1 TL Öl
1 geh. TL Mehl · 1/4 l Gemüsebrühe
12 g Schweizer Kräuterkäse (luftgetrockneter Hartkäse, Magerstufe) · 4 EL saure Sahne

1 Den Grünkern grob schroten. In einer Pfanne ohne Fett bei schwacher bis mittlerer Hitze anrösten, bis er duftet. Die Gemüsebrühe aufkochen lassen. Den Grünkern hinzufügen und zugedeckt bei schwacher Hitze in 15 Min. garen, dann etwas abkühlen lassen.

2 Den Quark mit Ei, Petersilie und Kräutersalz verrühren. Erst den Grünkern, dann das Mehl unterrühren. Etwa 2 l leicht gesalzenes Wasser zum Kochen bringen.

3 Die Zwiebel schälen und fein hacken. Öl erhitzen und die Zwiebel darin andünsten. Mit dem Mehl bestreuen und zugedeckt kurz anschwitzen. Die Brühe angießen und aufkochen lassen. Den Käse in die Sauce reiben und die saure Sahne unterrühren, bei schwacher Hitze 10 Min. köcheln lassen.

4 Von der Grünkernmasse 12 Nocken abstechen und im Salzwasser garen, bis sie an der Oberfläche schwimmen. Herausnehmen und in einer Schüssel servieren. Die Käsesauce extra dazureichen.

Gerstentopf mit Roter Bete

Kohlenhydrate ●●●● **1 Std. 25 Min.**
Fett ●●●
Ballaststoffe ●●

Pro Portion ca. 358 kcal
13 g Eiweiß · 14 g Fett · 44 g Kohlenhydrate

ZUTATEN FÜR 2 PORTIONEN:
2 Rote Beten
100 g Gerste
400 ml Gemüsebrühe
1 Bund Frühlingszwiebeln
1 EL Rapsöl
30 g Parmesan
1/2 Bund Petersilie
Salz
Pfeffer

1 Die Roten Beten gründlich waschen. Die Gerste mit der Gemüsebrühe aufkochen lassen. Die roten Beten auf die Gerste legen und beides zugedeckt bei schwacher Hitze in 1 Std. garen.

2 Die Roten Beten herausnehmen, schälen und in kleine Würfel schneiden. Die Frühlingszwiebeln putzen und waschen. Die weißen Teile in dünne Scheiben und die hellgrünen Teile in feine Röllchen schneiden. Das Öl erhitzen und die Frühlingszwiebeln darin bei mittlerer Hitze anbraten.

3 Die Gerste mit der Garflüssigkeit und den Rote-Bete-Würfeln dazugeben und 10 Min. kochen lassen. Den Parmesan reiben. Die Petersilie waschen, trockenschütteln und fein hacken. Mit dem Parmesan unter die Gerste rühren, mit Salz und Pfeffer kräftig würzen.

!! Tipp: Rote Bete ist zwar eine Zuckerrübenart, doch von dieser Abstammung dürfen Sie sich nicht täuschen lassen. Gekocht enthält Sie nur 5 Gramm Kohlenhydrate pro 100 Gramm. Sie hat einen fein erdigen, angenehm säuerlichen Geschmack und wird deswegen auch gerne mit Hering kombiniert. Sehr lecker schmeckt sie auch roh im Salat.

Bild: Gerstentopf mit Roter Bete

Gemüsespieße mit Paprika-Chutney

Kohlenhydrate ●◖ **1 Std.**
Fett +
Ballaststoffe ●●●

Pro Portion ca. 257 kcal
5 g Eiweiß · 19 g Fett · 17 g Kohlenhydrate

ZUTATEN FÜR 2 PORTIONEN:
2 Zwiebeln
2 kleine rote Paprikaschoten
1 kleines Stück Ingwer
3 EL Olivenöl
Currypulver
50 ml Apfelessig
1 TL Zitronensaft
1 TL Zucker
Salz · Pfeffer
1 kleiner Maiskolben
1 kleine Aubergine
1 kleiner Zucchino
200 ml Gemüsebrühe
10 Cocktailtomaten
1 Knoblauchzehe
4 lange Metallspieße

1 Zwiebeln schälen und würfeln. Paprika halbieren, putzen, waschen und würfeln. Den Ingwer schälen und kleinschneiden. 2 EL Öl erhitzen und die Zwiebeln darin andünsten. Paprikawürfel dazugeben und mitbraten. Ingwer, Currypulver, Apfelessig, Zitronensaft und Zucker dazugeben, bei schwacher Hitze 30 Min. kochen lassen. Mit Salz und Pfeffer würzen und abkühlen lassen.

2 Den Maiskolben putzen, waschen und in reichlich Salzwasser zugedeckt in 45 Min. garen. Aubergine und Zucchini waschen, putzen und grob würfeln. Die Brühe erhitzen. Auberginen- und Zucchiniwürfel dazugeben, in 10 Min. garen, dann herausnehmen und auf einem Küchentuch abtropfen lassen.

3 Die Cocktailtomaten waschen und putzen. Den Mais abtrocknen, in Stücke schneiden und abwechselnd mit den Cocktailtomaten, Auberginen- und Zucchiniwürfeln auf die Spieße stecken.

4 Knoblauch schälen und hacken. Das restliche Öl erhitzen und den Knoblauch darin bei schwacher Hitze anbraten. Die Mais-Gemüse-Spieße dazugeben und von allen Seiten anbraten. Die Spieße auf Tellern anrichten und mit dem Paprika-Chutney servieren.

Kichererbsen-Eintopf mit Auberginen

Kohlenhydrate ●●◖ **1 Std. (+ 12 Std. Einweichzeit)**
Fett ●●
Ballaststoffe ●●●

Pro Portion ca. 254 kcal
14 g Eiweiß · 9 g Fett · 30 g Kohlenhydrate

ZUTATEN FÜR 2 PORTIONEN:
100 g Kichererbsen
400 g Auberginen
1 Zwiebel
1 EL Olivenöl
1 Knoblauchzehe
3 Tomaten
1/2 Bund Rosmarin
1 EL Weißweinessig
Salz
Pfeffer

1 Die Kichererbsen 12 Std. oder über Nacht in Wasser einweichen.

2 Die Auberginen waschen, putzen und in Würfel schneiden. Die Zwiebel schälen und in kleine Würfel schneiden. Das Öl erhitzen und die Zwiebelwürfel darin bei schwacher Hitze glasig werden lassen. Die Auberginen dazugeben und braten, bis sie leicht braun sind.

3 Den Knoblauch schälen und hacken. Die Tomaten an der runden Seite über Kreuz einritzen, mit kochendem Wasser überbrühen, häuten und ohne die Stielansätze in grobe Würfel schneiden. Die Kichererbsen abtropfen lassen, mit Knoblauch und Tomaten unter die Auberginen mischen und den Eintopf bei schwacher Hitze mindestens 30 Min. köcheln lassen.

4 Den Rosmarin waschen, trockenschütteln und die Nadeln hacken. Den Eintopf mit Rosmarin, Essig, Salz und Pfeffer kräftig würzen.

!! Tipp: Wer Kirchererbsen lieber weicher mag, kocht sie 45 statt 30 Min. Den wertvollen Schutzstoffen in den Tomaten schadet das lange Kochen übrigens wenig. Aus gekochten Tomaten sind sie sogar besser verwertbar als aus rohen.

Bild oben: Gemüsespieße mit Paprika-Chutney
Bild unten: Kichererbsen-Eintopf mit Auberginen

Scharfes Bohnenchili

Kohlenhydrate ●●●● **1 Std.**
Fett ++
Ballaststoffe ●●●

Pro Portion ca. 533 kcal
45 g Eiweiß · 20 g Fett · 43 g Kohlenhydrate

ZUTATEN FÜR 2 PORTIONEN:
5 Tomaten
2 grüne Chilischoten
1 Zwiebel
1 Knoblauchzehe
1 EL Rapsöl
200 g Rinderhackfleisch
1 Dose Kidneybohnen (400 g Einwaage)
1 TL getrockneter Oregano
Salz
Pfeffer
Zucker

1 Die Tomaten an der runden Seite über Kreuz einritzen, mit kochendem Wasser überbrühen, häuten und ohne die Stielansätze kleinschneiden.

2 Die Chilischoten längs aufschlitzen, von den Kernen befreien, waschen und sehr fein schneiden. Die Zwiebel und den Knoblauch schälen und kleinschneiden.

3 Das Öl in einer großen Pfanne erhitzen. Zwiebel und Knoblauch darin bei schwacher Hitze glasig werden lassen. Das Hackfleisch dazugeben und bei mittlerer Hitze 10 Min. anbraten.

4 Die Bohnen abtropfen lassen, mit den Chilis, Tomaten und dem Oregano unter das Hackfleisch rühren und alles bei schwacher Hitze 20 Min. kochen lassen. Das Chili mit Salz, Pfeffer und wenig Zucker würzen.

!! Tipp: Sie können das Chili auch ohne Fleich zubereiten. Rösten Sie 1 große rote Paprikaschote im Grill des Backofens, bestreuen Sie sie mit Salz und bedecken Sie sie mit einem feuchten Tuch. Nach 5 Min. lässt sich die Haut abziehen. Die Paprikaschote putzen und das Fruchtfleisch grob hacken. Zwiebeln und Knoblauch glasig werden lassen, wie im Rezept beschrieben, die Paprika, Chilis und Tomaten unterrühren und 20 Min. köcheln lassen. Mit Cayennepfeffer, Tomatenmark und Basilikum abschmecken.

Linsen-Curry mit Reis

Kohlenhydrate ●●●●●◖ **55 Min.**
Fett ●●
Ballaststoffe ●●●

Pro Portion ca. 407 kcal
18 g Eiweiß · 9 g Fett · 63 g Kohlenhydrate

ZUTATEN FÜR 2 PORTIONEN:
75 g Naturreis
Salz
1 Bund Frühlingszwiebeln
1 Kohlrabi
1 Knoblauchzehe
1 TL Olivenöl
400 ml Gemüsebrühe
100 g rote Linsen
4 EL saure Sahne
Currypulver
gemahlener Koriander
Salz
Pfeffer

1 Den Reis in 150 ml kochendes Salzwasser geben und zugedeckt bei schwacher Hitze in 40 Min. quellen lassen, dabei gelegentlich umrühren.

2 Die Frühlingszwiebeln putzen und waschen. Die weißen Teile in dünne Scheiben und die hellgrünen Teile in feine Röllchen schneiden. Den Kohlrabi waschen, putzen, schälen und in sehr kleine Würfel schneiden. Den Knoblauch schälen und hacken. In einem Topf das Öl erhitzen, den Knoblauch darin bei schwacher Hitze glasig werden lassen. Kohlrabiwürfel und Frühlingszwiebeln dazugeben und anbraten. Die Hälfte der Gemüsebrühe angießen und zugedeckt bei schwacher Hitze 20 Min. kochen lassen.

3 Die restliche Gemüsebrühe mit den Linsen aufkochen lassen und die Linsen zugedeckt bei schwacher Hitze in 8–10 Min. garen. Die Linsen zum Kohlrabi geben und alles aufkochen. Etwas abkühlen lassen, die saure Sahne unterrühren und mit Curry- und Korianderpulver, Salz und Pfeffer kräftig würzen. Mit dem Naturreis servieren.

Bild oben: Scharfes Bohnenchili
Bild unten: Linsen-Curry mit Reis

Süße Hauptmahlzeiten & Desserts

Nicht immer, aber immer öfter ...

Nicht nur Süßschnäbel sind von Desserts aus frischen Früchten sowie erfrischenden Joghurt- und Eis-Variationen begeistert. Nach einer leichten, kalorienarmen Hauptmahlzeit – aber nur dann – kann die Nachspeise sogar etwas üppiger ausfallen. Fruchtdesserts enthalten relativ viel Fruchtzucker. Wenn das Hauptgericht schon kohlenhydratreich war, bereiten Sie nur die Hälfte des Desserts zu und servieren Sie es mit Quark oder Joghurt.

Vollkorn-Palatschinken mit Pflaumenkompott

Kohlenhydrate ●●●●● 40 Min.
Fett + (+ 15 Min. Quellzeit)
Ballaststoffe ●●●

Pro Portion ca. 455 kcal
13 g Eiweiß · 16 g Fett · 61 g Kohlenhydrate

ZUTATEN FÜR 2 PORTIONEN:
300 g Pflaumen oder Zwetschgen
10 g frischer Ingwer
1 Stückchen unbehandelte Zitronenschale
50 ml trockener Rotwein
flüssiger Süßstoff
1 Eigelb
250 ml fettarme Milch
100 g Weizenmehl (Type 1050)
1/2 Vanilleschote
1 Msp. abgeriebene Zitronenschale
1 Eiweiß
Salz
20 g Butterschmalz zum Braten
1/2 TL Zimtpulver
1 TL brauner Zucker

1 Die Zwetschgen oder Pflaumen waschen, vierteln und entsteinen. Die Früchte mit Ingwer, Zitronenschale und Rotwein bei schwacher Hitze 15 Min. kochen lassen, mit Süßstoff abschmecken und erkalten lassen.

2 Für den Teig das Eigelb mit der Milch verquirlen. Das Mehl nach und nach darüber sieben und unterrühren. Die Vanilleschote längs aufschlitzen und das Mark herauskratzen. Vanillemark und Zitronenschale unterrühren und den Teig 15 Min. quellen lassen. Mit Süßstoff süßen.

3 Das Eiweiß mit 1 Prise Salz steif schlagen und unter den Teig ziehen. 5 g Butterschmalz in einer beschichteten Pfanne erhitzen. Ein Viertel von dem Teig hineingeben, auf dem Boden verlaufen lassen und goldbraun backen. Den Palatschinken wenden und von der anderen Seite goldbraun backen. Aus dem restlichen Teig nacheinander 3 Palatschinken backen und je 2 Palatschinken auf Tellern anrichten. Mit Zimt und Zucker bestreuen und mit Zwetschgenkompott servieren.

!! Tipp: Das Kompott können Sie auch mit Dörrpflaumen zubereiten. Dafür die Pflaumen über Nacht mit Wein bedeckt einweichen und wie oben beschrieben 10 Min. kochen lassen.

Apfel-Heidelbeer-Pfannküchlein

Kohlenhydrate ●●● 30 Min.
Fett ++ (+ 10 Min. Ruhezeit)
Ballaststoffe ●●●

Pro Portion ca. 410 kcal
12 g Eiweiß · 23 g Fett · 32 g Kohlenhydrate

ZUTATEN FÜR 2 PORTIONEN:
2 Eier
120 ml fettarme Milch
1/2 Päckchen Vanillezucker
20 g Zucker
60 g Weizenmehl (Type 1050)
1 süßsäuerlicher Apfel
100 g Heidelbeeren
1 Prise Salz
flüssiger Süßstoff
30 g Butterschmalz

1 Die Eier trennen. Die Eigelbe mit Milch, Vanillezucker und 20 g Zucker verquirlen. Das Mehl nach und nach darüber sieben und unterrühren. Den Teig 10 Min. ruhen lassen.

2 Den Apfel schälen, vierteln, vom Kerngehäuse befreien und in kleine dünne Scheiben schneiden. Die Heidelbeeren, falls nötig, kurz waschen und abtropfen lassen.

3 Die Eiweiße mit Salz steif schlagen und mit den Apfelscheiben unter den Teig heben. Nach Geschmack mit Süßstoff nachsüßen.

4 Das Butterschmalz schmelzen lassen. Eine beschichtete Pfanne mit einem Teil davon einpinseln und erhitzen. Ein Viertel von dem Teig hineingeben, ein Viertel Beeren darüber streuen. Den Pfannkuchen von einer Seite goldbraun braten und auf einen Deckel oder Teller gleiten lassen.

5 Die Pfanne erneut mit Butterschmalz einpinseln, erhitzen und den Pfannkuchen von der zweiten Seite goldbraun braten. Nacheinander 4 Pfannkuchen zubereiten. Möglichst warm servieren.

!! Tipp: Tiefgekühlte Beeren auftauen und abtropfen lassen, dann wie frische Beeren verwenden. Den dabei aufgefangenen Saft für eine fruchtige Sauce verwenden.

Bild oben: Vollkorn-Palatschinken mit Pflaumenkompott
Bild unten: Apfel-Heidelbeer-Pfannküchlein

Ricottacreme mit Kiwipüree

Kohlenhydrate ●◖	20 Min.
Fett ●	
Ballaststoffe ●	

Pro Portion ca. 126 kcal
8 g Eiweiß · 4 g Fett · 13 g Kohlenhydrate

ZUTATEN FÜR 2 PORTIONEN:
1 reife Kiwi
150 g Stachelbeeren
1/2 unbehandelte Zitrone
flüssiger Süßstoff
60 g Ricotta
50 g Magerquark
2–3 EL Mineralwasser

1 Die Kiwi schälen und in Spalten schneiden. Die Kiwispalten kurz in kochend heißes Wasser tauchen, in ein Sieb geben, kalt abschrecken und abtropfen lassen. Die Stachelbeeren waschen, putzen, verlesen und abtropfen lassen.

2 Die Zitrone waschen und abtrocknen. Die Schale fein abreiben und den Saft auspressen. Die Kiwispalten, zwei Drittel Stachelbeeren, 1 EL Zitronensaft sowie Süßstoff nach Geschmack im Mixer oder mit dem Pürierstab fein pürieren.

3 Ricotta und Magerquark mit dem Mineralwasser, 2 EL Zitronensaft und -schale sowie Süßstoff nach Geschmack cremig rühren.

4 Die Ricottacreme in zwei Dessertschalen anrichten, das Fruchtpüree in die Mitte geben und spiralförmig zum Rand hin verteilen. Mit den übrigen Stachelbeeren garnieren.

Pfannkuchen mit Honigapfel

Kohlenhydrate ●●●◖	40 Min.
Fett ++	
Ballaststoffe ●	

Pro Portion ca. 425 kcal
15 g Eiweiß · 21 g Fett · 43 g Kohlenhydrate

ZUTATEN FÜR 2 PORTIONEN:
75 g Weizenmehl (Type 1050)
15 g Weizenmehl (Type 550)
125 ml fettarme Milch
150 ml Mineralwasser
Salz · Süßstoff
2 EL gehobelte Haselnusskerne
2 Eier (Klasse L)
1 kleiner Apfel
2 TL Zitronensaft
1 TL flüssiger Honig
1/2 TL Zimtpulver
6 TL Öl zum Braten

1 Mehl, Milch, Mineralwasser, 1 Prise Salz und 2 Spritzer Süßstoff verrühren. Den Teig 30 Min. quellen lassen.

2 Die Haselnüsse ohne Fett goldbraun rösten. Die Eier unter den Pfannkuchenteig rühren. Den Backofen auf 50° vorheizen.

3 Für jeden Pfannkuchen 1 TL Öl erhitzen und aus dem Teig nacheinander 6 dünne Pfannkuchen goldbraun backen. Im Backofen warm halten.

4 Den Apfel waschen, vom Kerngehäuse befreien und in hauchdünne Scheiben hobeln, sofort mit Zitronensaft beträufeln. Die Pfannkuchen zusammenrollen und anrichten. Jeweils die Hälfte der Äpfel darauf verteilen. Mit Honig beträufeln, mit Zimt und Haselnüssen bestreut servieren.

Kirschmichel mit Mandeln

Kohlenhydrate ●●●●	35 Min.
Fett +	(+ 45 Min.
Ballaststoffe ●●	Backzeit)

Pro Portion ca. 386 kcal
13 g Eiweiß · 15 g Fett · 47 g Kohlenhydrate

ZUTATEN FÜR 2 PORTIONEN:
4 Scheiben Toastbrot
300 g Süßkirschen
2 Eier
30 g Zucker
300 ml fettarme Milch
1 unbehandelte Zitrone
1 Vanilleschote
2 EL gehackte Mandeln
Öl und Semmelbrösel für die Form

1 Eine kleine feuerfeste Form mit Öl einfetten und mit Semmelbröseln ausstreuen. Den Backofen auf 220° vorheizen. Die Toastbrotscheiben halbieren und ein Drittel in die Form geben.

2 Kirschen waschen, putzen und entsteinen. Die Hälfte der Kirschen in die Form geben. Darauf das zweite Drittel Toastbrot legen, darüber die übrigen Kirschen geben und das restliche Toastbrot auf die Kirschen legen.

3 Eier mit Zucker und Milch verrühren. Die Zitrone heiß waschen und abtrocknen, die Schale fein abreiben. Den Saft auspressen. Vanilleschote längs aufschlitzen und das Mark herauskratzen. Vanillemark, Zitronenschale und -saft zur Eiermilch geben. Eiermilch über den Auflauf gießen und 5 Min. ziehen lassen. Mit Mandeln bestreuen und im Backofen (Mitte, Umluft 200°) 45 Min. backen.

Bild oben: Ricottacreme mit Kiwipüree
Bild unten links: Pfannkuchen mit Honigapfel
Bild unten rechts: Kirschmichel mit Mandeln

Buttermilch-Limetten-Eis

Kohlenhydrate	–	30 Min.
Fett	●●	(+ 3–4 Std. Gefrierzeit)
Ballaststoffe	–	

Pro Portion ca. 90 kcal
1 g Eiweiß · 8 g Fett · 4 g Kohlenhydrate

ZUTATEN FÜR 8 PORTIONEN:
500 ml Buttermilch
150 g Crème fraîche
Saft 1 1/2 Limetten
1 Fläschchen Zitronenaroma
2 EL Puderzucker
flüssiger Süßstoff
1 Büschel Zitronengras
dünne Limettenscheiben

1 Buttermilch mit Crème fraîche, Limettensaft, Zitronenaroma, Puderzucker und 1 TL Süßstoff verquirlen.

2 Die Mischung in den Eisbereiter der Eismaschine geben und zu Eis verarbeiten. Oder die Mischung in einer Metall- oder Kunststoffschüssel im Gefrierfach in 3–4 Std. fest werden lassen. Jede Stunde durchrühren, damit das Eis geschmeidig wird.

3 Das Eis aus der Eismaschine in eine gefrierfeste Schale umfüllen und ins Gefrierfach stellen. Vor dem Servieren 2 Eisschalen in den Kühlschrank stellen. Das Zitronengras abreiben.

4 Das Eis in Nocken abstechen und auf zwei Dessertschalen verteilen. Mit Limettenscheiben und Zitronengras oder Minze garniert servieren.

Mangosorbet auf marinierten Orangen

Kohlenhydrate	●●◖	30 Min.
Fett	–	(+ 15–20 Min. Gefrierzeit)
Ballaststoffe	●●	

Pro Portion ca. 135 kcal
2 g Eiweiß · 1 g Fett · 27 g Kohlenhydrate

ZUTATEN FÜR 2 PORTIONEN:
1 große reife Mango
2 EL Kokosmilch
Saft 1 Limette
flüssiger Süßstoff
1/2 TL Zimtpulver
1 Msp. gemahlener Koriander
2 mittelgroße Orangen
1/2 TL Orangenblütenwasser
1 TL Orangenlikör
1 TL Puderzucker
einige Minzeblättchen

1 Mango schälen und in Stücken vom Stein schneiden, dabei den Saft auffangen. Fruchtfleisch zum Saft geben. Kokosmilch, Limettensaft, Süßstoff, Zimt und Koriander zufügen. Alles pürieren und durch ein Sieb streichen. In den Eisbereiter der Eismaschine geben und in 15–20 Min. gefrieren lassen.

2 Orangen schälen. Die Fruchtfilets zwischen den Trennhäutchen herausschneiden. Mit Orangenblütenwasser und Likör mischen.

3 Zwei Teller mit Puderzucker bestreuen. Die Orangenfilets darauf geben. Vom Sorbet Kugeln abstechen und die Kugeln darauf anrichten. Mit Minzeblättchen garnieren.

Frozen Joghurt mit Himbeeren

Kohlenhydrate ●●
Fett ●●●
Ballaststoffe ●●

15 Min. (+ 2 Std. Gefrierzeit)

Pro Portion ca. 230 kcal
17 g Eiweiß · 12 g Fett · 21 g Kohlenhydrate

ZUTATEN FÜR 2 PORTIONEN:
250 g Himbeeren
1 TL Himbeergeist
1 TL Vanillezucker
1/2 TL Zitronensaft
1 EL Mandelstifte
200 g Joghurt
1 EL Ahornsirup
1 kleine Prise gemahlener Ingwer · 50 g Sahne

1 Himbeeren verlesen und 6 schöne beiseite legen. Den Rest mit Himbeergeist, Vanillezucker und Zitronensaft vermengen und 10 Min. ziehen lassen.

2 Mandelstifte goldbraun rösten und abkühlen lassen. Himbeeren fein pürieren. Joghurt, Ahornsirup und Ingwer unterrühren.

3 Die Sahne steif schlagen und unter den Himbeerjoghurt ziehen. Alles in eine gefrierfeste Schale geben und im Gefrierfach in 2 Std. gefrieren lassen. Dabei gelegentlich umrühren, damit sich keine zu großen Eiskristalle bilden.

4 Den Himbeerjoghurt in hohe Gläser geben. Mit den übrigen Himbeeren und Mandelstiften garnieren.

Halbgefrorenes mit Kirschen

Kohlenhydrate –
Fett ●●
Ballaststoffe –

15 Min. (+ 1 1/2 Std. Gefrierzeit)

Pro Portion ca. 90 kcal
1 g Eiweiß · 8 g Fett · 4 g Kohlenhydrate

ZUTATEN FÜR 2 PORTIONEN:
100 g entsteinte Sauerkirschen
50 g Sahne
flüssiger Süßstoff
1 Msp. gemahlene Vanille
80 g fettarmer Joghurt

1 Die Sauerkirschen mit dem Saft im Mixer oder mit dem Pürierstab pürieren.

2 Die Sahne steif schlagen und mit etwas Süßstoff und der Vanille süßen.

3 Das Kirschpüree mit dem Joghurt in einer kleinen Schüssel verrühren, mit 1–2 Spritzern Süßstoff süßen und die Sahne vorsichtig unter den Kirschjoghurt heben.

4 Die Masse in zwei Souffléförmchen füllen und im Gefrierschrank 1 1/2 Std gefrieren lassen.

!! Tipp: Ein Mandelkeks schmeckt gut dazu.

Birnensorbet mit Ingwer

Kohlenhydrate ●	30 Min.
Fett –	(+ 40 Min. Abkühlzeit)
Ballaststoffe ●	(+ 2 Std. Gefrierzeit)

Pro Portion ca. 96 kcal
1 g Eiweiß · 2 g Fett · 10 g Kohlenhydrate

ZUTATEN FÜR 2 PORTIONEN:
1 unbehandelte Zitrone
1/2 TL frisch geriebener Ingwer
2 TL Fruchtzucker
1 reife Birne
1 Stück zartbittere Schokolade
Zitronenschnitze zum Garnieren

1 Die Zitrone waschen und abtrocknen. Die Schale mit einem Sparschäler in dünnen Streifen ohne die weiße Haut abschälen. Die Zitronenschale in sehr feine Streifen schneiden. Den Saft auspressen.

2 Die Zitronenschale mit Ingwer, Fruchtzucker und 1/8 l Wasser in einem kleinen Topf aufkochen lassen. Die Mischung offen bei schwacher Hitze in 10 Min. sirupartig einkochen lassen.

3 Inzwischen die Birne schälen, vierteln, vom Kerngehäuse befreien und die Birnenviertel quer in Scheiben schneiden.

4 2 TL Zitronensaft mit 50 ml Wasser in einen kleinen Topf geben und die Birnenscheiben darin zugedeckt bei schwacher Hitze 8 Min. dünsten.

5 Den Ingwersirup durch ein Haarsieb in eine mittelgroße Metallschüssel gießen und zugedeckt in 40 Min. abkühlen lassen.

6 Die Birnenscheiben mit der Gabel zermusen und unter den Sirup rühren. Die Schüssel in das Gefrierfach stellen und das Sorbet in 2 Std. gefrieren lassen. Dabei gelegentlich umrühren, damit sich keine zu großen Eiskristalle bilden.

7 Das Sorbet in zwei hohe Gläser füllen. Die Schokolade fein raspeln und darüber streuen. Mit je 1 Zitronenschnitz garnieren.

Walnusseis

Kohlenhydrate ◖	30 Min.
Fett +	
Ballaststoffe –	

Pro Portion ca. 180 kcal
3 g Eiweiß · 15 g Fett · 8 g Kohlenhydrate

ZUTATEN FÜR 8 PORTIONEN:
60 g Walnusskerne
200 g Sahne
300 ml fettarme Milch
1/2 Vanilleschote
2 EL Puderzucker
2 Eigelbe
5 EL italienischer Walnusslikör
1/4 TL Zimtpulver
Puderzucker zum Bestreuen
Walnusslikör zum Beträufeln
4 Orangenscheiben zum Garnieren

1 Walnüsse hacken, ohne Fett rösten und abkühlen lassen. Die Hälfte der Nüsse beiseite stellen, den Rest mahlen. Die Sahne mit der Milch in einen Topf geben. Die Vanilleschote längs aufschlitzen, das Mark herauskratzen und mit der Schote dazugeben.

2 Puderzucker unterrühren. Die Sahne-Milch-Mischung bis kurz vor den Siedepunkt erhitzen, dann vom Herd nehmen. Die Eigelbe verquirlen und unterrühren. Unter Rühren erhitzen, bis die Milch dicklich wird. Die Masse unter gelegentlichem Rühren abkühlen lassen.

3 Die gemahlenen Nüsse, Likör und Zimt unterrühren. Die Mischung im Eisbereiter der Eismaschine gefrieren lassen.

4 Zwei Dessertteller in den Kühlschrank stellen. Zum Servieren die Teller mit Puderzucker bestreuen. Das Eis in Nocken darauf setzen, mit den gehackten Nüssen bestreuen, mit dem restlichen Likör beträufeln und mit je 1/2 Orangenscheibe garnieren.

!! Tipp: Statt mit Walnüssen das Eis mit geschälten Haselnüssen oder Mandeln zubereiten; statt Walnuss- Mandellikör verwenden.

Bild oben: Birnensorbet mit Ingwer
Bild unten: Walnusseis

Himbeerkaltschale mit Sekt

Kohlenhydrate ◖
Fett –
Ballaststoffe ●●

20 Min. (+ 2–3 Std. Abkühlzeit)

Pro Portion ca. 65 kcal
2 g Eiweiß · 1 g Fett · 8 g Kohlenhydrate

ZUTATEN FÜR 2 PORTIONEN:
250 g Himbeeren
flüssiger Süßstoff
1 Stück unbehandelte Zitronenschale
1 TL Speisestärke
50 ml trockener Sekt
einige Minzeblättchen

1 Himbeeren waschen, verlesen und abtropfen lassen. 100 g Beeren mit Süßstoff vermischen und beiseite stellen.

2 Den Rest mit 200 ml Wasser und der Zitronenschale aufkochen lassen. Die Beeren offen 4 Min. köcheln lassen. Heiß durch ein Sieb streichen.

3 Das Himbeerpüree erhitzen. Die Stärke mit 1 EL Wasser verrühren und unter das Püree geben, alles aufkochen lassen. Die restlichen Himbeeren und den Sekt hinzufügen. Mit etwas Süßstoff süßen.

4 Die Himbeerkaltschale in einer Glasschüssel oder in 2 Schälchen in den Kühlschrank stellen und in 2–3 Std. abkühlen lassen. Die Minzeblättchen abreiben. Die Kaltschale mit Minze garniert servieren.

Apfel-Gelee mit Himbeeren

Kohlenhydrate ●●
Fett –
Ballaststoffe ●●

15 Min. (+ 4 Std. Kühlzeit)

Pro Portion ca. 132 kcal
5 g Eiweiß · 1 g Fett · 22 g Kohlenhydrate

ZUTATEN FÜR 2 PORTIONEN:
200 g Himbeeren (frisch oder tiefgekühlt)
4 Blätter Gelatine
3 TL Nanaminze-Tee
300 ml Apfelsaft

1 Die frischen Himbeeren waschen, verlesen und abtropfen lassen, tiefgekühlte auftauen lassen, dabei den Saft abgießen.

2 Gelatine in kaltem Wasser einweichen, 10 Min. quellen lassen.

3 Den Nanaminze-Tee mit Apfelsaft aufkochen lassen und durch einen Kaffeefilter gießen. Die Gelatine ausdrücken und im heißen Nanaminze-Tee auflösen. Die Hälfte der Himbeeren in den Tee geben. Die Mischung in Souffléförmchen gießen und 4 Std. kalt stellen.

4 Die Förmchen kurz in heißes Wasser tauchen und das Gelee auf zwei Teller stürzen. Mit den restlichen Beeren garniert servieren.

!! Tipp: Den hocharomatischen Nanaminze-Tee bekommen sie in vielen Teeläden.

Bunt gefüllte Melonenhälften

Kohlenhydrate ●● **35 Min.**
Fett ●
Ballaststoffe ●●

Pro Portion ca. 143 kcal
3 g Eiweiß · 4 g Fett · 22 g Kohlenhydrate

ZUTATEN FÜR 2 PORTIONEN:
1/2 kleine Galiamelone (200 g)
100 g Heidelbeeren (frisch oder tiefgekühlt)
1 kleiner Apfel
1 Kiwi
1 EL Mandelblättchen

1 Die Galiamelone mit einem Löffel von den Kernen befreien. Das Fruchtfleisch mit einem Kugelausstecher herauslösen. Die Melonenhälfte zum Füllen beiseite legen. Die frischen Heidelbeeren waschen, verlesen und abtropfen lassen, tiefgekühlte Beeren auftauen lassen.

2 Den Apfel waschen, halbieren, vom Kerngehäuse befreien und in schmale Spalten schneiden. Die Kiwi schälen und in dünne Scheiben schneiden.

3 Die Beeren mit den Melonenkugeln und den kleingeschnittenen Früchten vermengen. Die Mischung in die Melonenhälfte füllen und 10 Min. ziehen lassen.

4 Die Mandelblättchen in einer kleinen beschichteten Pfanne ohne Fett goldbraun rösten und über die Beerenmischung streuen.

Grüne Grütze mit Vanillesauce

Kohlenhydrate ●● **30 Min.**
Fett ●●
Ballaststoffe ●

Pro Portion ca. 126 kcal
3 g Eiweiß · 3 g Fett · 20 g Kohlenhydrate

ZUTATEN FÜR 4 PORTIONEN:
200 ml Apfelsaft
30 g Sago
1/2 TL Nelkenpulver
200 g grüne Stachelbeeren
2 Kiwis
1/2 Vanilleschote
Für die Vanillesauce:
150 ml fettarme Milch
1/2 Vanilleschote
1 Eigelb
1 EL Zucker
1 TL Speisestärke

1 Apfelsaft und 200 ml Wasser mischen, den Sago darin 10 Min. einweichen. Alles aufkochen lassen, mit Nelkenpulver würzen und zugedeckt bei schwacher Hitze 20 Min. köcheln lassen.

2 Stachelbeeren waschen, putzen und nach 10 Min. Garzeit zum Sago geben. Die Kiwis schälen und in Scheiben schneiden. Die Vanilleschote aufschlitzen und das Mark herauskratzen. Mit den Kiwis unter die Grütze rühren. Abkühlen lassen.

3 Milch aufkochen lassen. Vanilleschote aufschlitzen, das Mark herauskratzen und dazugeben. Eigelb, Zucker und Speisestärke verrühren, unter die Milch rühren, aufkochen und abkühlen lassen. Grütze mit Vanillesauce servieren.

Joghurt-Mousse mit marinierten Feigen

Kohlenhydrate ●◖	45 Min.
Fett +	(+ 2–3 Std. Kühlzeit)
Ballaststoffe –	

Pro Portion ca. 266 kcal
6 g Eiweiß · 16 g Fett · 18 g Kohlenhydrate

ZUTATEN FÜR 2 PORTIONEN:
2 Blatt Gelatine
150 g fettarmer Joghurt
2 EL Zitronensaft
1 EL Orangenblütenwasser
flüssiger Süßstoff
80 g Sahne
1 TL Vanillezucker
Sonnenblumenöl für die Förmchen
2 reife Feigen
4 EL Portwein
4 EL frisch gepresster Orangensaft
1 Msp. unbehandelte Orangenschale
1/2 TL Honig
1/4 TL Speisestärke
einige Zitronenmelisseblättchen

1 Die Gelatine in kaltem Wasser 10 Min. einweichen. Den Joghurt mit Zitronensaft und Orangenblütenwasser glatt rühren. Mit Süßstoff süßen. Die Sahne mit dem Vanillezucker steif schlagen.

2 Die Gelatine tropfnass bei schwacher Hitze auflösen, kurz abkühlen lassen und unter die Sahne ziehen. Die Sahne unter den Joghurt ziehen. 2 Förmchen hauchdünn mit Öl einfetten. Die Mousse einfüllen und mit Klarsichtfolie abgedeckt im Kühlschrank in 2–3 Std. fest werden lassen.

3 Die Feigen abreiben, von den Stielen befreien und vierteln. Portwein, Orangensaft, Orangenschale und Honig erhitzen. Die Feigen hineinlegen, abkühlen lassen und zugedeckt 1 Std. marinieren.

4 Die Feigen abtropfen lassen. Die Marinade aufkochen lassen. Die Stärke mit 1 EL Wasser verrühren. Die Marinade damit binden und abkühlen lassen. Die Joghurtmousse auf Dessertteller stürzen. Die Feigen dekorativ anrichten und mit der Sauce überziehen. Mit Zitronenmelisse garnieren.

!! Tipp: 1 Birne schälen, halbieren, vom Kerngehäuse befreien und die Hälften fächerförmig aufschneiden. Die Birnen, wie oben beschrieben, in Portwein marinieren und mit der Mousse anrichten.

Rote Grütze mit Joghurtschaum

Kohlenhydrate ●●◖	35 Min.
Fett ●●●	
Ballaststoffe ●●	

Pro Portion ca. 224 kcal
5 g Eiweiß · 12 g Fett · 26 g Kohlenhydrate

ZUTATEN FÜR 2 PORTIONEN:
350 g gemischte Beeren (Brombeeren, Himbeeren und Heidelbeeren)
1/8 l Kirsch- oder Johannisbeersaft, ungesüßt
1 EL Buchweizenmehl, grob gemahlen
flüssiger Süßstoff
1 EL Mandelblättchen
100 g kalter fettarmer Joghurt
1/2 Päckchen Vanillezucker
1 TL Zitronensaft
50 g Sahne
einige Minzeblättchen

1 Zwei Drittel der Beeren in einen Topf geben. Den Kirsch- oder Johannisbeersaft unterrühren und aufkochen lassen. Das Buchweizenmehl mit 4 EL Wasser anrühren, unter die Früchte mischen und unter Rühren 2 Min. kochen lassen. Nach Belieben mit Süßstoff süßen.

2 Die übrigen Beeren unter die Grütze heben. Die Grütze in zwei Dessertschalen füllen und in den Kühlschrank stellen.

3 Mandelblättchen in einer kleinen beschichteten Pfanne ohne Fett goldbraun rösten und zum Abkühlen auf einen Teller geben.

4 Den Joghurt in einer Schüssel mit Vanillezucker und Zitronensaft verrühren. Die Sahne steif schlagen und unterziehen. Jeweils etwas Joghurtschaum auf die Grütze geben. Mit Mandelblättchen bestreuen und mit Minzeblättchen garnieren.

!! Tipp: Den sahnigen Joghurtschaum können Sie durch eine Vanillesauce auf Basis fettarmer Milch ersetzen. Dadurch sparen Sie ca. 6 Gramm Fett!

Bild oben: Joghurt-Mousse mit marinierten Feigen
Bild unten: Rote Grütze mit Joghurtschaum

Exotischer Milchreis

Kohlenhydrate	●●●●	30 Min.
Fett	–	
Ballaststoffe	●	

Pro Portion ca. 235 kcal
5 g Eiweiß · 2 g Fett · 48 g Kohlenhydrate

ZUTATEN FÜR 2 PORTIONEN:
100 ml fettarme Milch
50 ml ungesüßte Kokosmilch
75 g Milchreis
200 g Ananas
1/2 kleine Papaya
1 Banane
1 Vanilleschote

1 Die Milch mit der Kokosmilch aufkochen lassen. Den Milchreis dazugeben und zugedeckt bei schwacher Hitze in 20 Min. quellen lassen, dabei gelegentlich umrühren.

2 Die Ananashälfte halbieren, von dem mittleren Strunk befreien, schälen und kleinschneiden. Die Papayahälfte mit einem Löffel von den Kernen befreien. Das Fruchtfleisch aus der Schale lösen und kleinschneiden. Die Banane schälen und ebenfalls kleinschneiden. Die Vanilleschote längs aufschlitzen und das Mark herauskratzen.

3 Das Vanillemark mit den Früchten unter den Milchreis rühren und als süße Hauptmahlzeit servieren.

Apfel-Quark-Joghurt

Kohlenhydrate	●	20 Min.
Fett	–	
Ballaststoffe	–	

Pro Portion ca. 137 kcal
19 g Eiweiß · 2 g Fett · 11 g Kohlenhydrate

ZUTATEN FÜR 2 PORTIONEN:
1 großer Apfel
250 g Magerquark
3–4 EL Mineralwasser
Saft 1/2 Zitrone oder Limette
1 TL Vanillezucker
flüssiger Süßstoff
80 g fettarmer Joghurt
1 EL gehackte Mandeln

1 Den Apfel schälen, vom Kerngehäuse befreien und in kleine Würfel schneiden. In einem kleinen Topf mit wenig Wasser bedeckt bei schwacher Hitze weich dünsten.

2 Den Quark mit Mineralwasser, dem Zitronen- oder Limettensaft und Vanillezucker glatt rühren. Mit etwas Süßstoff abschmecken.

3 Den Joghurt unter den Quark ziehen und den Quarkjoghurt auf zwei Dessertschälchen verteilen. Das Apfelkompott darauf geben und mit den Mandeln bestreut servieren.

!! Tipps: Den Zitronensaft weglassen, stattdessen den Quark mit Zimtpulver abschmecken. Statt Apfel anderes frisches Obst verwenden oder den Apfel raspeln und unter den Quark mischen.

Hirseflammeri mit Aprikosen

Kohlenhydrate	●●●◖	30 Min.
Fett	●	(+ 1 Std.
Ballaststoffe	●	Kühlzeit)

Pro Portion ca. 217 kcal
6 g Eiweiß · 4 g Fett · 37 g Kohlenhydrate

ZUTATEN FÜR 2 PORTIONEN:
250 ml fettarme Milch
50 g Hirse · 2 EL Sahne
1/4 TL abgeriebene Schale 1 unbehandelten Orange
flüssiger Süßstoff
200 g Aprikosen
50 ml Aprikosensaft, ungezuckert
1 kleine Zimtstange
1 Spritzer Zitronensaft
Orangenzesten
einige Zitronenmelisseblättchen

1 Die Milch in einen Topf geben. Hirse fein mahlen und in die Milch rühren. Milch und Hirse unter Rühren aufkochen lassen und offen 2 Min. kochen lassen.

2 Sahne und Orangenschale unterrühren, mit Süßstoff abschmecken. Den Topf vom Herd nehmen, den Hirsebrei 5 Min. nachdicken lassen. 2 Förmchen kalt ausspülen. Den Hirsebrei hineingeben, glatt streichen und 1 Std. kalt stellen.

3 Aprikosen waschen, vierteln, entsteinen. Aprikosensaft und Zimtstange bei schwacher Hitze 20 Min. kochen lassen. Den Zitronensaft unterrühren. Mit Süßstoff abschmecken und das Ragout erkalten lassen.

4 Die Flammeris auf Teller stürzen und mit Aprikosenragout, Orangenzesten und Zitronenmelisse garnieren.

Bild oben: Exotischer Milchreis
Bild unten links: Apfel-Quark-Joghurt
Bild unten rechts: Hirseflammeri mit Aprikosen

Pikante Bäckereien, Brot & Brötchen. Kuchen und Torten

Leckeres Backwerk für Gäste und Feste ...

Sie möchten zum Abendessen in gemütlicher Runde pikantes Gebäck auftischen? Sie möchten sich und Ihre Gäste zum Kaffeetrinken mit leckeren Kuchen und Torte verwöhnen? Dann holen Sie sich die Anregungen bei den vielen neuen Rezepten für süßes und pikantes Backwerk auf den folgenden Seiten. Niemand wird diese Schlemmereien als »Diabetiker-Gebäck« identifizieren.

Müsli-Brötchen

Kohlenhydrate ●● 30 Min.
Fett ●● (+ 30–35 Min. Backzeit)

Pro Stück ca. 210 kcal
9 g Eiweiß · 4 g Fett · 35 g Kohlenhydrate

ZUTATEN FÜR 8 STÜCK:
250 g Weizenmehl (Type 1050)
1/2 TL Salz
Schale 1/2 unbehandelten Zitrone
1 Würfel Hefe (42 g)
150 ml lauwarme Milch
1 Ei
100 g ungezuckerte Müslimischung mit Rosinen, Nüssen
kernige Haferflocken für die Arbeitsfläche
Milch zum Bestreichen

1 Das Mehl in eine Schüssel sieben, Salz und Zitronenschale untermischen. Hefe mit Milch glatt verrühren. Mit dem Ei unter das Mehl rühren, alles verkneten. Den Teig an einem warmen Ort zugedeckt 30 Min. gehen lassen.

2 Den Teig erneut durchkneten, etwas auseinander ziehen, mit der Müslimischung bestreuen und diese gleichmäßig unterarbeiten. Den Backofen auf 180° vorheizen. Den Teig in 6 Portionen teilen und zu Brötchen formen. Die Arbeitsfläche dünn mit Haferflocken bestreuen und jedes Brötchen darauf wälzen, die Haferflocken leicht andrücken.

3 Die Brötchen auf ein mit Backpapier ausgelegtes Backblech legen. Die Brötchen mit Milch bestreichen und zugedeckt 20 Min. gehen lassen. Im Backofen (Mitte, Umluft 160°) in 30–35 Min. goldbraun backen.

!! Tipp: Die Brötchen lassen sich auch gut einfrieren und nach Bedarf stückweise entnehmen. Nach dem Auftauen im vorgeheizten Backofen bei 180° aufbacken.

!! Tipp: Diese saftigen Müslibrötchen schmecken auch als Zwischenmahlzeit ganz ohne Belag. Oder bestreichen Sie sie ganz dünn mit Butter oder Margarine.

Schnelle Quarkbrötchen

Kohlenhydrate ●● 30 Min.
Fett ●● (+ 20–25 Min. Backzeit)

Pro Stück ca. 159 kcal
7 g Eiweiß · 5 g Fett · 23 g Kohlenhydrate

ZUTATEN FÜR 8 STÜCK:
125 g Magerquark
2 EL Sonnenblumenöl
5 EL Milch
1 Ei
1/2 TL Salz
230 g Weizenmehl (Type 1050)
1/2 Pck. Backpulver
Milch zum Bestreichen

1 Quark mit Öl, Milch, Ei und Salz glatt verrühren. Mehl und Backpulver vermischen, nach und nach darüber sieben und unterrühren. Lässt sich der Teig nicht mehr rühren, das restliche Mehl unterkneten. Den Teig zu einer Rolle formen. Und 15 Min. ruhen lassen. Sollte der Teig noch an den Fingern kleben, noch etwas Mehl unterkneten.

2 Den Backofen auf 200° vorheizen. Den Teig in 8 Portionen teilen, diese zu Kugeln formen und auf ein mit Backpapier ausgelegtes Backblech legen. Die Brötchen mit Milch bepinseln, oben kreuzweise einschneiden und im Backofen (Mitte, Umluft 180°) in 20–25 Min. goldbraun backen.

!! Tipps: Frisch gebacken schmecken die Brötchen am besten. Doch wer mag, kann sie auch einfrieren. Die geformten Brötchen zu einem Rad zusammenlegen, mit Eigelb bepinseln und nach Geschmack mit Mohn, gehackten Nüssen und/oder Sesam bestreut backen.

Bild oben: Müsli-Brötchen
Bild unten: Schnelle Quarkbrötchen

Hefekringel mit Kürbiskernen

Kohlenhydrate ●●◖ 1 Std.
Fett ●● (+ 30 Min. Ruhezeit) (+ 20–30 Min. Backzeit)

Pro Kringel ca. 213 kcal
9 g Eiweiß · 8 g Fett · 26 g Kohlenhydrate

ZUTATEN FÜR 6 KLEINE KRINGEL:
250 g Weizenmehl (Type 1050)
1/2 TL Salz
1/2 Würfel Hefe
20 g geschmolzene, abgekühlte Butter
etwas Öl für die Hände
2 EL Milch
je 2 EL Kürbis- und Sonnenblumenkerne

1 Das Mehl in eine Schüssel sieben und das Salz obenauf streuen. Die Hefe in 100 ml lauwarmem Wasser glatt verrühren und mit der Butter unter das Mehl rühren, alles verkneten. Mit eingeölten Händen den Teig kneten und an einem warmen Ort zugedeckt 30 Min. gehen lassen.

2 Den Teig nochmals durchkneten und in 6 Portionen teilen. Diese mit eingeölten Händen zu 30–35 cm langen Rollen formen, diese zu Kringeln drehen. Die Enden fest zusammendrücken. Den Backofen auf 200° vorheizen. Eine Schüssel mit warmem Wasser bereitstellen. Die Kringel kurz ins Wasser eintauchen, etwas abtropfen lassen und auf ein mit Backpapier ausgelegtes Backblech legen.

3 Die Kringel mit der Milch bepinseln. Die Kürbis- und Sonnenblumenkerne darüber streuen und leicht andrücken. Die Kringel zugedeckt 10 Min. gehen lassen und im Backofen (Mitte, Umluft 180°) 20–30 Min. hellbraun backen.

Kastenbrot mit Nüssen

Kohlenhydrate ●◖ 30 Min.
Fett – (+ 1 Std. 10 Min. Ruhezeit)

Pro Scheibe ca. 114 kcal
4 g Eiweiß · 3 g Fett · 17 g Kohlenhydrate

FÜR 1 KASTENFORM VON 26 cm LÄNGE:
500 g Dinkelmehl
1 Würfel Hefe (42 g)
1 TL Rohrzucker
2 TL Salz
1 TL gemahlener Kardamom
60 g gehackte Walnusskerne
2 EL Walnussöl
Mehl für die Arbeitsfläche
Öl für die Form

1 Das Mehl in eine Schüssel geben. In die Mitte eine Mulde drücken, die Hefe hineinbröckeln und mit dem Zucker und etwas von 350 ml lauwarmem Wasser verrühren. Mit Mehl bestäuben und zugedeckt 10 Min. gehen lassen. Dann das restliche Wasser, Salz, Kardamom, Walnüsse und das Öl dazugeben. Alles zu einem glatten Teig verkneten und an einem warmen Ort zugedeckt 30 Min. ruhen lassen.

2 Die Form mit Öl einfetten. Den Brotteig nochmal auf einer bemehlten Arbeitsfläche durchkneten, zu einem länglichen Laib formen und in die Form geben. Zugedeckt 30 Min. aufgehen lassen. Den Backofen auf 200° vorheizen. Eine feuerfeste Schüssel mit heißem Wasser auf den Boden des Backofens stellen. Das Brot leicht mit Wasser bepinseln, im Backofen (Mitte, Umluft 180°) 40 Min. backen. Ergibt 20 Scheiben.

Ciabatta mit Thymian

Kohlenhydrate ●●● 40 Min.
Fett – (+ 1 Std. 15 Min. Ruhezeit)

Pro Stück ca. 163 kcal
5 g Eiweiß · 3 g Fett · 28 g Kohlenhydrate

FÜR 1 GROSSEN FLADEN ODER 12 KLEINE CIABATTA-BRÖTCHEN:
400 g Weizenmehl (Type 1050)
100 g fein gemahlenes Roggenmehl (Type 1150)
Salz
2 EL Olivenöl
1 Würfel Hefe (42 g)
2 EL getrockneter Thymian

1 Beide Mehlsorten in eine Schüssel sieben und 1/2 TL Salz obenauf streuen. 1 EL Öl dazugeben. Die Hefe in 300 ml lauwarmem Wasser glatt verrühren. Nach und nach unter das Mehl rühren, alles verkneten. Den Teig an einem warmen Ort zugedeckt 45 Min. gehen lassen.

2 Ein Backblech mit Backpapier auslegen und in der Mitte mit 1 EL Thymian bestreuen. Den Teig durchkneten, zu einem dicken, ovalen Fladen oder 12 kleinen Brötchen formen und auf das Backblech legen. Das restliche Olivenöl, 1 EL Thymian und 2 Prisen Salz verrühren, den Fladen damit großzügig bepinseln.

3 Den Fladen 30 Min. gehen lassen. Nach 20 Min. den Backofen auf 200° vorheizen. Im Backofen (Mitte, Umluft 180°) 45 Min. backen. Nach 15 Min. Backzeit die Temperatur auf 180° (Umluft 160°) senken.

Bild oben: Hefekringel mit Kürbiskernen
Bild unten links: Kastenbrot mit Nüssen
Bild unten rechts: Ciabatta mit Thymian

Schinkenkipferl

Kohlenhydrate ●◖	45 Min.
Fett ●	(+ 30 Min. Ruhezeit)
	(+ 15 Min. Backzeit)

Pro Stück ca. 117 kcal
6 g Eiweiß · 4 g Fett · 14 g Kohlenhydrate

ZUTATEN FÜR 12 STÜCK:
Für den Teig:
150 g gegarte, mehlig kochende Pellkartoffeln vom Vortag
200 g Weizenmehl (Type 1050)
150 g Magerquark
2 EL weiche Margarine · 1 kleines Ei
1 Prise Muskatnuss · Salz
Für die Füllung:
1 Bund Frühlingszwiebeln
60 g magerer Räucherschinken
2 TL Margarine · 1 EL Weizenmehl (Type 1050)
2 EL saure Sahne
1 EL frisch gehackte Petersilie
1 TL frisch gehackter Majoran
schwarzer Pfeffer · 4 EL Milch
1 Prise Kurkuma · 1–2 EL Kümmelsamen

1 Kartoffeln pellen, durch die Presse drücken oder fein reiben. Mit Mehl, Quark, Margarine, Ei, Muskat und Salz zu einem glatten Teig verkneten. Zugedeckt mindestens 30 Min. kalt stellen.

2 Frühlingszwiebeln putzen, waschen und in Ringe schneiden. Den Schinken sehr klein würfeln. Die Margarine leicht erhitzen, Frühlingszwiebeln und Schinken darin bei mittlerer Hitze 1–2 Min. anbraten. Mehl darüber stäuben und anschwitzen. Vom Herd nehmen, die saure Sahne, 2–3 EL Wasser, Petersilie, Majoran und etwas Pfeffer unterrühren.

3 Den Backofen auf 225° vorheizen. Den Teig kräftig durchkneten. Auf einem Brett erst zu einem 30 x 40 cm großen Rechteck ausrollen, daraus 12 Quadrate schneiden.

4 Jeweils etwas Schinkenmischung in die Mitte der Quadrate geben. Von einer Ecke aus aufrollen, die seitlichen Spitzen verdrehen und zu Kipferln formen. Mit der Naht nach unten auf ein mit Backpapier ausgelegtes Backblech legen.

5 Die Milch mit Kurkuma verquirlen, die Kipferl damit bestreichen und mit Kümmel bestreuen. Im Backofen (Mitte, Umluft 200°) in 15 Min. goldbraun backen.

Oliven-Tomaten-Wecken

Kohlenhydrate ●◖	30 Min.
Fett –	(+ 30 Min. Ruhezeit)
	(+ 35 Min. Backzeit)

Pro Portion ca. 124 kcal
4 g Eiweiß · 3 g Fett · 19 g Kohlenhydrate

ZUTATEN FÜR 2 WECKEN:
400 g Weizenmehl (Type 1050)
200 g frisch gemahlener Amarant (Reformhaus oder Naturkostladen)
1 TL getrockneter Oregano
1 Würfel Hefe (42 g)
3 EL Olivenöl
100 g schwarze, entsteinte Oliven
50 g in Öl eingelegte getrocknete Tomaten

1 Weizen- und Amarantmehl in eine Schüssel sieben. Den Oregano untermischen. Die Hefe in etwas von 350 ml lauwarmem Wasser glatt verrühren. Mit dem restlichen Wasser und 2 EL Öl nach und nach zum Mehl geben, alles verkneten. Den Teig an einem warmen Ort zugedeckt 30 Min. gehen lassen.

2 Die Oliven und die Tomaten abtropfen lassen. Die Oliven halbieren, die Tomaten in Stückchen schneiden. Oliven und Tomaten gleichmäßig unter den Teig kneten. Den Teig halbieren und zu 2 ovalen Wecken formen. Das Backblech mit Backpapier auslegen und die Wecken darauf zugedeckt 30 Min. gehen lassen.

3 Den Backofen auf 200° vorheizen. Die Wecken mit dem übrigen Olivenöl bepinseln und einschneiden Im Backofen (Mitte, Umluft 180°) 35 Min. backen. Auf einem Backgitter abkühlen lassen.

!! Tipp: Sollte der Teig nach der Ruhezeit noch klebrig sein, kneten Sie wenig Weizenkleie unter und lassen ihn weitere 5–10 Min. ruhen. Kleie quillt sehr stark, wenn Sie zuviel zugeben, wird der Teig allerdings trocken.

!! Tipp: Das Brot schmeckt herrlich, auch ohne Belag, oder mit Quark, Käse und Schinken. Sie können es auch einfrieren.

Bild oben: Schinkenkipferl
Bild unten: Oliven-Tomaten-Wecken

Hefestangen mit Kümmel

Kohlenhydrate ●●◖	1 Std.
Fett –	(+ 40 Min. Ruhezeit)
	(+ 20–25 Min. Backzeit)

Pro Stange ca. 165 kcal
6 g Eiweiß · 2 g Fett · 29 g Kohlenhydrate

ZUTATEN FÜR 6 STANGEN:
200 g Weizenmehl (Type 1050)
50 g Roggenmehl (Type 1150)
1/2 TL Salz
1 Msp. schwarzer Pfeffer
1/2 Würfel Hefe
1/8 l lauwarme, fettarme Milch
Kümmel zum Bestreuen
1 Eigelb

1 Beide Mehlsorten mit Salz und Pfeffer in eine Schüssel sieben. Die Hefe mit der Milch glatt verrühren, nach und nach unter das Mehl kneten. Den Teig mit den Händen mindestens 5 Min. durchkneten und an einem warmen Ort zugedeckt 40 Min. gehen lassen.

2 Den Teig nochmals durchkneten. Zu einer Rolle formen, davon 6 Portionen abdrehen und zu Kugeln formen. Den Backofen auf 200° vorheizen. Die Teigkugeln auf eine Größe von 5 x 12 cm ausrollen, leicht mit Kümmel bestreuen und zu Stangen formen. Auf ein mit Backpapier ausgelegtes Backblech legen.

3 Das Eigelb mit 1 TL Wasser verquirlen und die Stangen damit bepinseln, mit Kümmel bestreuen und im Backofen (Mitte, Umluft 180°) 20–25 Min. backen.

!! Tipp: Die Stangen mit geriebenem Emmentaler oder Sesamsamen bestreuen und backen.

Mangold-Kuchen

Kohlenhydrate ●●●	50 Min.
Fett +	(+ 40 Min. Ruhezeit)
	(+ 30 Min. Backzeit)

Bei 4 Stück pro Stück ca. 380 kcal
21 g Eiweiß · 18 g Fett · 33 g Kohlenhydrate

FÜR 1 SPRINGFORM VON 26 cm Ø:
200 g Weizenmehl (Type 1050)
Salz · 1/2 Würfel Hefe
100 ml lauwarme Milch
400 g Mangold
2 Frühlingszwiebeln · 2 Tomaten
100 g gekochter Schinken ohne Fettrand
1 EL Olivenöl · 1 gehackte Knoblauchzehe
Pfeffer · frisch geriebene Muskatnuss
4 Zweige Basilikum
2 EL saure Sahne
Öl für die Form
60 g geriebener Provolone oder Gouda

1 Das Mehl in eine Schüssel sieben, mit Salz mischen. Die Hefe mit der Milch glatt verrühren, nach und nach unter das Mehl rühren, alles verkneten. Den Teig an einem warmen Ort zugedeckt 30 Min. gehen lassen.

2 Inzwischen Mangold und Frühlingszwiebeln waschen und putzen. Stiele und Blätter des Mangolds in Streifen schneiden. Die weißen und hellgrünen Teile der Frühlingszwiebeln in Ringe schneiden. Tomaten überbrühen, häuten und würfeln.

3 Schinken in etwa 2 cm breite Streifen schneiden. Öl erhitzen, Zwiebeln und Knoblauch darin bei mittlerer Hitze glasig werden lassen. Mangold und Tomaten unterrühren. Das Gemüse salzen und 5 Min. dünsten, bis die Flüssigkeit nahezu verdampft ist. Mit Pfeffer und Muskat würzen. Das Basilikum waschen, trockenschütteln, in Streifen schneiden und mit der sauren Sahne unterrühren. Den Backofen auf 200° vorheizen.

4 Die Form mit Öl einfetten. Den Teig durchkneten, ausrollen und die Form einschließlich Rand damit auslegen. Das Gemüse und die Schinkenstreifen darauf verteilen. Mit Käse bestreuen. Den Kuchen 10 Min. gehen lassen und im Backofen (Mitte, Umluft 180°) 30 Min. backen.

!! Tipp: Statt Mangold Wirsing oder Chinakohl verwenden.

Bild: Mangold-Kuchen

Lauchtäschchen

Kohlenhydrate ●●	**1 Std.**
Fett ●●●	**(+ 30 Min. Ruhezeit)**
	(+ 20 Min. Backzeit)

Pro Stück ca. 247 kcal
11 g Eiweiß · 12 g Fett · 24 g Kohlenhydrate

ZUTATEN FÜR 8 STÜCK:
Für den Teig:
250 g Weizenmehl (Type 1050)
1 TL Salz
1/2 TL getrockneter Oregano
1 Eigelb
3 EL Olivenöl
Für die Füllung:
400 g Lauch
40 g Putensalami
70 g fettarmer Schnittkäse
2 TL getrockneter Oregano
3 EL Sonnenblumenkerne
Salz · Pfeffer
1 Eiweiß
2 EL Milch
1/4 TL Kurkuma
3 EL gehackte Sonnenblumenkerne

1 Für den Teig alle Zutaten und 125 ml Wasser zu einem glatten Teig verkneten. Den Teig in Klarsichtfolie wickeln und 30 Min. im Kühlschrank kalt stellen.

2 Den Lauch putzen, längs aufschneiden, gründlich waschen und in Streifen schneiden. Mit etwas Wasser zugedeckt bei mittlerer Hitze 5 Min. dünsten. In einem Sieb abtropfen lassen. Salami und Käse sehr klein würfeln. Mit Lauch, Oregano und Sonnenblumenkernen mischen, mit Salz und Pfeffer würzen.

3 Den Backofen auf 225° vorheizen. Den Teig nochmals durchkneten und in 8 Stücke teilen. Jedes Stück auf der Arbeitsfläche zu einem etwa 15 cm großen Kreis ausrollen. Die Lauchmischung jeweils in die Mitte der Teigkreise geben. Die Teigränder mit Eiweiß bepinseln, die Kreise zu Halbkreisen zusammenklappen und die Ränder mit den Fingern festdrücken.

4 Ein Backblech mit Backpapier auslegen. Die Lauchtäschchen darauf setzen. Milch mit Kurkuma verquirlen und die Täschchen damit bepinseln. Mit Sonnenblumenkernen bestreuen. Im Backofen (Mitte, Umluft 200°) in 20 Min. goldbraun backen.

Dinkelbrioche

Kohlenhydrate ●●●●◖	**20 Min.**
Fett ●●●	**(+ 1 Std. 5 Min. Ruhezeit)**
	(+ 20 Min. Backzeit)

Pro Stück ca. 216 kcal
7 g Eiweiß · 10 g Fett · 51 g Kohlenhydrate

ZUTATEN FÜR 2 BRIOCHEFORMEN (1/4 l INHALT):
160 g Dinkelmehl
1/2 TL Salz
10 g frische Hefe
1 TL Zucker
1 EL Olivenöl
1/2 TL Butter für die Formen
Mehl für die Arbeitsfläche

1 Das Dinkelmehl in einer Rührschüssel mit dem Salz vermischen. In die Mitte eine Mulde drücken und die Hefe hineinbröckeln. Mit Zucker bestreuen und das Öl auf den Mehlrand gießen. 100 ml lauwarmes Wasser mit der Hefe von der Mitte aus zu einem Teig kneten. Mit den Händen zu einer Kugel formen. Den Teig zugedeckt 45 Min. gehen lassen, bis sich sein Volumen verdoppelt hat.

2 Den Backofen auf 200° vorheizen. Die Briocheformen mit Butter einfetten. Den Teig mit bemehlten Händen durchkneten und in 2 gleich große Portionen teilen. Aus jeder Portion eine größere und eine kleinere Kugel formen. Je eine große Teigkugel in die Briocheformen setzen. Jeweils in die Mitte mit zwei Fingern eine Mulde drücken und darauf je eine kleine Teigkugel setzen. Die Brioches zugedeckt 20 Min. ruhen lassen. Dann im Backofen (Mitte, Umluft 180°) in 20 Min. goldbraun backen. Die Brioches auf ein Gitter stürzen und abkühlen lassen.

!! Tipps: Die Brioches schmecken ausgezeichnet zum Spinat-Gratin von Seite 80. Statt Briocheformen können Sie auch 4 kleine Förmchen (etwa 100 ml Inhalt) verwenden.

Bild oben: Lauchtäschchen
Bild unten: Dinkelbrioche

Törtchen mit Spinat-Schafkäse-Füllung

Kohlenhydrate ●●●◖	45 Min.
Fett ●●●	(+ 20 Min. Backzeit)

Pro Stück ca. 341 kcal
17 g Eiweiß · 13 g Fett · 40 g Kohlenhydrate

FÜR 4 FÖRMCHEN VON 12 cm Ø:
Für den Teig:
200 g Weizenmehl · 1/2 TL Backpulver
Salz
100 g Magerquark
3–4 EL Milch
Öl für die Förmchen
Für die Füllung:
300 g Spinat
1 kleine Zwiebel · 2 EL Olivenöl
1 gehackte Knoblauchzehe
Salz · Pfeffer · 1 Prise gemahlener Piment
1/2 TL Paprikapulver, edelsüß
1 Ei
2 EL frisch gehackte Petersilie
100 g Cocktailtomaten
100 g Schafkäse (Feta)

1 Die Förmchen mit Öl einfetten. Für den Teig alle Zutaten zu einem glatten Teig verkneten. Diesen in 4 Portionen teilen und ausrollen. Die Förmchen einschließlich der Ränder damit auskleiden.

2 Den Spinat waschen, gründlich abtropfen lassen, verlesen, von den groben Stielen befreien und in Streifen schneiden. Zwiebel schälen und hacken. Öl erhitzen, Zwiebel und Knoblauch darin glasig dünsten. Spinat unterrühren und bei starker Hitze zusammenfallen lassen, bis die Flüssigkeit verdampft ist. Mit Salz, Pfeffer, Piment und Paprikapulver würzen. Abkühlen lassen.

3 Das Ei verquirlen, mit der Petersilie unter den Spinat mischen. Den Backofen auf 200° vorheizen. Den Spinat auf den Teig geben. Tomaten waschen, halbieren und auf den Spinat setzen. Schafkäse zerbröckeln und obenauf streuen. Im Backofen (Mitte, Umluft 180°) 20 Min. backen.

!! Tipp: Wenn Sie TK-Blattspinat verwenden, eignen sich zum Dosieren besonders gut Portionswürfel, die es in 500-g-Beuteln gibt. Die entspechende Menge zu den glasig gebratenen Zwiebeln in die Pfanne geben und zugedeckt auftauen lassen. Dann die Flüssigkeit offen verdampfen lassen.

Pizzaschnitten mit Knäckebrot

Kohlenhydrate ●●◖	25 Min.
Fett +++	(+ 15 Min. Backzeit)

Pro Portion ca. 522 kcal
29 g Eiweiß · 33 g Fett · 27 g Kohlenhydrate

ZUTATEN FÜR 2 PORTIONEN:
6 Scheiben Roggen-Knäckebrot
2 EL saure Sahne
40 g Parmaschinken ohne Fettrand
2 kleine Zwiebeln
2 EL Olivenöl
1 gehackte Knoblauchzehe
2 EL trockener Weißwein
Salz · Pfeffer
4 EL geriebener Parmesan
150 g Mozzarella
10 Cocktailtomaten
1 TL getrockneter Oregano

1 Die Knäckebrotscheiben auf ein Blech legen, mit saurer Sahne bestreichen. Den Schinken in feine Streifen schneiden und auf dem Knäckebrot verteilen. Die Zwiebeln vierteln und in dünne Streifen schneiden.

2 Den Backofen auf 200° vorheizen. 1 EL Olivenöl erhitzen. Zwiebelstreifen und Knoblauch darin bei schwacher Hitze glasig braten. Den Wein unterrühren, 2 Min. dünsten, mit Salz und Pfeffer würzen. Den Parmesan unter die Zwiebelmischung rühren und die Mischung auf den Knäckebroten verteilen. Den Mozzarella abtropfen lassen, klein würfeln und obenauf streuen.

3 Die Tomaten waschen, halbieren und auf dem Mozzarella verteilen. Mit Salz, Pfeffer und Oregano würzen und mit dem übrigen Olivenöl beträufeln. Im Backofen (Mitte, Umluft 180°) 15 Min. backen.

!! Tipp: 1 Gemüsefenchel in sehr dünne Streifen schneiden, mit dem Knoblauch andünsten und mit den übrigen Zutaten, wie beschrieben, auf den Knäckebrotscheiben verteilen.

Bild oben: Törtchen mit Spinat-Schafkäse-Füllung
Bild unten: Pizzaschnitten mit Knäckebrot

Buttermilchtörtchen mit Beeren

Kohlenhydrate ●●	1 Std. 15 Min.
Fett ●●●	(+ 30 Min. Ruhezeit)
	(+ 15 Min. Backzeit)

Pro Stück ca. 229 kcal
7 g Eiweiß · 12 g Fett · 22 g Kohlenhydrate

FÜR 6 TARTEFÖRMCHEN VON 10 cm Ø:
Für den Teig:
125 g Weizenmehl (Type 1050) · 65 g kalte Margarine
1 kleines Eigelb · 1 EL Puderzucker
Für die Creme:
4 Blatt weiße Gelatine
1/2 unbehandelte Zitrone · 250 g Buttermilch
Süßstoff · 1 Prise gemahlene Vanille
Für den Belag:
2 Blatt weiße Gelatine
125 ml ungesüßter Beeren- oder Apfelsaft
200 g gemischte Beeren · 20 g gehackte Pistazienkerne

1 Für den Teig alle Zutaten rasch zu einem glatten Teig kneten, in Klarsichtfolie wickeln und 30 Min. kühl stellen. Dann den Backofen auf 200° vorheizen. Den Teig in 6 gleiche Portionen teilen, jeweils zwischen zwei Lagen Klarsichtfolie dünn ausrollen. Jeden Teigkreis in ein Förmchen legen und andrücken. Die Törtchen im Backofen (Mitte, Umluft 180°) in 15 Min. goldgelb backen. Auf einem Kuchengitter abkühlen lassen.

2 Für die Creme die Gelatine in kaltem Wasser einweichen. Die Zitrone heiß abwaschen und abtrocknen, die Schale fein abreiben und den Saft auspressen. Beides mit Buttermilch, einigen Spritzern Süßstoff und Vanille verrühren. Die Gelatine leicht ausdrücken und in einer Tasse im warmen Wasserbad oder in der Mikrowelle auflösen, unter die Buttermilch rühren. Die Törtchen vorsichtig aus den Formen lösen. Diese abspülen, kalt ausspülen und die Buttermilch hineingießen. Sofort kalt stellen, bis die Creme geliert.

3 Für den Belag die Gelatine in kaltem Wasser 10 Min. einweichen, und wie zuvor auflösen. Mit dem Fruchtsaft verrühren und kalt stellen, aber noch nicht ganz erstarren lassen. Die Beeren waschen, putzen und abtropfen lassen. Dekorativ auf dem Buttermilchgelee arrangieren, mit Pistazien bestreuen. Den fast gelierten Saft vorsichtig darüber gießen und fest werden lassen.

!! Tipp: Diese Törtchen sind eher etwas für geübte Hobbybäcker, denn das Backen der Mürbeteigtörtchen ist nicht ganz einfach.

Mürbeteig-Törtchen mit exotischen Früchten

Kohlenhydrate ●●●●	40 Min. (+ 30 Min. Ruhezeit)
Fett +	(+ 15 Min. Backzeit)
	(+ 1 Std. 15 Min. Kühlzeit)

Pro Stück ca. 376 kcal
7 g Eiweiß · 18 g Fett · 46 g Kohlenhydrate

FÜR 4 FÖRMCHEN VON 10–12 cm Ø:
Für den Teig:
150 g Weizenmehl (Type 1050)
3 EL Kokosflocken
2 EL Zucker · 1 Prise Salz
40 g Butter · 1 Eigelb
3–4 EL Milch
Fett für die Förmchen
Hülsenfrüchte zum Blindbacken
Für den Belag:
2 Scheiben Ananas (150 g)
8 rote Weintrauben · 1 reife Feige
1/2 Banane · 1 kleine Kiwi · 1 Mandarine
2 EL Crème fraîche
2 EL fettarmer Joghurt · 1 TL Zitronensaft · Süßstoff

1 Für den Teig alle Zutaten gut verkneten, in Klarsichtfolie wickeln und 30 Min. kühl stellen. Dann den Backofen auf 200° vorheizen. Die Förmchen einfetten. Den Teig in 4 gleiche Portionen teilen, jede rasch zwischen zwei Lagen Klarsichtfolie dünn ausrollen. Jeden Teigkreis in ein Förmchen legen, andrücken.

2 Die Böden mit der Gabel mehrmals einstechen, mit Backpapier und Hülsenfrüchten belegen. Im Backofen (Mitte, Umluft 180°) in 15 Min. vorbacken. Abkühlen lassen, Hülsenfrüchte und Papier entfernen.

3 Ananas schälen und ohne den harten Strunk in Stücke schneiden. Weintrauben waschen, halbieren und entkernen. Die Feige abreiben und vierteln. Banane und Kiwi schälen und in Scheiben schneiden. Mandarine schälen und in Spalten teilen.

4 Die Früchte mischen, abtropfen lassen und auf den Törtchen verteilen. Die Törtchen 1 Std. kühl stellen. Vor dem Servieren Crème fraîche und Joghurt verrühren, mit Zitronensaft und Süßstoff abschmecken und über die Früchte verteilen.

Bild oben: Buttermilchtörtchen mit Beeren
Bild unten: Mürbeteig-Törtchen mit exotischen Früchten

Scones mit Rosinen

Kohlenhydrate ●●◖ **Fett** ● **30 Min. (+ 15 Min. Backzeit)**

Pro Stück ca. 163 kcal
2 g Eiweiß · 5 g Fett · 26 g Kohlenhydrate

ZUTATEN FÜR 10 STÜCK:
200 g Weizenmehl (Type 1050)
50 g Weizenmehl (Type 1800)
1 geh. TL Backpulver
1 EL Zucker · Salz
50 g Margarine
125 ml kalte, fettarme Milch
20 g Rosinen
Mehl für die Arbeitsfläche
Milch zum Bestreichen

1 Beide Mehlsorten mit Backpulver, Zucker und 1 Prise Salz mischen. Die Margarine leicht mit dem Mehl mischen. In die Mitte des Teigs ein Mulde drücken, die Milch dazugießen und alles zu einem elastischen Teig kneten. Rosinen heiß waschen, trockentupfen, fein hacken und unterkneten.

2 Den Backofen auf 180° vorheizen. Den Teig etwa 1,5 cm dick ausrollen. Mit einem Glas Kreise von etwa 7 cm Durchmesser ausstechen.

3 Die Teigstücke auf ein mit Backpapier ausgelegtes Backblech legen, mit etwas Milch bestreichen. Im heißen Backofen (Mitte, Umluft 160°) 15 Min. backen.

Heidelbeer-Muffins

Kohlenhydrate ●◖ **Fett** ● **20 Min. (+ 40 Min. Backzeit)**

Pro Stück ca. 144 kcal
4 g Eiweiß · 7 g Fett · 18 g Kohlenhydrate

FÜR 1 MUFFINFORM MIT 12 VERTIEFUNGEN:
75 g Margarine
50 g Zucker · Süßstoff
2 kleine Eier
1/2 TL gemahlene Vanille
1 Prise Salz
220 g Weizenmehl (Type 1050)
3 TL Backpulver · 180 g Buttermilch
170 g kleine Heidelbeeren
12 Papier-Muffinförmchen

1 Den Backofen auf 175° vorheizen. Die Papier-Muffinförmchen in die Vertiefungen der Muffinform setzen. Margarine und Zucker schaumig schlagen. Einige Spritzer Süßstoff, Eier, Vanille und 1 Prise Salz unterschlagen. Mehl mit Backpulver mischen und abwechselnd mit der Buttermilch unter den Teig rühren.

2 Heidelbeeren waschen, verlesen, abtropfen lassen und unter den Teig heben. Den Teig in die Förmchen geben. Die Muffins im Backofen (Mitte, Umluft 160°) 40 Min. backen.

!! Tipp: Tiefgefrorene Beeren unaufgetaut unterheben.

Möhren-Nuss-Muffins

Kohlenhydrate ●◖ **Fett** ● **30 Min. (+ 20 Min. Backzeit)**

Pro Stück ca. 116 kcal
3 g Eiweiß · 6 g Fett · 13 g Kohlenhydrate

FÜR 1 MUFFINFORM MIT 12 VERTIEFUNGEN:
200 g Möhren
3 kleine Eiweiße
3 kleine Eigelbe
90 g Zucker
1 Msp. Nelkenpulver
1 Msp. Zimt
75 g gemahlene Haselnüsse
1 TL Backpulver
75 g Weizenmehl (Type 1050)
12 Papier-Muffinförmchen

1 Den Backofen auf 175° vorheizen. Die Papier-Muffinförmchen in die Vertiefungen einer Muffinform setzen. Die Möhre waschen, schälen und fein raspeln. Die Eiweiße steif schlagen und kalt stellen. Die Eigelbe mit dem Zucker und 3 EL warmem Wasser cremig schlagen. Die Möhrenraspel unterrühren.

2 Nelken- und Zimtpulver, Nüsse, Backpulver und das Mehl mischen und abwechselnd mit dem Eischnee unter den Teig mengen. Den Teig sofort in die Förmchen geben. Die Muffins im heißen Backofen (Mitte, Umluft 160°) 20 Min. backen. In der Muffinform auskühlen lassen.

!! Tipp: Diese Muffins sind besonders saftig. Sie schmecken auch, wenn Sie nur 70 g Zucker verwenden.

Bild: Möhren-Nuss-Muffins

Windbeutel mit Himbeeren

Kohlenhydrate ● Fett ● 40 Min. (+ 30 Min. Backzeit)

Pro Stück ca. 110 kcal
5 g Eiweiß · 6 g Fett · 9 g Kohlenhydrate

ZUTATEN FÜR 10 STÜCK:
1 Blatt weiße Gelatine
150 g Himbeeren
100 g Magerquark
50 g Butter
1 TL Zucker · Salz
150 g Mehl
3 Eier
1 TL Backpulver

1 Die Gelatine in kaltem Wasser 10 Min. einweichen. Die Himbeeren verlesen, waschen und mit dem Quark verrühren. Die Gelatine tropfnass in einem Topf erhitzen und auflösen, mit etwas Quark verrühren, dann rasch unter den Himbeerquark rühren, kühl stellen.

2 Den Backofen auf 200° vorheizen. 250 ml Wasser mit Butter, Zucker und 1 Prise Salz aufkochen lassen. Den Topf vom Herd nehmen, das Mehl dazugeben und alles zu einem glatten Teig rühren. Nochmals unter Rühren kurz erhitzen. Den Teig in eine Schüssel geben, nach und nach die Eier und das Backpulver unterrühren. Der Teig muss beim Schlagen lange Spitzen bilden.

3 Den Brandteig in einen Spritzbeutel mit großer Tülle füllen und 10 Teighäufchen auf das Backblech spritzen. Im Backofen (Mitte, Umluft 180°) in 30 Min. goldgelb backen. Die Windbeutel aus dem Backofen nehmen, an der Oberseite jeweils einen Deckel abschneiden und auskühlen lassen. Den Himbeerquark in die unteren Hälften füllen und die Deckel darauf setzen.

Apfeltaschen mit Quark-Ölteig

Kohlenhydrate ●●● Fett ●●● 45 Min. (+ 20 Min. Ruhezeit) (+ 25 Min. Backzeit)

Pro Stück ca. 248 kcal
6 g Eiweiß · 10 g Fett · 32 g Kohlenhydrate

ZUTATEN FÜR 6 TASCHEN:
Für den Teig:
60 g Magerquark
2 1/2 EL Öl
2 EL Milch · 2 EL Zucker
1 Eigelb
100 g Weizenmehl (Type 405)
Mehl für die Arbeitsfläche
1/2 TL Backpulver
Für die Füllung:
30 g Rosinen · 1 EL Rum
2 säuerliche Äpfel · 10 g Butter
1 Stückchen unbehandelte Zitronenschale · 1 TL Honig
8 Tr. Süßstoff · 1/4 TL Zimt
2 EL gemahlene Haselnüsse
2 EL Zwiebackbrösel · 1 Ei

1 Alle Teigzutaten glatt verkneten, den Teig zu einer Rolle formen und zugedeckt 20 Min. ruhen lassen. Die Rosinen in Rum und 1 EL Wasser einweichen. Die Äpfel schälen, vom Kerngehäuse befreien und in Stückchen schneiden. Die Äpfel mit Butter, Zitronenschale und Rumrosinen 5 Min. kochen lassen. Erkalten lassen und die Zitronenschale entfernen. Die übrigen Zutaten ohne Ei unterrühren.

2 Den Backofen auf 200° vorheizen. Den Teig zu 6 Kreisen mit etwa 12 cm Durchmesser ausrollen. Jeweils etwas Apfelfüllung in die Mitte geben. Das Ei trennen. Die Teigränder mit Eiweiß bepinseln und zu Taschen zusammenklappen, die Ränder mit einer Gabel fest andrücken.

3 Auf ein mit Backpapier ausgelegtes Backblech legen, mit Eigelb bepinseln und im Backofen (Mitte, Umluft 180°) 25 Min. goldgelb backen.

Apfel-Rosinen-Taschen

Kohlenhydrate ●◖ Fett ● 40 Min. (+ 1 Std. Ruhezeit) (+ 25 Min. Backzeit)

Pro Stück ca. 134 kcal
4 g Eiweiß · 5 g Fett · 19 g Kohlenhydrate

ZUTATEN FÜR 12 STÜCK:
200 g Weizenmehl (Type 1050)
1/2 Würfel Hefe · 1 TL Zucker
125 ml lauwarme Milch
60 g weiche Margarine
1 Prise Salz · 125 g Magerquark
Süßstoff · 1/4 TL Zimt
50 g Rosinen · 350 g Äpfel
2 EL Zitronensaft

1 Das Mehl sieben, eine Mulde hineindrücken. Hefe, Zucker und etwas Milch verrühren, dazugeben, mit Mehl bestäuben, 10 Min. ruhen lassen. Mit restlicher Milch, Margarine, 1 Prise Salz verkneten. Zugedeckt 40 Min. gehen lassen. Quark, etwas Süßstoff und Zimt verrühren, Rosinen untermengen. Äpfel vierteln, schälen, entkernen, klein würfeln und mit Zitronensaft beträufeln, dann untermischen.

2 Den Teig kneten, 12 Kugeln daraus formen und zu Kreisen mit 12 cm Durchmesser ausrollen. Jeweils etwas Apfel-Quark-Mischung in die Mitte geben, zusammenklappen und die Ränder andrücken.

3 Den Backofen auf 200° vorheizen. Die Apfeltaschen auf ein mit Backpapier ausgelegtes Backblech zugedeckt 10 Min. ruhen lassen. Im Backofen (Mitte, Umluft 180°) 20–25 Min. goldbraun backen.

Bild oben: Windbeutel mit Himbeeren
Bild unten links: Apfeltaschen mit Quark-Ölteig
Bild unten rechts: Apfel-Rosinen-Taschen

Waffeln mit Erdbeer-Käsecreme

Kohlenhydrate ●●◖ **45 Min.**
Fett ++ **(+ 15 Min. Backzeit)**

Pro Stück ca. 374 kcal
12 g Eiweiß · 22 g Fett · 31 g Kohlenhydrate

ZUTATEN FÜR 4 GROSSE HERZWAFFELN:
250 g Erdbeeren
200 g fettarmer Frischkäse
Süßstoff
100 g Sahne
30 g weiche Butter
2 EL Zucker
1 Prise Salz
1 Eigelb
1 TL Rum
1 TL abgeriebene Schale 1 unbehandelten Zitrone
100 g Weizenmehl (Type 405)
1 Msp. Backpulver
1 Eiweiß

1 Die Erdbeeren waschen, putzen und vierteln. Einige Erdbeeren beiseite legen. Die übrigen Beeren pürieren, mit dem Frischkäse verrühren und mit etwas Süßstoff abschmecken. Die Sahne steif schlagen und unter die Erdbeercreme heben. Kalt stellen.

2 Für die Waffeln Butter, Zucker, Salz und Eigelb zu einer dicklichen Creme verrühren. Rum und Zitronenschale unterrühren. Das Mehl mit dem Backpulver vermischen, darüber sieben und unterrühren.

3 Das Eiweiß steif schlagen und den Eischnee unter den Teig ziehen. Das Waffeleisen anheizen und aus dem Teig 4 große Herzwaffeln backen. Die Waffeln abkühlen lassen, dabei nicht aufeinander legen, sonst werden sie weich. Die Käsecreme auf die Waffeln geben und mit Erdbeeren garnieren.

Tutti-Frutti-Filoteig-körbchen

Kohlenhydrate ●●● **35 Min.**
Fett ++ **(+ 3–4 Min. Backzeit)**

Pro Stück ca. 398 kcal
5 g Eiweiß · 27 g Fett · 34 g Kohlenhydrate

FÜR 4 FÖRMCHEN VON 10–12 cm Ø:
Butter für die Förmchen
3 Blätter Filoteig (aus dem griechischen Lebensmittelladen)
20 g flüssige Butter
Für die Füllung:
1 Nektarine
1 Birne
100 g Himbeeren
4 EL Mascarpone
Mark 1/4 Vanilleschote
flüssiger Süßstoff
3 EL Milch
frische Minze

1 Den Backofen auf 180° vorheizen. Die Förmchen einfetten. Den Filoteig übereinander legen und in 4 Quadrate schneiden. Jeweils die oberste Teigschicht mit Butter bepinseln, in die Förmchen legen und andrücken. Überhängende Teigränder mit der Küchenschere dekorativ zurechtschneiden.

2 Die Teigkörbchen im Backofen (Mitte, Umluft 160°) in 3–4 Min. goldbraun backen. Etwas abkühlen lassen und vorsichtig aus den Förmchen stürzen.

3 Die Früchte waschen. Die Nektarine entsteinen, die Birne entkernen und das Fruchtfleisch würfeln. Die Himbeeren gut abtropfen lassen. Alle Früchte vermischen. Mascarpone mit Vanillemark, Süßstoff und Milch verrühren und unter die Früchte mischen. Kurz vor dem Servieren die Früchte in die Körbchen füllen und mit Minze garnieren.

Bild oben: Waffeln mit Erdbeer-Käsecreme
Bils unten: Tutti-Frutti-Filoteigkörbchen

Clafoutis

Kohlenhydrate ●◖ **15 Min.**
Fett ●● **(+ 30–35 Min. Backzeit)**

Pro Stück ca. 182 kcal
10 g Eiweiß · 8 g Fett · 17 g Kohlenhydrate

FÜR 4 TARTEFÖRMCHEN VON 12–14 cm Ø:
Fett für die Förmchen
400 g Heidelbeeren
4 Eier
3 TL Puderzucker
Mark von 1/2 Vanilleschote
1 Prise Salz
120 ml Milch
6 EL Weizenmehl (Type 405)

1 Den Backofen auf 220° vorheizen. Die Förmchen einfetten. Die Heidelbeeren waschen, verlesen, abtropfen lassen und auf den Böden der Förmchen verteilen. Die Eier mit Puderzucker, Vanillemark und Salz schaumig schlagen. Die Milch unterrühren, das Mehl darüber sieben und unterrühren. Den Teig in die Förmchen geben.

2 Die Clafoutis im Backofen (Mitte, Umluft 200°) 30–35 Min. backen. Die Förmchen aus dem Backofen nehmen, leicht abkühlen lassen und die Clafoutis lauwarm servieren.

!! Tipp: Clafoutis ist ein Auflauf. Diese Süßspeise können Sie auch mit jeder anderen aromatischen Beerensorte oder mit Kirschen zubereiten. Wenn Sie tiefgefrorene Beeren verwenden, diese unaufgetaut unterheben.

Kleine Panettone

Kohlenhydrate ●●●● **45 Min.**
Fett ●●● **(+ 50 Min. Ruhezeit)**
(+ 20–30 Min. Backzeit)

Pro Stück ca. 339 kcal
9 g Eiweiß · 12 g Fett · 49 g Kohlenhydrate

FÜR 6 FÖRMCHEN VON 10–12 cm Ø:
300 g Weizenmehl (Type 405)
2 EL Zucker
1/2 Würfel Hefe
125 ml lauwarme Milch
60 g zerlassene, abgekühlte Butter
2 mittelgroße Eier
frisch geriebene Muskatnuss
Salz
abgeriebene Schale 1 unbehandelten Zitrone
30 g Korinthen
Mehl für die Arbeitsfläche
Fett für die Förmchen

1 Mehl und Zucker vermischen. Die Hefe mit der Milch glatt verrühren und unterrühren. Die Butter mit Eiern, 1 Prise Muskat, Salz und Zitronenschale verquirlen, zum Mehl geben und verrühren, alles, auch die Korinthen, verkneten. Den Teig an einem warmen Ort zugedeckt 30 Min. gehen lassen.

2 Den Teig nochmals durchkneten. Auf einer bemehlten Arbeitsfläche zu einem Fladen ausziehen. Die Förmchen einfetten. Den Teig zu 6 Kugeln formen und in die Förmchen füllen, zugedeckt 20 Min. gehen lassen. Den Backofen auf 180° vorheizen.

3 Die Panettone im Backofen (Mitte, 160°) 20–30 Min. backen. Kurz abkühlen lassen, dann aus den Formen stürzen. Sie schmecken frisch am besten, können aber auch noch nach 2–3 Tagen verzehrt werden.

Bild oben: Clafoutis
Bild unten: Kleine Panettone

Nusshörnchen

Kohlenhydrate ●●● — 45 Min.
Fett + — (+ 20–25 Min. Backzeit)

Pro Stück ca. 298 kcal
8 g Eiweiß · 15 g Fett · 33 g Kohlenhydrate

ZUTATEN FÜR 8 HÖRNCHEN:
200 g Weizenmehl (Type 405)
Salz
2 1/2 TL Zucker
1/2 TL abgeriebene Schale 1 unbehandelten Orange
1/4 Würfel Hefe
80 ml lauwarme Milch
2 Eigelbe
20 g zerlassene, abgekühlte Butter
70 g gehackte gemischte Nüsse
1/4 TL Zimt
1/4 TL Kakaopulver
2 EL gehackte Mandeln
Mehl für die Arbeitsfläche

1 Das Mehl in eine Schüssel sieben, mit 1 Prise Salz, 1 TL Zucker und Orangenschale mischen. Die Hefe mit der Milch glatt verrühren, mit 1 Eigelb und Butter zum Mehl geben. Alles zu einem glatten Teig verkneten. Den Teig an einem warmen Ort zugedeckt 30 Min. gehen lassen.

2 Den Backofen auf 200° vorheizen. Die Nüsse mit Zucker, Zimt, Kakao und 3 EL Wasser verrühren. Den Teig nochmals durchkneten und halbieren. Jeweils zu einem Quadrat von 25 x 25 cm ausrollen und diese jeweils in 4 Quadrate schneiden.

3 Jeweils eine Ecke der Quadrate mit Nußmischung bestreichen. Von dieser Ecke her locker aufrollen, zu Hörnchen biegen. Diese auf ein mit Backpapier ausgelegtes Backblech legen, mit übrigem Eigelb bestreichen, mit Mandeln bestreuen und im heißen Backofen (Mitte, 180°) in 20–25 Min. goldbraun backen.

Hefeteigschnecken

Kohlenhydrate ●●●◖ — 40 Min.
Fett ●●● — (+ 50 Min. Ruhezeit)
(+ 25 Min. Backzeit)

Pro Stück ca. 302 kcal
7 g Eiweiß · 11 g Fett · 41 g Kohlenhydrate

ZUTATEN FÜR 6 STÜCK:
250 g Mehl
50 g Butter
125 ml lauwarme Milch
3 EL Zucker
1/2 Würfel Hefe
1 Eigelb
300 g Zwetschgen
4–6 Nelken
flüssiger Süßstoff
1 TL Zimt
30 g gehackte Mandeln
Mehl für die Arbeitsfläche

1 Das Mehl in eine Schüssel sieben. 30 g Butter schmelzen und abkühlen lassen. Die Milch mit 2 EL Zucker und der Hefe glatt verrühren. Die Butter und das Eigelb auf das Mehl geben, mit der Hefemilch nach und nach unterrühren, alles verkneten. Den Teig an einem warmen Ort zugedeckt 30 Min. gehen lassen.

2 Die Zwetschgen waschen, entsteinen und vierteln. 3 EL Wasser und die Nelken erhitzen, die Zwetschgen darin bei mittlerer Hitze dünsten, bis die Flüssigkeit verdampft ist. Die Nelken entfernen, mit Süßstoff süßen und die Zwetschgen abkühlen lassen.

3 Den Backofen auf 200° vorheizen. Den Teig auf einer bemehlten Arbeitsfläche durchkneten und zu einem 20 x 30 cm großen Rechteck ausrollen. 1 EL Zucker mit Zimt und Mandeln vermischen. Den Teig damit bestreuen und mit dem Zwetschgenkompott bestreichen.

4 Das Rechteck von der Längsseite her aufrollen und in sechs Scheiben schneiden. Diese auf ein mit Backpapier ausgelegtes Backblech legen und zugedeckt 20 Min. gehen lassen. Die übrige Butter schmelzen. Die Schnecken damit bepinseln und im Backofen (Mitte, Umluft 180°) 25 Min. backen.

Bild: Hefeteigschnecken

Haferflockenmakronen

Kohlenhydrate ◖ **Fett** ●

30 Min. (+ 10–12 Min. Backzeit)

Pro Stück ca. 47 kcal
1 g Eiweiß · 3 g Fett · 4 g Kohlenhydrate

ZUTATEN FÜR 32 STÜCK:
60 g Butter
100 g kernige Haferflocken
1 Ei · 50 g Zucker
Mark von 1/2 Vanillestange
Salz · 1/2 TL Zimt
1/2 TL Kakao, leicht entölt
50 g Weizenmehl (Type 1050)
50 g ungsalzene, gehackte Erdnusskerne

1 Den Backofen auf 200° vorheizen. Die Butter in einem kleinen Topf aufschäumen lassen, die Haferflocken darin unter Rühren goldbraun anrösten. Abkühlen lassen. Das Ei mit Zucker, Vanillemark, 1 Msp. Salz, Zimt und Kakaopulver schaumig schlagen. Das Mehl, Haferflocken und Erdnüsse unterrühren.

2 Mit einem Teelöffel walnussgroße Portionen Teig in Abständen von 3–4 cm auf ein mit Backpapier ausgelegtes Backblech setzen. Die Makronen im Backofen (Mitte, Umluft 180°) in 10–12 Min. goldbraun backen.

!! Tipp: Zur Abwechslung die Plätzchen mit gehackten Hasel- oder Walnüssen backen.

Mandel-Gewürz-Schnitten

Kohlenhydrate ● **Fett** ●●

30 Min. (+ 30 Min. Backzeit)

Pro Stück ca. 121 kcal
2 g Eiweiß · 8 g Fett · 12 g Kohlenhydrate

ZUTATEN FÜR 20 STÜCK:
150 g Weizenmehl (Type 1050)
1 gestr. TL Backpulver
100 g Zucker
1/2 TL abgeriebene Schale 1 unbehandelten Orange
je 1/2 TL Ingwerpulver und gemahlener Koriander
Salz · 1 kleines Ei
90 g kalte Butter
2 EL Milch
100 g Mandelblättchen
50 g Edelbitter-Schokolade (75 % Kakaoanteil)

1 Mehl, Backpulver, 50 g Zucker, Orangenschale, Ingwer, Koriander und Salz mischen. Ei und 60 g Butterstückchen glatt Teig verkneten. Den Backofen auf 180° vorheizen. Ein Backblech mit Backpapier auslegen, den Teig darauf zu einem 20 x 30 cm großen Rechteck ausrollen. Im Backofen (Mitte, Umluft 160°) 20 Min. backen.

2 Übrigen Zucker, Butter, Milch aufkochen lassen und Mandeln unterrühren. Die Masse auf den gebackenen Boden streichen, 10 Min. backen, abkühlen lassen und in 20 Rechtecke schneiden. Schokolade schmelzen und je 1 Seite der Schnitten hineintauchen, fest werden lassen.

Walnuss-Lebkuchen

Kohlenhydrate	●	30 Min.
Fett	●●	(+ 1 Nacht Ruhezeit)
		(+ 15–20 Min. Backzeit)

Pro Stück ca. 113 kcal
2 g Eiweiß · 7 g Fett · 9 g Kohlenhydrate

ZUTATEN FÜR 20 STÜCK:
4 EL Zucker · 30 g Butter
1/2 TL Hirschhornsalz
1 EL Rum · 1 Ei
150 g Weizenmehl (Type 1050)
75 g fein gehackte Walnüsse
je 1 Msp. Zimt, Nelkenpulver, Muskatblüte, Piment und Kardamom
1 TL abgeriebene Schale 1 unbehandelten Zitrone
1 Prise Salz
50 g Edelbitter-Schokolade (75 % Kakaoanteil)
Mehl für die Arbeitsfläche
20 Walnusshälften

1 Zucker und Butter verrühren. Hirschhornsalz mit Rum, Ei und der Buttermischung verrüh-ren. Mehl, Nüsse, Gewürze, Zitronenschale und Salz vermischen. Alles verkneten, in Klarsichtfolie über Nacht ruhen lassen.

2 Den Teig zu einer Rolle formen, 20 Kugeln daraus formen, diese zu 1 cm dicken Talern ausrollen. Den Backofen auf 180° vorheizen. Ein Blech mit Backpapier auslegen und die Lebkuchen darauf legen. Im Backofen (Mitte, Umluft 160°) 15–20 Min. backen. Mit geschmolzener Schokolade und Walnüssen verzieren.

Müsli-Nuss-Riegel

Kohlenhydrate	●	15 Min.
Fett	●●	(+ 1 1/2 Std. Ruhezeit)
		(+ 1 Std. Backzeit)

Pro Stück ca. 106 kcal
2 g Eiweiß · 7 g Fett · 9 g Kohlenhydrate

ZUTATEN FÜR 24 RIEGEL:
50 g Butter · 200 g Sahne
50 ml Milch
4 EL Zucker · 1 TL Zimt
1/2 TL gemahlener Ingwer
1 Msp. gemahlener Kardamom
250 g ungezuckerte Müslimischung mit Rosinen und Nüssen
40 g Weizenmehl (Type 405)
50 g gehackte Haselnüsse

1 Die Butter schmelzen lassen. Sahne, Milch, Zucker, Zimt, Ingwer und Kardamom unterrühren. Unter Rühren zum Kochen bringen und einkochen lassen. Müsli und Mehl unterrühren und zu einem dicken Brei kochen. Vom Herd nehmen und zugedeckt 30 Min. quellen lassen.

2 Den Teig auf einem mit Backpapier ausgelegten Backblech etwa 1/2 cm dick ausrollen. Mit Nüssen bestreuen, 1 Std. trocknen lassen. Den Backofen auf 180° vorheizen. Den Müsliteig im Backofen (Mitte, Umluft 160°) 1 Std. backen, etwas abkühlen lassen und in 24 Rechtecke schneiden. Die Rechtecke erkalten lassen, vorsichtig voneinander lösen und zum Trocknen auf ein Kuchengitter legen.

Nuss-Schnitten

Kohlenhydrate ◖ Fett ++	30 Min. (+ 15 Min. Backzeit) (+ 1 Std. 20 Min. Kühlzeit)

Pro Stück ca. 304 kcal
1 g Eiweiß · 27 g Fett · 7 g Kohlenhydrate

FÜR 1 VIERECKIGE FORM (20 x 30 cm):
40 g weiche Butter
2 Eigelbe
3 EL Zucker
4 EL Sahne
200 g gemahlene Haselnüsse
1 TL Zimt
1 TL Kakao, leicht entölt
Mark von 1/2 Vanilleschote
2 Eiweiße
Salz
100 g Joghurt
250 g Mascarpone
1 TL abgeriebene Schale 1 unbehandelten Orange
2 EL Orangenlikör
Süßstoff
3 Blatt weiße Gelatine
4 EL frisch gepresster Orangensaft
50 g gehackte Haselnüsse zum Bestreuen

1 Den Backofen auf 180° vorheizen. Butter, Eigelbe und Zucker zu einer hellen Creme verrühren. Sahne, Haselnüsse, Zimt, Kakao und Vanillemark unterrühren. Die Eiweiße mit 1 Prise Salz steif schlagen und unterziehen.

2 Die Form mit Backpapier auslegen und den Nussteig darin gleichmäßig verstreichen. Im Backofen (Mitte, Umluft 160°) 15 Min. backen, in der Form abkühlen lassen. Inzwischen den Joghurt mit Mascarpone, Orangenschale und Orangenlikör verrühren, mit Süßstoff süßen. Die Gelatine in kaltem Wasser einweichen. Den Orangensaft erhitzen, die Gelatine ausdrücken und darin auflösen. Mit etwas Creme verrühren und rasch unter die Creme rühren, 20 Min. kalt stellen.

3 Den Nussboden mit der Orangen-Creme bestreichen, 1 Std. kühl stellen. Vor dem Servieren den Kuchen mit Haselnüssen bestreuen und in 10 Stücke schneiden.

Kernige Apfelstreifen

Kohlenhydrate ●●◖ Fett ●●	45 Min. (+ 1 Std. Ruhezeit) (+ 20 Min. Backzeit)

Pro Portion ca. 214 kcal
4 g Eiweiß · 9 g Fett · 28 g Kohlenhydrate

ZUTATEN FÜR 8 STÜCK:
200 g Weizenmehl (Type 1800)
15 g frische Hefe
1 TL Zucker
1/8 l lauwarme Milch
50 g weiche Margarine
Salz
500 g säuerliche Äpfel
3 EL Zitronensaft
40 g Pinienkerne
etwas Zimt
2 EL Aprikosenkonfitüre (min. 40 % Fruchtanteil)

1 Das Mehl in eine Schüssel geben, in die Mitte eine Mulde drücken. Die Hefe mit Zucker und etwas lauwarmer Milch verrühren, in die Mulde geben, dünn mit Mehl bestäuben und zugedeckt an einem warmen Ort 10 Min. ruhen lassen. Dann mit der restlichen Milch, Margarine und 1 Prise Salz zu einem glatten Teig verkneten. An einem warmen Ort zugedeckt weitere 40 Min. gehen lassen.

2 Die Äpfel vierteln, schälen und entkernen, in Spalten schneiden und mit dem Zitronensaft beträufeln. Den Teig auf einer bemehlten Arbeitsfläche nochmals durchkneten, zu einem 20 x 30 cm großen Rechteck ausrollen. Auf ein mit Backpapier ausgelegtes Backblech legen.

3 Rundherum einen Teigrand hochziehen und diesen mit den Fingern dekorativ einkerben. Die Apfelspalten überlappend auf dem Teigstreifen auslegen, mit Pinienkernen und etwas Zimt bestreuen. Zugedeckt 10 Min. gehen lassen. Den Backofen auf 200° vorheizen. Den Kuchen im Backofen (Mitte, Umluft 180°) 20 Min. backen. Die Konfitüre erwärmen, mit 1–2 EL Wasser verdünnen und auf den Kuchen streichen. Den Kuchen quer in 8 Streifen schneiden.

Bild oben: Nuss-Schnitten
Bild unten: Kernige Apfelstreifen

Aprikosenwähe mit Guss

Kohlenhydrate ● **25 Min.**
Fett – **(+ 30 Min. Ruhezeit) 1 Std. Backzeit)**

Pro Stück ca. 67 kcal
2 g Eiweiß · 2 g Fett · 11 g Kohlenhydrate

FÜR 1 SPRINGFORM VON 18 cm Ø:
Für den Teig:
1/2 Päckchen Trockenhefe
2 EL Zucker
4 EL lauwarme Milch
75 g Weizenmehl (Type 405)
1 EL weiche Butter
Zimt
Salz
Für den Belag:
200 g Aprikosen
2 EL Zucker
75 ml Buttermilch
2 EL Sahne
1 EL Speisestärke
Fett für die Form

1 Für den Teig alle Zutaten zu einem glatten Teig verkneten, an einem warmen Ort zugedeckt 30 Min. gehen lassen. Währenddessen die Aprikosen waschen, vierteln und entsteinen.

2 Den Backofen auf 200° vorheizen. Die Form einfetten. Den Teig nochmals durchkneten, in der Größe der Form ausrollen und in der Form auslegen, dabei einen Rand hochziehen. Die Aprikosen auf dem Teig verteilen.

3 Für den Guss Zucker, Buttermilch, Sahne und Speisestärke verrühren und über die Aprikosen geben. Im Backofen (Mitte, Umluft 180°) 1 Std. backen. In 10 Stücken servieren.

!! Tipp: Sie können die Aprikosen durch die gleiche Menge Pfirsiche ersetzen.

Umgedrehte Birnentarte

Kohlenhydrate ●◖ **30 Min.**
Fett ●●● **(+ 20 Min. Ruhezeit) (+ 30–35 Min. Backzeit)**

Pro Stück ca. 162 kcal
3 g Eiweiß · 9 g Fett · 17 g Kohlenhydrate

FÜR 1 SPRINGFORM VON 26 cm Ø:
150 g Weizenmehl (Type 405)
Salz
70 g Butter
1 Ei
2–3 EL Milch
4 EL Zucker
Mark von 1/2 Vanillestange
5 mittelgroße, halbfeste Birnen
1 TL Zimt
50 g gehackte Walnüsse

1 Mehl, Salz, 50 g Butter, Ei, Milch, 2 EL Zucker und Vanillemark zu einem festen Teig verkneten, in Klarsichtfolie wickeln und 20 Min. ruhen lassen. Inzwischen die Birnen schälen, halbieren und das Kerngehäuse entfernen. Die Form mit der restlichen Butter bepinseln. Den Boden mit dem restlichen Zucker, Zimt und Walnüssen bestreuen und die Birnen mit den Schnittflächen nach unten hineinlegen. Den Backofen auf 200° vorheizen.

2 Den Teig etwas größer als die Form ausrollen. In die Form geben und andrücken. Mit der Gabel mehrmals einstechen. Die Tarte im Backofen (Mitte, Umluft 180°) 30–35 Min. backen. In der Form kurz abkühlen lassen, erst dann stürzen und den Rand der Form entfernen. Die Tarte auskühlen lassen und in 12 Stücken servieren.

Apfel-Birnen-Tarte

Kohlenhydrate ●◖ **20 Min.**
Fett ●● **(+ 1 Std. Kühlzeit) (+ 1 Std. Backzeit)**

Pro Portion ca. 125 kcal
2 g Eiweiß · 8 g Fett · 13 g Kohlenhydrate

FÜR 1 SPRINGFORM VON 18 cm Ø:
Für den Teig:
100 g Mehl
1 TL Zucker
70 g Butter
1 Eigelb
Salz
Für den Belag:
1 großer Apfel
1 Birne
1 Eigelb
1 EL Aprikosenkonfitüre
Fett für die Form

1 Für den Teig alle Zutaten zu einem glatten Teig verkneten, in Klarsichtfolie wickeln und 1 Std. kalt stellen. Inzwischen Apfel und Birne schälen, halbieren, das Kerngehäuse entfernen und die Früchte in dünne Scheiben schneiden.

2 Den Backofen auf 200° vorheizen. Die Springform einfetten. Den Teig etwas größer als die Form ausrollen und die Form damit auskleiden. Die Apfel- und Birnenstücke fächerförmig darauf verteilen, mit Eigelb bestreichen. Im Backofen (Mitte, Umluft 180°) 1 Std. backen. Die Aprikosenkonfitüre mit wenig Wasser unter Rühren erwärmen und auf die noch heiße Tarte streichen. In 10 Stücken servieren.

Bild oben: Aprikosenwähe mit Guss
Bild unten links: Umgedrehte Birnentarte
Bild unten rechts: Apfel-Birnen-Tarte

Englischer Teekuchen

Kohlenhydrate ●◖	45 Min.
Fett ●●●	(+ 50 Min. Backzeit)

Pro Stück ca. 206 kcal
4 g Eiweiß · 14 g Fett · 16 g Kohlenhydrate

FÜR 1 SPRINGFORM VON 18 cm Ø:
- 100 g getrocknete Aprikosen
- 75 g Butter
- 50 g Zucker
- 2 Eier
- Saft und Schale 1/2 unbehandelten Zitrone
- 75 g Weizenmehl (Type 1050)
- 50 g Speisestärke
- 100 g gehackte Mandeln
- 1 TL Backpulver
- Salz
- Fett für die Form

1 Die Aprikosen sehr klein hacken. Die Butter schaumig rühren, nach und nach Zucker und Eier unterrühren, bis eine cremige Masse entsteht. Zitronensaft und -schale, Mehl, Speisestärke, Aprikosen, Mandeln, Backpulver und etwas Salz unter die Masse heben.

2 Die Springform einfetten und den Teig hineingeben. Den Kuchen im Backofen (Mitte, Umluft 160°) 50 Min. backen. Auf ein Kuchengitter stürzen und auskühlen lassen. In 10 Stücken servieren.

Kartoffel-Möhren-Kuchen

Kohlenhydrate ●◖	25 Min.
Fett ●	(+ 1 Std. Backzeit)

Pro Stück ca. 100 kcal
4 g Eiweiß · 4 g Fett · 14 g Kohlenhydrate

FÜR 1 SPRINGFORM VON 18 cm Ø:
- 100 g abgekühlte Pellkartoffeln
- 1 Möhre
- 100 g Vollkornmehl (Type 1800)
- 1 TL Backpulver
- 2 EL Rosinen
- 2 Eiweiße
- 2 Eigelbe
- 30 g Butter
- 3 EL Zucker
- 1/2 TL Zimt
- Saft und Schale 1 unbehandelten Zitrone
- frisch geriebene Muskatnuss
- Fett für die Form

1 Die Kartoffeln pellen und reiben. Die Möhre putzen, waschen, schälen und fein raspeln. Kartoffeln und Möhrenraspel mit Mehl, Backpulver und Rosinen verrühren. Den Backofen auf 180° vorheizen. Die Form einfetten.

2 Die Eiweiße steif schlagen. Die Eigelbe mit Butter, Zucker, Zimt, Zitronensaft und -schale verrühren, mit Muskat würzen. Diese Masse unter den Kartoffel-Möhren-Teig rühren. Den Eischnee vorsichtig unterheben. Den Teig in die Form geben und im Backofen (Mitte, Umluft 160°) 1 Std. backen. Auskühlen lassen und in 10 Stücken servieren.

!! Tipp: Anstelle der Pellkartoffeln können Sie auch Zucchini- oder Kürbisfleisch raspeln und unter den Teig rühren. Der Kuchen wird dann sehr saftig.

Bild: Kartoffel-Möhren-Kuchen

Joghurtkuchen mit Feigen

Kohlenhydrate ●●	20 Min.
Fett ●●	(+ 45–50 Min. Backzeit)

Pro Stück ca. 175 kcal
5 g Eiweiß · 7 g Fett · 23 g Kohlenhydrate

FÜR 1 SPRINGFORM VON 26 cm Ø:
250 g Joghurt
2 Eier
50 g Zucker
Mark 1 Vanilleschote
Salz
1 TL abgeriebene Schale 1 unbehandelten Orange
1 EL Rum
60 g zerlassene, abgekühlte Butter
250 g Hartweizengrieß
1/2 Pck. Backpulver
6 reife Feigen
Fett und die Semmelbrösel für die Form

1 Den Backofen auf 175° vorheizen. Den Joghurt mit Eiern, Zucker, Vanillemark, 1 Prise Salz, Orangenschale, Rum und Butter verrühren. Grieß und Backpulver vermischen und unterrühren.

2 Die Form einfetten und mit Semmelbröseln ausstreuen. Den Teig einfüllen. Die Feigen waschen, abtrocknen, längs halbieren und auf dem Teig verteilen und einsinken lassen. Den Kuchen im Backofen (Mitte, Umluft 160°) 45–50 Min. goldbraun backen. In der Form auskühlen lassen. Den Kuchen aus der Form nehmen. In 12 Stücken servieren.

!! Tipp: Die frischen Feigen durch getrocknete Feigen ersetzen. Diese 1 Std. mit Wasser bedeckt einweichen, abtropfen lassen, trockentupfen und vierteln.

Dunkler Napfkuchen

Kohlenhydrate ●◖	20 Min.
Fett ●●●	(+ 45 Min. Backzeit)

Pro Stück ca. 166 kcal
3 g Eiweiß · 11 g Fett · 15 g Kohlenhydrate

FÜR 1 NAPFKUCHENFORM VON 18 cm Ø:
125 g Butter
2 EL Zucker
2 Eier
150 g Mehl
2 TL Backpulver
100 g Preiselbeergelee
1 TL Kakao, leicht entölt
Saft und Schale 1 unbehandelten Zitrone
Zimt
Fett und Semmelbrösel für die Form

1 Den Backofen auf 175° vorheizen. Die Form einfetten und mit Semmelbröseln ausstreuen. Die Butter, Zucker und Eier schaumig schlagen, bis eine cremig Masse entsteht. Das Mehl und Backpulver mischen und mit dem Preiselbeergelee unter die Masse rühren. Mit Kakao, Zitronenschale, Zitronensaft und etwas Zimt würzen.

2 Den Kuchen im Backofen (2. Schiene von unten, Umluft 160°) 45 Min. backen. Auf einem Kuchengitter auskühlen lassen. In 12 Stücken servieren.

!! Tipp: Lassen Sie den Kuchen vor dem Anschneiden einen Tag durchziehen, damit sich das Preiselbeeraroma verteilen kann.

Bild oben: Joghurtkuchen mit Feigen
Bild unten: Dunkler Napfkuchen

Vollkorn-Rhabarber-Kuchen

Kohlenhydrate ●●◖ **20 Min.**
Fett + **(+ 1 Std. Ruhezeit)**
(+ 45–50 Min. Backzeit)

Pro Stück ca. 290 kcal
8 g Eiweiß · 15 g Fett · 21 g Kohlenhydrate

FÜR 1 SPRINGFORM VON 26 cm Ø:
Für den Teig:
250 g Weizenmehl (Type 1050)
1/2 TL Backpulver
3 EL Zucker
Salz
125 g Margarine
1/2 TL abgeriebene Schale 1 unbehandelten Zitrone
1 großes Ei
Für die Füllung:
750 g Rhabarberstangen
150 g Erdbeerkonfitüre (60 % Früchte)
2 Eiweiße
2 Eigelbe
100 g flüssiger Honig
125 g Magerquark
100 g gemahlene Mandeln
1 Msp. Zimt
Mehl für die Arbeitsfläche

1 Für den Teig alle Zutaten rasch zu einem glatten Teig verkneten, in Klarsichtfolie wickeln und 1 Std. kalt stellen. Währenddessen den Rhabarber putzen: die unteren und oberen Enden abschneiden, die Stangen abziehen, waschen und in kleine Stücke schneiden. Den Rharbarber mit der Erdbeerkonfitüre mischen und beiseite stellen.

2 Den Backofen auf 180° vorheizen. Die Eiweiße steif schlagen und den Eischnee kalt stellen. Die Eigelbe mit dem Honig schaumig rühren. Quark, Mandeln und Zimt unterrühren. Den Teig auf einer leicht bemehlten Arbeitsfläche dünn ausrollen. Mit dem Rand der Form einen Teigboden ausstechen und in die Form legen. Aus dem restlichen Teig eine lange Rolle formen und daraus einen Rand arbeiten.

3 Die Rhabarber-Mischung auf dem Teigboden verteilen. Den Eischnee unter die Quark-Mandel-Masse heben und darüber gießen. Die Oberfläche glatt streichen. Im Backofen (Mitte, Umluft 160°) 40–45 Min. backen. Auskühlen lassen und in 12 Stücken servieren.

Buchweizentorte mit Johannisbeeren

Kohlenhydrate ●◖ **20 Min.**
Fett ● **(+ 40 Min. Backzeit)**
(+ 3 Std. 15 Min. Kühlzeit)

Pro Stück ca. 115 kcal
5 g Eiweiß · 5 g Fett · 13 g Kohlenhydrate

FÜR 1 SPRINGFORM VON 20 cm Ø:
Für den Teig:
3 Eiweiße · Salz
3 Eigelbe · 60 g Zucker
Schale und Saft 1/2 unbehandelten Zitrone
60 g Buchweizenmehl
Für Belag und Füllung:
6 Blatt weiße Gelatine
150 rote Johannisbeeren · 1 EL Zucker
400 g fettarmer Joghurt
Süßstoff · 100 g Sahne

1 Den Backofen auf 180° vorheizen. Die Eiweiße mit 1 Prise Salz steif schlagen, kalt stellen. 2 Eigelbe und Zucker zu einer dicken, hellgelben Creme verrühren. Die Zitronenschale, 3 EL Zitronensaft sowie das Mehl unterrühren. Den Eischnee vorsichtig unterheben.

2 Den Boden der Springform mit Backpapier auslegen. Den Teig in die Form füllen und im Backofen (Mitte, Umluft 160°) 15 Min. backen. Mit Alufolie abdecken und den Biskuitboden weitere 25 Min. backen. Den Boden mit einem spitzen Messer vorsichtig aus der Form lösen und auf ein Kuchengitter stürzen. Erkalten lassen.

3 Die Gelatine in kaltem Wasser einweichen und 5 Min. quellen lassen. 100 g Johannisbeeren mit Zucker vermischen und unter den Joghurt rühren. Gelatine ausdrücken und im Wasserbad auflösen. Etwas von dem Joghurt in die flüssige Gelatine rühren, Gelatine rasch unter den Joghurt rühren. Mit Süßstoff abschmecken. Sahne steif schlagen und unterheben. Die Creme 15 Min. kalt stellen.

4 Den Tortenboden quer halbieren. Die obere Hälfte auf eine Tortenplatte legen und einen Tortenring darum legen. Die Hälfte der Joghurtcreme darauf streichen, den zweiten Boden aufsetzen und mit der übrigen Creme bestreichen. Die Torte 2–3 Std. kalt stellen. Mit den übrigen Johannisbeeren dekorieren, den Tortenring abnehmen und die Torte in 12 Stücken servieren.

Bild oben: Vollkorn-Rhabarber-Kuchen
Bild unten: Buchweizentorte mit Johannisbeeren

Puddingschnecken mit Aprikosen

Kohlenhydrate ●● 40 Min.
Fett ● (+ 1 Std. 50 Min. Ruhezeit) (+ 25–30 Min. Backzeit)

Pro Stück ca. 148 kcal
4 g Eiweiß · 5 g Fett · 21 g Kohlenhydrate

ZUTATEN FÜR 10 STÜCK:
250 g Weizenmehl (Type 1050)
20 g frische Hefe · 3 EL Zucker
2 EL Öl
125 ml fettarme Milch
1 TL Speisestärke
Mark von 1 Vanilleschote
1 Eigelb · Süßstoff
10 kleine Aprikosen
1 TL zerlassene Margarine
25 g gehobelte Haselnusskerne

1 Mehl in eine Schüssel sieben, eine Mulde in die Mitte drücken. Hefe mit etwas von 75 ml lauwarmem Wasser und 1 EL Zucker glatt verrühren. In die Mulde gießen, mit Mehl vermischen. Übrigen Zucker und Wasser sowie das Öl zugeben und verkneten. Zugedeckt 1 1/2 Std. gehen lassen.

2 Die Milch erhitzen. Die Speisestärke mit 1 EL kaltem Wasser glatt rühren, mit Vanillemark unterrühren. Kurz aufkochen lassen, vom Herd nehmen. Das Eigelb unterrühren und die Creme mit etwas Süßstoff süßen. Abkühlen lassen. Die Aprikosen waschen und entsteinen.

3 Den Teig nochmals durchkneten und zu einem Viereck von 20 x 30 cm ausrollen. Mit der Margarine bestreichen und die Haselnüsse darüber streuen. Von der kürzeren Seite her aufrollen und in 10 Stücke schneiden.

4 Auf ein mit Backpapier ausgelegtes Backblech legen. Zugedeckt 20 Min. gehen lassen. Den Backofen auf 180 °C vorheizen. Eine Vertiefung in die Mitte der Schnecke drücken. Je 1 TL Pudding und 1 Aprikosenhälfte hineinsetzen. Im Backofen (Mitte, Umluft 160°) 25–30 Min. backen.

Brandteigkranz mit exotischen Früchten

Kohlenhydrate ●● 40 Min.
Fett + (+ 25–30 Min. Backzeit)

Pro Stück ca. 280 kcal
10 g Eiweiß · 17 g Fett · 23 g Kohlenhydrate

ZUTATEN FÜR 1 KLEINEN KRANZ:
25 g Butter · Salz · 1 TL Zucker
75 g Mehl · 2 Eier
1 reife Papaya · 1 kleine Banane
1 kleine Orange · 1 Karambole (Sternfrucht)
Zitronensaft
100 g Magerquark · Süßstoff
100 g Sahne

1 125 ml Wasser, Butter, 1 Prise Salz und Zucker aufkochen lassen. Das Mehl unter Rühren dazugeben. Den Teig unter Rühren erhitzen, bis ein dicker Kloß entsteht und sich am Topfboden eine Haut bildet.

2 Den Backofen auf 225° vorheizen. Den Teig in eine Schüssel geben und mit den Eiern zu einem zähen, glatten Teig verrühren. In einen Spritzbeutel mit großer Sterntülle füllen und auf ein mit Backpapier ausgelegtes Backblech einen etwa 7 cm breiten Kranz, innerer Durchmesser ca. 20 cm, spritzen.

3 Den Kranz im Backofen (Mitte, Umluft 200°) 25–30 Min. backen. Nach dem Abkühlen einmal waagerecht durchschneiden, die Hälften ausdampfen lassen. Papaya, Banane und Orange schälen, die Papaya halbieren und die Kerne entfernen. Die Früchte in Stücke schneiden. Die Karambole waschen und in Scheiben schneiden. Die Früchte mit Zitronensaft beträufeln.

4 Den Quark mit Süßstoff und einigen Spritzern Zitronensaft glatt rühren. Die Sahne steif schlagen und unterziehen. Diese Creme auf die Unterseite des Kranzes streichen, mit der Oberseite bedecken. Die Früchte in die Mitte geben, in 6 Stücken sofort servieren.

!! Tipp: Statt der exotischen Früchte können Sie jedes andere frische Obst der Saison verwenden.

Bild: Brandteigkranz mit exotischen Früchten

Limetten-Torte mit Mandeln

Kohlenhydrate ●◖ **20 Min.**
Fett ●●● **(+ 3 Std. 20 Min. Kühlzeit) (+ 40 Min. Backzeit)**

Pro Stück ca. 186 kcal
6 g Eiweiß · 10 g Fett · 18 g Kohlenhydrate

FÜR 1 SPRINGFORM VON 24 cm Ø:
Für den Teig:
150 g Weizenmehl (Type 1050)
50 g Zucker · Salz
1 Eigelb
100 g gekühlte Margarine · 60 g gehackte Mandeln
Für den Belag:
6 Blatt weiße Gelatine
100 g Magerquark
500 g fettarme Dickmilch
Saft und abgeriebene Schale 1 unbehandelten Limette
Süßstoff · 12 Blättchen Zitronenmelisse
Mehl für die Arbeitsfläche

1 Mehl, Zucker und 1 Prise Salz vermischen. In die Mitte eine Vertiefung drücken und das Eigelb hineingeben. Die Margarine in kleinen Stücken darauf geben. Alles schnell zu einem krümeligen Teig verkneten, in Klarsichtfolie wickeln und 1 Std. kühl stellen. Die Mandeln ohne Fett goldbraun rösten, abkühlen lassen.

2 Den Backofen auf 200° vorheizen. Den Teig auf einer bemehlten Arbeitsfläche dünn ausrollen. Mit dem Rand der Springform einen Teigboden ausstechen, diesen in die Form legen, mit einer Gabel mehrmals einstechen. Den übrigen Teig zu einer Rolle formen und als Rand auf den Teigboden drücken.

3 Den Mürbeteig im Backofen (Mitte, Umluft 180°) 10 Min. backen. Auf einem Kuchengitter 45 Min. abkühlen lassen. Die Gelatine in kaltem Wasser 5 Min. einweichen. Den Quark mit der Dickmilch, dem Limettensaft und der Schale glatt rühren. Gelatine ausdrücken und auflösen. Mit etwas Dickmilch verrühren, dann rasch unter die Dickmilch rühren. Mit Süßstoff abschmecken und 20 Min. kühl stellen, bis sie zu gelieren beginnt.

4 Den Mürbeteigboden auf einen Kuchenteller legen und die Limettencreme darauf verteilen. Die Torte mindestens 2 Std. kühl stellen. Mit den Melisseblättchen dekorieren und in 12 Stücken servieren.

Beeren-Torte mit Vanillesahne

Kohlenhydrate ●●● **25 Min.**
Fett + **(+ 35–40 Min. Backzeit)**

Pro Stück ca. 230 kcal
5 g Eiweiß · 16 g Fett · 15 g Kohlenhydrate

FÜR 1 SPRINGFORM VON 26 cm Ø:
500 g gemischte Beeren
4 Eigelbe · 3 EL Zucker
3 EL Rum
100 g zerlassene, abgekühlte Butter
4 Eiweiße · Salz
150 g Mehl
1 Msp. Backpulver
200 g Sahne
Mark von 1/2 Vanilleschote
1 Pck. Sahnesteif
1 TL Puderzucker · Süßstoff
1 EL Mandelblättchen

1 Die Beeren waschen, abtropfen lassen. Die Eigelbe mit Zucker und Rum schaumig rühren. Die Butter unterrühren. Die Eiweiße mit 1 Prise Salz steif schlagen. Den Eischnee auf die Eiercreme geben. Mehl und Backpulver darüber sieben und unterheben.

2 Die Form mit Backpapier auslegen. Den Backofen auf 180° vorheizen. Den Teig halbieren. 150 g Beeren unter eine Hälfte heben, den Teig in die Form füllen und glatt streichen. Den übrigen Teig darauf glatt streichen. Im Backofen (Mitte, Umluft 160°) 35–40 Min. backen, leicht abkühlen lassen. Den Kuchen auf eine Kuchenplatte schieben.

3 Die Sahne halbsteif schlagen. Vanillemark, Sahnesteif und Puderzucker vermischen, die Mischung zur Sahne geben und die Sahne steif schlagen. Eventuell mit Süßstoff abschmecken, die restlichen Beeren unter die Sahne heben. Die Beerensahne auf der Torte verteilen. Die Mandeln ohne Fett hellbraun rösten, abkühlen lassen und über die Torte streuen. In 12 Stücken servieren.

!! Tipp: Die Torte mit geraspelter Bitterschokolade (70 % Kakaoanteil) statt mit Mandeln bestreuen.

Bild oben: Limetten-Torte mit Mandeln
Bild unten: Beeren-Torte mit Vanillesahne

Topfenstrudel mit Kirschen

Kohlenhydrate ●●● Fett ●●●
50 Min. (+ 30–40 Min. Backzeit)

Pro Stück ca. 266 kcal
10 g Eiweiß · 10 g Fett · 34 g Kohlenhydrate

ZUTATEN FÜR 4 STÜCK:
200 g Magerquark
1 Eigelb
1/2 Pck. Vanillezucker
Süßstoff
350 g Sauerkirschen für Diabetiker (aus dem Glas)
20 g Butter
1 Pck. Strudelteig (100 g)
4 EL Zwiebackbrösel
1/2 TL Zimt
2 EL Zucker

1 Den Quark mit Eigelb und Vanillezucker verrühren, mit Süßstoff süßen. Die Kirschen abtropfen lassen. Die Butter schmelzen lassen. Den Strudelteig auf einem Küchentuch auseinander rollen. Mit einem Pinsel die Speisestärke entfernen, den Teig mit etwas Butter bepinseln.

2 Den Backofen auf 225° vorheizen. Zwieback, Zimt und Zucker vermischen. Diese Mischung dem Rand entlang auf dem Teig verteilen. Den Quark darauf geben und mit den Kirschen belegen. Den Strudel mit Hilfe des Tuches aufrollen und mit der Naht nach unten auf ein mit Backpapier ausgelegtes Backblech legen. Die Enden unter dem Strudel einschlagen.

3 Im Backofen (Mitte, Umluft 200°) in 30–40 Min. goldbraun backen. Den heißen Strudel mit der Butter bepinseln, warm oder kalt in 4 Stücken servieren.

!! Tipps: In der Kirschsaison frische Schattenmorellen entsteinen, mit einigen Spritzern Süßstoff einmal aufkochen und abtropfen lassen und wie beschrieben für die Strudelfüllung verwenden. Wer nur die Hälfte genießen möchte, friert den Rest ein. Die gefrorene Strudelhälfte lässt sich bei 180° im vorgeheizten Backofen in 15 Min. aufbacken.

Käsekuchen mit getrockneten Aprikosen

Kohlenhydrate ● Fett ●●●
20 Min. (+ 50 Min. Backzeit)

Pro Stück ca. 171 kcal
9 g Eiweiß · 10 g Fett · 12 g Kohlenhydrate

FÜR 1 SPRINGFORM VON 20 cm Ø:
100 g weiche Butter
2 Eier
50 g Zucker
Mark von 1/2 Vanilleschote
1/2 TL abgeriebene Schale 1 unbehandelten Orange
1 EL Rum
500 g Magerquark
50 g Hartweizengrieß
100 g getrocknete, ungeschwefelte Aprikosen
Fett und Hartweizengrieß für die Form

1 Den Backofen auf 180° vorheizen. Die Butter schaumig rühren, Eier und Zucker unterrühren, bis die Masse cremig-weiß ist. Vanillemark, Orangenschale, Rum und Quark sowie den Grieß unterrühren.

2 Die Form einfetten und mit Grieß ausstreuen. Die Quarkmasse hineingeben und glatt streichen. Die Aprikosen vierteln und gleichmäßig darauf verteilen, leicht in den Teig drücken. Die Oberfläche wieder glatt streichen.

3 Den Käsekuchen im Backofen (Mitte, Umluft 160°) 50 Min. backen. Den Backofen ausschalten und den Kuchen im Ofen erkalten lassen. In 10 Stücken servieren.

!! Tipp: Trockenfrüchte sind sehr mineral- und ballaststoffreich, enthalten aber auch sehr viel Zucker. Der Kuchen schmeckt auch sehr gut mit 200 g frischen Früchten wie Birnen oder Mandarinen. Sollten Sie Obst aus Konserven verwenden, z.B. Kirschen, Heidelbeeren, Pfirsichen oder Aprikosen, lassen Sie dieses sehr gut abtropfen.

Bild oben: Topfenstrudel mit Kirschen
Bild unten: Käsekuchen mit getrockneten Aprikosen

Grießkuchen mit Beeren

Kohlenhydrate ●◖	25 Min.
Fett ●	(+ 1 Std. Backzeit)

Pro Stück ca. 106 kcal
13 g Eiweiß · 4 g Fett · 14 g Kohlenhydrate

FÜR 1 SPRINGFORM VON 18 cm Ø:
300 ml fettarme Milch
5 Gewürznelken
75 g Hartweizenrieß
200 g Heidelbeeren
2 EL Butter
3 EL Zucker
1 Pck. Vanillezucker
2 Eigelbe
Saft und Schale 1 unbehandelten Zitrone
2 Eiweiße
Fett und Mehl für die Form

1 Den Backofen auf 180° vorheizen. Die Form einfetten und mit Mehl ausstreuen. Die Milch mit Nelken aufkochen lassen, den Topf vom Herd nehmen und die Nelken entfernen. Den Grieß einstreuen und bei schwacher Hitze quellen lassen.

2 Inzwischen die Heidelbeeren waschen, verlesen und abtropfen lassen. Butter, Zucker und Vanillezucker schaumig rühren. Die Eigelbe mit Zitronensaft und -schale unterrühren. Die Eiweiße steif schlagen.

3 Den Teig mit dem lauwarmen Grieß vermengen. Heidelbeeren und Eischnee vorsichtig unterheben. Die Masse in die Form füllen und im Backofen (Mitte, Umluft 160°) in 1 Std. backen. In 10 Stücken servieren.

!! Tipp: Waldheidelbeeren sind aromatischer und süßer als die zumeist erhältlichen Kulturheidelbeeren. Sie können daher bei Waldheidelbeeren gut auf den Vanillezucker verzichten.

Orangen-Reis-Kuchen

Kohlenhydrate ●●	2 Std.
Fett ●●●	(+ 2 Std. Kühlzeit)
	(+ 18 Min. Backzeit)

Pro Stück ca. 208 kcal
5 g Eiweiß · 11 g Fett · 24 g Kohlenhydrate

FÜR 1 SPRINGFORM VON 26 cm Ø:
80 g kalte Margarine · 150 g Weizenmehl (Type 1050)
2 EL Zucker · 1/2 l Milch
Salz · 1 TL gemahlene Vanille
130 g Naturreis · 1 Pck. gemahlene weiße Gelatine
abgeriebene Schale und Saft von 2 unbehandelten Orangen
150 g fettarmer Joghurt
Süßstoff · 125 g Sahne
2 unbehandelte Orangen zum Garnieren

1 Die Margarine würfeln, mit Mehl und etwas Zucker verkneten. Eventuell einige Tropfen eiskaltes Wasser dazugeben, wenn der Teig zu krümelig ist. Er darf jedoch nicht klebrig werden. Den Teig in Klarsichtfolie wickeln und 30 Min. kühl stellen.

2 Milch, 1 Prise Salz und Vanille zum Kochen bringen. Den Reis einstreuen und zugedeckt bei schwacher Hitze in 50–60 Min. ausquellen und abkühlen lassen.

3 Den Backofen auf 200° vorheizen. Den Mürbeteig in Größe der Form ausrollen und in die Form legen. Mit einer Gabel mehrmals einstechen. Im Backofen (Mitte, Umluft 180°) in 18 Min. goldgelb backen. Auf eine Tortenplatte gleiten lassen.

4 Die Gelatine nach Packungsanweisung in kaltem Wasser quellen lassen. Orangenschale und -saft sowie den Joghurt unter den Reis mischen, mit Süßstoff abschmecken. Die Gelatine auflösen und unter den Reis mischen. Die Sahne steif schlagen und unterheben.

5 Einen Tortenring um den Tortenboden legen, den Reis darauf verteilen und den Kuchen mindestens 2 Std. kalt stellen, bis die Reismasse fest ist. Die zwei Orangen heiß abwaschen und abtrocknen. Etwas Schale mit einem Juliennereißer abziehen, die Früchte schälen und filetieren. Den Tortenring lösen, die Torte mit Orangenfilets und -spänen garnieren. In 12 Stücken servieren.

Bild oben: Grießkuchen mit Beeren
Bild unten: Orangen-Reis-Kuchen

Mandarinen-Käsekuchen

Kohlenhydrate ●◖	**20 Min. (+ 30 Min. Ruhezeit)**
Fett ●●●	**(+ 18–20 Min. Backzeit)**
	(+ 1 1/2 Std. Kühlzeit)

Pro Stück ca. 208 kcal
6 g Eiweiß · 14 g Fett · 16 g Kohlenhydrate

FÜR 1 SPRINGFORM VON 20 cm Ø:
100 g Weizenmehl (Type 405)
100 g geschälte, gemahlene Mandeln
3 EL Zucker · Salz
1 TL abgeriebene Schale 1 unbehandelten Orange
50 g Butter · 1 Ei · 100 g fettarmer Frischkäse
1 kleine Dose Mandarin-Orangen
Süßstoff · 100 g Sahne · 5 Blatt weiße Gelatine

1 Mehl, Mandeln, Zucker, 1 Prise Salz, 1/2 TL Orangenschale, Butter und Ei zu einem festen Teig verkneten. Den Teig in Klarsichtfolie wickeln und 30 Min. ruhen lassen. Den Backofen auf 200° vorheizen.

2 Aus dem Teig zwei Böden von 20 cm Durchmesser ausrollen, die Böden auf ein mit Backpapier ausgelegtes Backblech legen und im Backofen (Mitte, Umluft 180°) 18–20 Min. backen. Abkühlen lassen. Einen der Böden zerbröseln.

3 Den Tortenboden auf eine Kuchenplatte legen, einen Tortenring umlegen. Den Frischkäse mit Mandarinensaft, 1/2 TL Orangenschale und etwas Süßstoff glatt rühren. Sahne steif schlagen und unterziehen.

4 Die Gelatine in kaltem Wasser einweichen, tropfnass in einen kleinen Topf bei schwacher Hitze auflösen, mit etwas Creme anrühren und rasch unter die Creme rühren. Im Kühlschrank in 30 Min. halbfest werden lassen.

5 Zwei Drittel der Mandarinenfilets auf dem Tortenboden verteilen, die übrigen an den Innenrand stellen; die Creme einfüllen und glatt streichen. Die Torte 1 Std. kalt stellen; dann mit den Bröseln bestreuen. In 10 Stücken servieren.

Quark-Trauben-Torte

Kohlenhydrate ●◖	**30 Min.**
Fett ●●	**(+ 2 Std. Kühlzeit)**
	(+ 20 Min. Backzeit)

Pro Stück ca. 209 kcal
7 g Eiweiß · 11 g Fett · 19 g Kohlenhydrate

FÜR 1 SPRINGFORM VON 26 cm Ø:
Für den Teig:
100 g Weizenmehl (Type 405)
50 g geschälte, gemahlene Mandeln
1 EL Zucker · 1 Prise Salz
50 g Butter
1 kleines Ei
Butter für die Form
Für den Belag:
300 g Weintrauben
250 g Magerquark
2 EL Puderzucker
1 TL abgeriebene Schale 1 unbehandelten Orange
Süßstoff
200 g Sahne
6 Blatt Gelatine
2 EL Orangenlikör
Hülsenfrüchte zum Blindbacken

1 Für den Teig alle Zutaten zu einem glatten Teig verkneten, in Klarsichtfolie wickeln und 30 Min. kühl stellen. Dann den Backofen auf 200° vorheizen. Die Form einfetten. Den Teig ausrollen und die Form damit auskleiden. Backpapier und Hülsenfrüchte darauf geben und den Tortenboden im heißen Backofen (Mitte, Umluft 180°) in 20 Min. goldgelb backen. Abkühlen lassen, Hülsenfrüchte und Papier entfernen.

2 Trauben heiß waschen und trockentupfen, eventuell entkernen. 12 Trauben beiseite legen. Den Quark mit Zucker und Orangenschale verrühren, mit etwas Süßstoff abschmecken. Sahne steif schlagen und unterziehen. Die Gelatine 10 Min. in kaltem Wasser einweichen, ausdrücken und mit dem Likör bei schwacher Hitze auflösen. Mit etwas Quark-Sahne verrühren und rasch unter die Quark-Sahne rühren. Die Hälfte davon auf den Tortenboden streichen, mit Trauben belegen und die übrige Creme darauf verteilen.

3 Die Torte 2 Std. kalt stellen, bis die Creme fest ist. Vor dem Servieren die Torte mit den übrigen Weintrauben belegen, in 12 Stücken servieren.

Bild: Quark-Trauben-Torte

Joghurt-Torte mit Nektarinen und Erdbeeren

Kohlenhydrate ●◖	45 Min.
Fett ●●●	(+ 40 Min. Kühlzeit)
	(+ 15 Min. Backzeit)

Pro Stück ca. 190 kcal
4 g Eiweiß · 12 g Fett · 16 g Kohlenhydrate

FÜR 1 SPRINGFORM VON 24 cm Ø:
Für den Teig:
125 g Weizenmehl (Type 405) · 1 Msp. Backpulver · Salz
Mark von 1/2 Vanilleschote · 3 El Zucker
1/4 TL abgeriebene Schale 1 unbehandelten Orange
50 g Butter · 1 Eigelb
Butter für die Form, Hülsenfrüchte zum Blindbacken
Für den Belag:
400 g Joghurt (3,5 % Fett)
1 TL abgeriebene Schale 1 unbehandelten Zitrone
2 EL Zitronensaft · Süßstoff · 7 Blatt weiße Gelatine
200 g Sahne · 4 EL frisch gepresster Orangensaft
1 EL Erdbeerkonfitüre · 2 Nektarinen · 200 g Erdbeeren

1 Für den Teig alle Zutaten zu einem glatten Mürbeteig verkneten, in Klarsichtfolie wickeln und 30 Min. kühl stellen. Dann den Backofen auf 200° vorheizen. Die Form einfetten. Den Teig etwas größer als die Form ausrollen und in die Form legen. Mit der Gabel mehrmals einstechen. Backpapier und Hülsenfrüchte darauf geben. Im Backofen (Mitte, Umluft 180°) 15 Min. backen. Abkühlen, Hülsenfrüchte und Papier entfernen. Den Ring der Form nicht abnehmen.

2 Joghurt, Zitronenschale und -saft glatt rühren, mit Süßstoff abschmecken. 6 Blatt Gelatine in kaltem Wasser einweichen, tropfnass in einem Topf bei schwacher Hitze auflösen. Mit etwas Joghurt verrühren, dann rasch unter den Joghurt rühren. Die Creme kalt stellen, bis sie zu gelieren beginnt.

3 Sahne steif schlagen und unter den Joghurt ziehen. Die Joghurtcreme auf dem Tortenboden glatt verstreichen. Die Torte 30 Min. kalt stellen, bis die Creme fest geworden ist. Die übrige Gelatine in kaltem Wasser einweichen, abtropfen lassen. Orangensaft und 1 EL Erdbeerkonfitüre ganz glatt verrühren und erhitzen. Die tropfnasse Gelatine darin auflösen. Das Gelee leicht abkühlen lassen und auf der Torte verteilen, kalt stellen.

4 Vor dem Servieren die Nektarinen waschen, in Spalten schneiden. Die Erdbeeren waschen, putzen, trockentupfen und halbieren. Die Torte mit den Früchten dekorativ belegen. Den Ring abnehmen und die Torte in 12 Stücken servieren.

Joghurtcreme-Torte mit Stachelbeeren

Kohlenhydrate ●●◖	50 Min.
Fett ●●●	(+ 30 Min. Ruhezeit)
	(+ 45 Min. Backzeit)

Pro Portion ca. 256 kcal
8 g Eiweiß · 12 g Fett · 29 g Kohlenhydrate

FÜR 1 SPRINGFORM VON 26 cm Ø:
Für den Teig:
200 g Weizenmehl (Type 1050)
Mehl für die Arbeitsfläche
30 g Butter
1 Ei
3 EL Zucker
Salz
1/2 TL abgeriebene Schale 1 unbehandelten Zitrone
4 EL Milch
Butter für die Form, Hülsenfrüchte zum Blindbacken
Für den Belag:
600 g Stachelbeeren
30 g gemahlene Mandeln
1/2 TL Zimt
2 Eier
100 g Speisequark (20 % Fett)
Mark von 1/2 Vanilleschote
einige Tropfen Bittermandelaroma
Süßstoff
1 EL Mandelstifte

1 Für den Teig alle Zutaten zu einem Mürbeteig kneten, in Klarsichfolie wickeln und 30 Min. kühl stellen. Dann den Backofen auf 200° vorheizen. Die Form einfetten. Den Teig etwas größer als die Form ausrollen und in die Form legen. Mit der Gabel mehrmals einstechen. Backpapier und Hülsenfrüchte darauf geben. Im Backofen (Mitte, Umluft 180°) 15 Min. backen. Abkühlen, Hülsenfrüchte und Papier entfernen.

2 Die Stachelbeeren waschen, putzen und abtropfen lassen. Mandeln mit Zimt vermischen und auf den Teigboden streuen. Die Stachelbeeren darauf verteilen. Eier, Quark, Vanillemark und Bittermandelaroma verrühren und mit Süßstoff abschmecken. Die Creme über die Stachelbeeren geben, glatt streichen und mit Mandelstiften bestreuen. Im Backofen (Mitte, Umluft 180°) 30 Min. backen. Auskühlen lassen und in 12 Stücken servieren.

Bild oben: Joghurt-Torte mit Nektarinen und Erdbeeren
Bild unten: Joghurtcreme-Torte mit Stachelbeeren

Orangenkuchen

Kohlenhydrate ●◖ 20 Min.
Fett + (+ 1 Std. 10 Min. Backzeit)

Pro Stück ca. 211 kcal
2 g Eiweiß · 15 g Fett · 18 g Kohlenhydrate

FÜR 1 KASTENFORM VON 18 cm LÄNGE:
150 g Butter
100 g Zucker
2 Eier
2 Vanilleschoten
80 g Mehl
2 TL Backpulver
abgeriebene Schale und Saft 1 unbehandelten Orange
Fett und Semmelbrösel für die Form

1 Den Backofen auf 180° vorheizen. Die Form einfetten und mit Semmelbröseln ausstreuen. Butter mit Zucker schaumig schlagen, nach und nach die Eier unterrühren. Vanilleschoten längs aufschlitzen und das Mark herauskratzen. Das Mehl mit Backpulver, Vanillemark, Orangenschale und -saft unterrühren.

2 Den Teig in die Form geben, glatt streichen und im Backofen (2. Schiene von unten, Umluft 160°) in 1 Std. 10 Min. goldbraun backen. Auf einem Kuchengitter auskühlen lassen. In 10 Stücken servieren.

Reiskuchen mit Äpfeln

Kohlenhydrate ●●◖ 1 Std.
Fett ●●● (+ 45–60 Min. Backzeit)

Pro Stück ca. 231 kcal
6 g Eiweiß · 9 g Fett · 29 g Kohlenhydrate

FÜR 1 SPRINGFORM VON 26 cm Ø:
Für den Teig:
150 g Mehl · 2 EL Zucker · Salz · 1 Ei · 50 g Butter
Fett für die Form, Hülsenfrüchte zum Blindbacken
Für den Belag:
1 Vanilleschote · 1/2 l Milch · Salz
1 El Zucker · 150 g Naturreis · 1 Stück Schale 1 unbehandelten Zitrone · 3 Eigelbe · 2 Eiweiße
4 säuerliche Äpfel · 2 Gewürznelken · 1 Zimtstange
50 ml trockener Weißwein · Süßstoff
30 g Mandelstifte

1 Für den Teig alle Zutaten zu einem glatten Mürbeteig verkneten, in Klarsichtfolie wickeln und 30 Min. kühl stellen. Den Backofen auf 200° vorheizen. Die Form einfetten. Dann den Teig etwas größer als die Form ausrollen und in die Form legen. Mit der Gabel mehrmals einstechen. Backpapier und Hülsenfrüchte darauf geben. Den Mürbeteig im heißen Backofen (Mitte, Umluft 180°) 15 Min. backen. Abkühlen lassen, Hülsenfrüchte und Papier entfernen.

2 Vanilleschote längs aufschlitzen und das Mark herauskratzen. Milch, 1 Prise Salz, Zucker, Reis, Zitronenschale und Vanillemark samt Schote unter Rühren zum Kochen bringen, den Reis zugedeckt quellen lassen. Abkühlen lassen, Vanilleschote und Zitronenschale entfernen.

3 2 Eigelbe verquirlen und unter den kalten Reis rühren. Eiweiße steif schlagen und unterheben. Die Äpfel schälen, halbieren, entkernen und in Spalten schneiden. Mit Nelken, Zimt, Wein, Süßstoff und 50 ml Wasser nahezu weich kochen. Die Äpfel abtropfen und erkalten lassen. Nelken und Zimtstange entfernen.

4 Die Hälfte vom Reis auf dem Tortenboden verstreichen. Die Äpfel darauf verteilen und mit dem übrigen Reis bedecken. Das übrige Eigelb verquirlen und den Kuchen damit bestreichen. Mit Mandelstiften bestreuen. Im heißen Backofen (Mitte, Umluft) 40–45 Min. backen. Auskühlen lassen und in 12 Stücken servieren.

Bild: Reiskuchen mit Äpfeln

Nusskuchen mit Birnen

Kohlenhydrate ●● **1 Std.**
Fett ++ **(+ 45 Min. Backzeit)**

Pro Stück ca. 314 kcal
25 g Eiweiß · 21 g Fett · 24 g Kohlenhydrate

FÜR 1 SPRINGFORM VON 26 cm Ø:
Für den Teig:
125 g Weizenmehl (Type 405)
125 g gemahlene Haselnüsse
1 TL Backpulver
3 EL Zucker
Salz
1 TL abgeriebene Schale 1 unbehandelten Orange
80 g Butter
1 Ei
Fett für die Form, Hülsenfrüchte zum Blindbacken
Für die Füllung:
900 g mittelgroße Birnen
200 ml trockener Weißwein
1 Stückchen unbehandelte Zitronenschale
1 EL Zucker
100 g gehackte Walnüsse
1 Ei
4 EL Crème fraîche

1 Für den Teig alle Zutaten zu einem glatten Mürbeteig verkneten, in Klarsichtfolie wickeln und 30 Min. kühl stellen. Dann die Form einfetten. Den Backofen auf 200 °C vorheizen. Zwei Drittel des Teiges etwas größer als die Form ausrollen. Die Form und den Rand damit auslegen. Den Boden mit Backpapier und Hülsenfrüchten bedecken und im Backofen (Mitte, Umluft 180°) 20 Min. backen. Abkühlen, Hülsenfrüchte und Papier entfernen.

2 Birnen schälen, halbieren, entkernen und in Spalten schneiden. Mit Wein, Zitronenschale und Zucker 5 Min. kochen, dann abtropfen und abkühlen lassen. Den Tortenboden mit Walnüssen bestreuen und mit Birnen belegen. Ei und Crème fraîche verquirlen und darauf verteilen.

3 Den restlichen Teig zu einer Platte in der Größe der Form ausrollen und auf die Füllung legen. Den Rand andrücken, die Teigplatte mehrmals einstechen. Im Backofen (Mitte, Umluft 180°) 25 Min. backen. Auskühlen lassen und in 12 Stücken servieren.

Vollkorn-Früchtebrot

Kohlenhydrate ●● **30 Min.**
Fett ●●● **(+ 1 Std. Backzeit)**

Pro Stück ca. 211 kcal
6 g Eiweiß · 12 g Fett · 20 g Kohlenhydrate

FÜR 1 KASTENFORM VON 25 cm LÄNGE:
200 g gemischte, ungeschwefelte Trockenfrüchte
100 g geschälte Haselnusskerne
50 g weiche Butter
2 Eigelbe
1 TL abgeriebene Schale 1 unbehandelten Zitrone
1 TL abgeriebene Schale 1 unbehandelten Orange
1/2 TL gemahlener Koriander
1/2 TL Zimt
1 Msp. gemahlener Piment
100 g Weizenmehl (Type 1050)
100 g feine Haferflocken
2 gestrichene TL Backpulver
Butter für die Form
2 Eiweiße
Salz
30 g halbierte Mandeln zum Garnieren

1 Trockenfrüchte und Haselnüsse mit warmem Wasser bedeckt 1 Std. einweichen, abtropfen lassen, dabei die Flüssigkeit auffangen. Die Früchte in Stücke schneiden. Butter mit Eigelben cremig rühren. Zitronen- und Orangenschale, Koriander, Zimt und Piment unterrühren. Mehl, Haferflocken und Backpulver vermischen und unterrühren. Dabei so viel Einweichwasser dazugeben, dass ein zäher Teig entsteht.

2 Den Backofen auf 180° vorheizen. Die Form einfetten. Eiweiße mit 1 Prise Salz steif schlagen. Eischnee, Früchte und Nüsse unter den Teig heben. Den Teig in die Form füllen, glatt streichen und mit Mandelhälften verzieren. Im Backofen (Mitte, Umluft 160°) 1 Std. backen. Das Früchtebrot kurz abkühlen lassen, aus der Form stürzen erkalten lassen.

3 Nach dem Erkalten das Früchtebrot in Glaspapier oder Alufolie wickeln und mindestens 1 Tag durchziehen lassen, damit sich die Aromen verteilen können. In 12 Stücken servieren.

Bild oben: Nusskuchen mit Birnen
Bild unten: Vollkorn-Früchtebrot

Hilfreiche Tabellen

Sofern der Diabetes mellitus mit Blutzucker senkenden Medikamenten oder Insulin behandelt werden muss, spielt auch die Berechnung der verzehrten Kohlenhydrate eine Rolle. Wenn Sie die Medikamentendosis gut auf die Menge der blutzuckerwirksamen Kohlenhydrate in den Mahlzeiten abstimmen, können Sie eine Über- oder Unterzuckerung vermeiden.

Zu den kohlenhydrathaltigen Nahrungsmitteln zählen:
- ➤ alle Brot- und Backwaren
- ➤ Getreide und Getreideprodukte
- ➤ Mais & Hülsenfrüchte
- ➤ Kartoffeln und Kartoffelprodukte
- ➤ Frischmilchprodukte wie Joghurt, Kefir, Buttermilch, Dickmilch, Trinkmilch, Molke
- ➤ Obst und Obstsäfte
- ➤ Trockenfrüchte
- ➤ Nüsse und Samen
- ➤ Fruchtsäfte, Fruchtnektare, Fruchtsaftgetränke und mit Zucker gesüßte Limonaden
- ➤ Süßigkeiten und Knabbereien
- ➤ Spezielle Diabetikerprodukte

Kohlenhydrat-Austauschtabellen

Um den Austausch von Lebensmitteln mit einem unterschiedlichen Gehalt an Kohlenhydraten zu erleichtern, stehen heute so genannte Kohlenhydrat-Austauschtabellen zur Verfügung. Der Sinn dieser Tabellen ist, Ihnen eine einfache Übersicht zu geben, wie kohlenhydrathaltige Lebensmittel – zum Beispiel innerhalb eines Rezepts oder Gerichts – gegeneinander ausgetauscht werden können, ohne dass sich dadurch die Blutzuckerwirkung nennenswert verändert. Als Maßangabe für die Kohlenhydratmenge galt lange Zeit einheitlich die Bezeichnung **BE** – für **B**rot-**E**inheiten. Heute wird die so genannte Kohlenhydrat-Por-tion (KH-Portion) als Schätzhilfe verwendet. Eine KH-Portion enthält im Durchschnitt 10–12 g Kohlenhydrate mit je etwa 60 kcal.

BE = **B**rot-**E**inheit
KHE = **K**ohlen**H**ydrat-**E**inheit
Jede dieser Einheiten bezeichnet die gleiche Menge an Kohlenhydraten in einem Lebensmittel.
1 BE, KHE oder **KH-Portion** wird als Schätzeinheit angesehen und entspricht immer **10–12 g Kohlenhydraten.**

Praxisbeispiel

- ➤ Eine Scheibe Brot mit Ihrer Brotmaschine auf Stärke 10 geschnitten, wiegt 60 g. Laut Kohlenhydrat-Austauschtabelle entsprechen 30 g Mischbrot 1 KH-Portion. Diese Scheibe entspricht also etwa 2 KH-Portionen.
- ➤ 80 g Kartoffeln entsprechen ebenfalls 1 KH-Portion. Eine 80 g schwere Kartoffel hat etwa die Größe eines normalen Hühnereis oder einer Kiwi.

Insulinberechnung

Zur Berechnung der Insulinmenge wird heute meist das **Insulineinheiten – BE-Verhältnis**, auch BE-Faktor genannt, verwendet. Dieses sagt aus, wie viele Insulineinheiten (IE) pro verzehrten BE/KH-Portion gespritzt werden müssen, um den Blutzuckerspiegel auszugleichen. Dieser Faktor variiert tageszeitlich und ist morgens am höchsten.

Praxisbeispiel

Ein persönlicher BE-Faktor von 2,0 IE/BE bedeutet zum Beispiel, dass pro verzehrter BE 2 Insulineinheiten gespritzt werden müssen. Werden 3 BE-Portionen gegessen, werden 6 IE benötigt.
In der **Kohlenhydrat-Austauschtabelle** finden Sie Grundnahrungsmittel, deren Kohlenhydratanteil bei insulinpflichtigem Diabetes anzurechnen ist. Zusätzlich zu den Lebensmitteln mit anzurechnendem Kohlenhydratanteil wurden Lebensmittel berücksichtigt, die auf Grund ihres hohen Ballaststoffgehalts besonders empfehlenswert sind. Die Ballaststoffangaben beziehen sich jeweils auf 100g verzehrbaren Anteil.
Die Angaben in der Spalte KH-Portion/BE geben an, wie viel Gramm des verzehrbaren Lebensmittels 1 Kohlenhydrat-Portion/BE entsprechen.
Die Markierungen beziehen sich jeweils auf die einzelnen Lebensmittelsparten: Lebensmittel, deren Verzehr sich vergleichsweise gering auf den Blutzuckerspiegel auswirken, sind grün unterlegt. Lebensmittel, bei deren Verzehr Sie relativ schnell 1 KH-Portion, aber nur wenige Ballaststoffe und andere lebenswichtige Nährstoffe aufnehmen, sind rot unterlegt.
Das bedeutet aber nicht, dass Sie von den grünen Lebensmitteln beliebig viel essen dürfen, oder dass die roten verboten sind!
Beispiel: Weißer Reis enthält im Vergleich zu Naturreis weniger Ballaststoffe und kaum Vitalstoffe. Deswegen ist weißer Reis in der Sparte »Getreide« rot unterlegt, während Naturreis grün unterlegt ist. Im Vergleich zu Pumpernickel aus der Sparte „Brot & Backwaren" sind aber beide Reissorten relativ arm an Ballaststoffen.

Getreide	Ballaststoffe je 100 g	1 KH-Portion/BE entspricht
Sprossen (im Durchschnitt)	2,5 g	75 g
Buchweizen	3,7 g	15 g
Gerste, Korn	9,8 g	15 g
Gerstengraupen	4,6 g	15 g
Dinkel	8,8 g	15 g
Haferflocken	9,5 g	15 g
Hirse	3,8 g	15 g
Maismehl	9,2 g	15 g
Popcorn	10,0 g	15 g
Quinoa	4,4 g	15 g
Naturreis	2,2 g	15 g
Weißer Reis	1,4 g	15 g
Roggen, Korn	13,2 g	15 g
Roggenflocken	10,0 g	15 g
Roggenmehl Type 815	6,5 g	15 g
Roggenmehl Type 1150	8,0 g	15 g
Weizen, Korn	10,4 g	15 g
Weizengrieß	7,1 g	15 g
Weizenmehl Type 405	4,0 g	15 g
Weizenmehl Type 1050	5,2 g	15 g
Speisekleie	45,4 g	55 g
Cornflakes, gezuckert	4,0 g	15 g
Müslimischung, ungezuckert	7,7 g	15 g
Stärke		
Kartoffelstärke		10 g
Maisstärke		10 g
Weizenstärke		10 g
Saucenbinder (hell, dunkel)		10 g
Brot		
Roggenmischbrot	6,2 g	25 g
Roggenvollkornbrot	8,1 g	25 g
Weißbrot	3,0 g	20 g
Weizenmischbrot	4,6 g	20 g
Weizenvollkornbrot	8,4 g	25 g
Weizenbrötchen	3,0 g	20 g
Toastbrot (im Durchschnitt)	3,6 g	20 g
Baguette	3,0 g	20 g
Grahambrot	0,5 g	20 g
Knäckebrot (im Durchschnitt)	14,0 g	15 g
Laugengebäck	1,9 g	20 g
Mehrkornbrot	9,0 g	25 g
Pumpernickel	9,3 g	25 g
Vollkornbrot mit Sonnenblumenkernen	5,0 g	25 g
Backwaren		
Butterkeks	3,0 g	15 g
Früchtebrot	14,0 g	20 g
Mandelmakronen	6,0 g	30 g
Müslikeks	8,0 g	15 g
Vollkorn-Fladenbrot	6,0 g	15 g
Vollkornkeks (im Durchschnitt)	10,0 g	20 g
Vollkornzwieback	10,0 g	20 g

Kartoffeln & Kartoffelprodukte	Ballaststoffe je 100 g	1 KH-Portion/BE entspricht
Kartoffeln, gekocht, mit Schale	1,7 g	70 g
Kartoffeln, gebacken, in der Schale	2,4 g	55 g
Kartoffelherzen, TK-Produkt	1,1 g	35 g
Kartoffelklöße/Knödel	6,0 g	40 g
Kartoffelpuffer, TK-Produkt	k.A.	40 g
Kartoffelpüree, verzehrsfertig	4,0 g	75 g
Kartoffelpüree, Trockenprodukt	6,0 g	15 g
Kroketten	0	35 g
Pommes frites	4,0 g	30 g
Rösti, TK-Produkt	k.A.	80 g
Zwetschgenknödel, TK-Produkt	k.A.	30 g
Teigwaren		
Teigwaren (Nudeln), roh	3,4 g	15 g
Vollkornnudeln, roh	8,0 g	15 g
Hülsenfrüchte (trocken)		
Bohnen, weiß	17,0 g	30 g
Erbsen	16,6 g	25 g
Kichererbsen	21,4 g	25 g
Linsen	10,6 g	20 g
Saubohne	22,0 g	20 g
Sojabohne	21,9 g	160 g
Sojamehl	18,5 g	390 g
Nüsse & Samen		
Cashewnuss	2,9 g	35 g
Erdnuss	10,9 g	140 g
Haselnuss	7,4 g	90 g
Kastanie, Marone	8,4 g	25 g
Kokosraspel	24,0 g	175 g
Leinsamen, ungeschält	38,6 g	200 g
Mandel	15,2 g	320 g
Mohnsamen	20,5 g	275 g
Paranuss	6,7 g	330 g
Pekannuss	9,5 g	270 g
Pistazienkerne	6,5 g	55 g
Sesamsamen	11,2 g	100 g
Sonnenblumenkerne	6,3 g	80 g
Walnuss	6,1 g	80 g
Gemüse		
Artischocken	10,8 g	n.a.
Bohnen, grün, gekocht	3,0 g	200 g
Brokkoli	3,0 g	n.a.
Erbsen, grün, roh	5,2 g	95 g
Erbsen in Dosen	4,0 g	95 g
Fenchel, roh	4,2 g	n.a.
Grünkohl, roh	4,2 g	n.a.
Knollensellerie	4,2 g	n.a.
Kürbis, roh	2,2 g	200 g
Möhren, roh	3,4 g	190 g
Möhren, in Dosen	3,0 g	190 g
Paprika, roh	3,6 g	n.a.
Rhabarber, roh	3,2 g	n.a.
Rosenkohl	4,0 g	n.a.
Rote Bete (Rübe), gekocht	2,0 g	120 g
Süßkartoffel, Batate	3,1 g	50 g

Topinambur	12,1 g	n.a.
Weiße Rübe, roh	3,5 g	n.a.
Weißkohl, roh	3,0 g	n.a.
Zuckermais, roh		60 g
Zuckermais, in Dosen		50 g
Obst		
Ananas	1,5 g	80 g
Apfel, ungeschält, roh	2	100 g
Apfelsine, roh	1,6 g	120 g
Aprikosen, roh	1,5 g	120 g
Avocado, roh	6,3 g	n.a.
Birne, roh	3,3 g	90 g
Brombeeren	3,2 g	180 g
Erdbeeren	1,6 g	220 g
Heidelbeeren	4,9 g	180 g
Himbeeren	4,7 g	240 g
Holunderbeeren	6,5 g	180 g
Johannisbeeren, rot	3,5 g	240 g
Johannisbeeren, schwarz	6,8 g	180 g
Johannisbeeren, weiß	3,0 g	140 g
Kiwi	2,1 g	110 g
Olive, grün	2,4 g	610 g
Olive, schwarz	k.A.	240 g
Papaya	1,9 g	420 g
Pfirsich	1,9 g	110 g
Preiselbeeren	2,9 g	160 g
Preiselbeeren, in Dosen, ungesüßt	2,5 g	150 g
Quitten	6,0 g	140 g
Stachelbeere	3,0 g	140 g
Fruchtsäfte		
Acerola-Saft	n.a.	220 g
Ananas-Saft	n.a.	80 g
Apfel-Saft	n.a.	90 g
Apfelsinen-Saft, frisch gepresst	n.a.	110 g
Apfelsinen-Saft, aus Konzentrat, ungesüßt	n.a.	110 g
Brombeer-Saft	n.a.	130 g
Grapefruit-Saft, ungesüßt	n.a.	100 g
Himbeer-Saft, ungesüßt	n.a.	180 g
Holunderbeeren-Saft	n.a.	150 g
Sanddornbeeren-Saft	n.a.	230 g
Trauben-Saft	0,2 g	60 g
Trockenfrüchte		
Apfel	10,1 g	20 g
Aprikose	8,6 g	20 g
Banane	12,0 g	15 g
Birne	13,5 g	20 g
Dattel	9,0 g	15 g
Feige	12,9 g	20 g
Korinthen	7,0 g	20 g
Pfirsich	11,7 g	20 g
Pflaumen	5,0 g	20 g
Rosinen	5,6 g	15 g
Sultaninen	5,6 g	15 g
Weinbeeren	5,6 g	15 g

n.a. = nicht anzurechnen k.A. = keine Angaben

Kohlenhydrathaltige, ballaststofffreie Lebensmittel

Kohlenhydrat-Austauschtabelle für weitgehend ballaststofffreie anrechnungspflichtige Milchprodukte, süße Brotaufstriche und Zucker. Auch Alkohol, Zuckeraustauschstoffe und viele Fertigprodukte sowie Backwaren und Süßigkeiten enthalten Kohlenhydrate. Diese Produkte sind aus unterschiedlichen Gründen hier nicht aufgeführt:

➤ Die Kohlenhydrate aus alkoholischen Getränken werden nicht auf die täglich vorgesehenen KH-Portionen angerechnet.

➤ Zuckeraustauschstoffe werden individuell unterschiedlich verstoffwechselt. Prüfen Sie anhand der Blutzuckermessungen nach dem Essen, wie Sie auf die einzelnen Zuckeraustauschstoffe reagieren, und lassen Sie sich von ihrem Arzt diesbezüglich beraten.

➤ Fertigprodukte sowie Backwaren und Süßigkeiten gehören nicht zu den Grundnahrungsmitteln und sollten nur in Maßen verzehrt werden. Deswegen wurden Sie in diesem Kochbuch nicht berücksichtigt. Im Anhang finden Sie Empfehlungen für Nährwert-Tabellen. Diese bieten Ihnen einen guten Überblick über die wichtigen Nährwerte und umfassen ein deutlich breiteres Lebensmittel-Spektrum als diese Tabelle.

Milch & Milchprodukte	**1 KH-Portion/1 BE entspricht**
Kuhmilch, 3,5 % Fett	200 ml
Kuhmilch, 1,5 % Fett	200 ml
Kuhmilch, entrahmt	200 ml
Buttermilch	250 ml
Dickmilch, 3,5 % Fett	250 ml
Kefir, 3,5 % Fett	250 ml
Kaffeesahne, 12 %	300 ml
Kondensmilch, 4 %	90 ml
Kondensmilch, 7,5 %	110 ml
Kondensmilch, 10 %	90 ml
Molke	220 ml
Joghurt, 3,5 %	250 g
Joghurt, 1,5 %	250 g
Joghurt aus entrahmter Milch	250 g
Süße Brotaufstriche	
Apfel- oder Birnendicksaft	15 g
Bienenhonig	10 g
Gelee	15 g
Konfitüre	15 g
Nuss-Nougatcreme	15 g
Orangen-Marmelade	15 g
Rüben-Kraut	15 g
Zucker	
Fruchtzucker (Fructose)	10 g
Haushaltszucker	10 g
Milchzucker	10 g
Traubenzucker	10 g
Ursüße	10 g

Eine tägliche Fettaufnahme von 60 g sollte nicht wesentlich überschritten werden. Der durchschnittliche Fettverzehr liegt allerdings bei 140 g! Diese Tabelle kann Sie unterstützen, Ihren Fettverbrauch zu kontrollieren. Zur besseren Orientierung sind die Fettgehalte gängiger Milchprodukte und Fischsorten sowie fettarmer Käse-, Fleisch- und Wurstsorten aufgeführt. Alle Angaben beziehen sich auf 100 g verzehrbaren Anteil.
Da Milchprodukte, Käse, Fleisch- und Wurstwaren generell nur in Maßen genossen werden sollten, sind in diesen Sparten nur herausragend fettarme Lebensmittel grün unterlegt. Pflanzenfette liefern jedoch wertvolle Fettsäuren, deswegen sind diese Lebensmittel grün unterlegt.

Milch	Fettgehalt je 100 ml
H-Milch, 3,5 % Fett	3,5 g
H-Milch, 1,5 % Fett	1,5 g
H-Milch, entrahmt	0,3 g
frische Vollmilch	3,8 g
Milchprodukte	
Buttermilch	0,5 g
Dickmilch, 3,5 % Fett	3,5 g
Kefir, 3,5 % Fett	3,5 g
Kaffeesahne, 12 %	12,4 g
Kondensmilch, 4 %	4,1 g
Kondensmilch, 7,5 %	7,6 g
Kondensmilch, 10 %	10,1 g
Molke	0,2 g
Crème double	60,0 g
Crème fraîche	40,0 g
Joghurt, 3,5 %	3,5 g
Joghurt, 1,5 %	1,5 g
Joghurt aus entrahmter Milch	0,1 g
Sahne, sauer, 10 % Fett	10,0 g
Sahne, sauer, extra	18,0 g
Sahne, süß, 30 % Fett	31,7 g
Sauerrahm, Schmand, 24 % Fett	24,0 g
Frischkäse & Speisequark	
Doppelrahmfrischkäse	31,5 g
Feta, 45 % Fett i. Tr.	18,8 g
Feta, 40 % Fett i. Tr.	16,0 g
Frischkäsezubereitung, 60 % Fett i. Tr.	23,0 g
Frischkäsezubereitung, fettarm	7,5 g
Körniger Frischkäse	2,9 g
Mascarpone	47,5 g
Mozzarella	19,8 g
Schichtkäse, 10 % Fett i. Tr.	2,0 g
Schichtkäse, 50 % Fett i. Tr.	14,5 g
Speisequark, 40 % Fett i. Tr.	11,4 g
Speisequark, 20 % Fett i. Tr.	5,1 g
Speisequark, mager	0,3 g
Fettarme Käsesorten	
Brie, 50 % Fett i. Tr.	25,5 g
Butterkäse, 30 % Fett i. Tr.	15,4 g
Camembert, 45 % Fett i. Tr.	21,8 g
Camembert, 30 % Fett i. Tr.	12,8 g
Edamer, 30 % Fett i. Tr.	16,0 g
Favorel, Danbo, 45 % Fett i. Tr.	25,4 g
Gouda, 40 % Fett i. Tr	22,3 g
Harzer, Korbkäse, Mainzer Handkäse	0,7 g
Kochkäse, 40 % Fett i. Tr.	13,9 g
Kochkäse, 10 % Fett i. Tr.	3,0 g
Limburger, 40 % Fett i. Tr.	19,7 g
Limburger, 20 % Fett i. Tr.	9,0 g
Lindenberger, 30 % Fett i. Tr.	18,0 g
Morbier, 40 % Fett i. Tr.	22,4 g
Parmesan, 32 % Fett i. Tr.	25,8 g
Romadur, 30 % Fett i. Tr.	14,1 g
Romadur, 20 % Fett i. Tr.	9,0 g
Schmelzkäse, 45 % Fett i. Tr.	22,9 g
Schmelzkäse, 30 % Fett i. Tr.	14,0 g
Schmelzkäse, 20 % Fett i. Tr.	10,0 g
Steppenkäse, 45 % Fett i. Tr.	25,4 g
Tilsiter, 45 % Fett i. Tr.	25,4 g
Tilsiter 30 % Fett i. Tr.	16,0 g
Westlight, 30 % Fett i. Tr.	18,5 g
Ziegenkäse, Weichkäse, 45 % Fett i. Tr.	21,8 g
Eier, Fette & Öle	
Hühnerei, Größe M, 1 Stück	6,2 g
1 Eidotter, 19 g	6,1 g
Butter	83,2 g
Halbfettbutter	40,0 g
Butter-, Gänse- oder Schweineschmalz	99,5 g
Pflanzenöle	99,5 g
Margarine, Diätmargarine	80,0 g
Halbfettmargarine	40,0 g
Mayonnaise, 80 % Fett i. Tr.	78,9 g
Mayonnaise, 50 % Fett i. Tr.	52,0 g
Geflügel	
Ente	17,2 g
Gans	31,0 g
Brathähnchen	9,6 g
Hähnchenbrust mit Haut	6,2 g
Hähnchenkeule mit Haut	11,2 g
Suppenhuhn	20,3 g
Putenbrust ohne Haut	1,0 g
Putenkeule ohne Haut	3,6 g
Wild	
Hase	3,0 g
Reh, Keule	1,3 g
Reh, Rücken	3,6 g
Fettarme Fleischsorten	
Lamm, Hammel	
Muskelfleisch	3,4 g
Filet	3,4 g
Schnitzel	6,1 g
Kalb	
Muskelfleisch	0,8 g
Brust	6,3 g
Filet	1,4 g
Haxe	1,6 g
Keule	1,6 g
Kotelett	3,1 g
Schnitzel	1,8 g
Rind	
Muskelfleisch	1,9 g
Filet	4,0 g
Hochrippe, dicke Rippe	8,9 g
Kamm	8,1 g
Keule	7,1 g
Lende, Roastbeef	4,5 g
Corned beef (deutsch)	6,0 g
Tartar	3,0 g
Schwein	
Muskelfleisch	1,9 g
Filet	2,0 g
Kotelett	7,6 g
Schnitzel (Oberschale)	1,9 g
Fleisch- & Wurstwaren	
Bierschinken	11,4 g
Geflügelwurst, mager	4,8 g
Jagdwurst	16,2 g
Schinken ohne Fettrand	2,9 g
Schinken, gesalzen und gekocht	12,8 g

Rezeptregister von A–Z

Sachregister

An diesen Symbolen erkennen Sie bei den Rezepten auf einen Blick, wie viel Kohlenhydrate, Fett und Ballaststoffe eine Portion enthält.

Kohlenhydrate Pro Portion:		Fett Pro Portion:		Ballaststoffe Pro Portion:	
bis 4 g	-	bis 3 g	-	bis 2 g	-
4–8 g	◖	4–6 g	●	2–4 g	●
9–12 g	●	7–9 g	●●	5–7 g	●●
13–19 g	●◖	10–14 g	●●●	6 g	
20–24 g	●●	15–19 g	+	und > 6 g	●●●
25–31 g	●●◖	20–29 g	+ +		
32–36 g	●●●	30–39 g	+ + +		
37–43 g	●●●◖				
44–48 g	●●●●				
49–54 g	●●●●◖				
55–60 g	●●●●●				

Die Temperaturstufen bei Gasherden variieren von Hersteller zu Hersteller. Welche Stufe Ihres Herdes der jeweils angegebenen Temperatur entspricht, entnehmen Sie bitte der Gebrauchsanweisung.

Abkürzungen:

TL	=	Teelöffel
EL	=	Esslöffel
Msp.	=	Messerspitze
kcal	=	Kilokalorien
MUF	=	mehrfach ungesättigte Fettsäuren
k. A.	=	keine Angaben

Prof. Dr. Hans Hauner
Vorwort: Professor Dr. Hans Hauner, leitender Oberarzt am Deutschen Diabetes-Forschungsinstitut an der Heinrich-Heine-Universität Düsseldorf, ist anerkannter Experte für Gesundheitsfragen zu Diabetes und Adipositas.
Er ist Mitglied verschiedener Gremien der Deutschen-Diabetes-Gesellschaft, der Deutschen Adipositas-Gesellschaft und der Deutschen Gesellschaft für Ernährung sowie Mitglied zahlreicher Fachgesellschaften.

Friedrich Bohlmann
Der Ernährungswissenschaftler arbeitet seit Jahren als Fachjournalist für Zeitschriften, verschiedene Fernsehsender und ist Ernährungsexperte für den Internet-Medizinservice »Netdoktor.de«. Einige Ratgeberbücher tragen seinen Namen. Für seine Arbeit bekam er den Journalistenpreis der Deutschen Gesellschaft für Ernährung. Aus seiner Erfahrung als Ernährungsberater weiß er: Eine Diät, die man lange einhalten muss, braucht Rezepte, die simpel sind, schnell von der Hand gehen und super schmecken.

Erika Casparek-Türkkan
Die Journalistin und Kochbuchautorin Erika Casparek-Türkkan befasst sich seit vielen Jahren mit Themen rund um Gesundheit und Fitness. Sie leitete in der Redaktion einer Gesundheitszeitschrift im Rheinland über mehrere Jahre das Ressort Ernährung mit einem speziellen Rezeptteil für Diabetiker. Damals setzte sie sich erstmals mit der Problematik des Diabetes auseinander. Auch bei späteren Büchern mit Diabetesrezepten bewies sie, dass Genuss – auch der süße – nicht ausschlossen ist. Keine Frage, dass Sie unter anderem einen Großteil der Backrezepte für dieses Buch entwickelt hat.

Bettina Köhler
Die Ernährungswissenschaftlerin und Food-Journalistin ist leidenschaftliche Köchin. Nach Ihrem Studium arbeitete sie als Redakteurin im Kochressort einer großen Frauenzeitschrift in München. Inzwischen ist die Mutter zweier Kinder freiberuflich tätig und verbindet genussvolles Kochen mit den Anforderungen einer diabetesgerechten Ernährung.

Rosalie Lohr & Axel Bachmann
Rosalie Lohr und Axel Bachmann sind im Diabetesschulungsteam von Prof. Dr. med. Rüdiger Landgraf in der Medizinischen Klinik Innenstadt des Klinikums der Ludwig-Maximilians-Universität München als Diabetesberater/in und Diätassistent/in verantwortlich für die strukturierte Schulung und Betreuung von Menschen mit Diabetes aller Diabetesformen. Durch ihre langjährige Praxiserfahrung sind sie mit den Problemen und Fragen von Menschen mit Diabetes bestens vertraut. Sie verfassten nicht nur den Theorieteil, sondern standen uns mit ihrer Fachkompetenz auch bei der Beurteilung der Tipps im Rezeptteil beratend zur Seite.

Michael Brauner
Food Fotografie
Nach Abschluss der Fotoschule in Berlin arbeitete er als Fotoassistent bei namhaften Fotografen in Frankreich und Deutschland, bevor er sich 1984 selbstständig machte. Sein individueller, atmosphärenreicher Stil wird in der Werbung ebenso wie in vielen bekannten Verlagen sehr geschätzt. In seinem Studio in Karlsruhe setzt er die Rezepte zahlreicher GU-Titel stimmungsvoll ins Bild.

Büchertipps

Prof. Dr. E. Standl, Prof. Dr. H. Mehnert, Das große TRIAS-Handbuch für Diabetiker, Georg Thieme Verlag, Stuttgart 1998
Prof. Dr. A. Gries, GU moderne Diät – Für Typ 2-Diabetiker, Gräfe und Unzer Verlag, 5. Auflage, München 2000
M. Heusch, BE-Tabelle für die 433 wichtigsten Lebensmittel und Fertigprodukte, Georg Thieme Verlag, Stuttgart 2000
E. Lange, Gezielt einkaufen – Die richtigen Lebensmittel bei Diabetes Typ 2, Mosaik Verlag, München 1999
D. Fritzsche, GU Kompass Diabetes, Gräfe und Unzer Verlag, München 2001
Kalorien mundgerecht, 11. Auflage, Umschau Verlag, Frankfurt 1999
W. Schumacher, M. Toeller, KH-Tabelle für Diabetiker, Kirchheim Verlag, Mainz 2000
Prof. Dr. E. Standl, Kohlenhydrat- und Fettaustauschtabelle, Georg Thieme Verlag, Stuttgart 1998

Redaktion: Anne Lenk
Umschlaggestaltung: Independent Medien Design
Produktion: Maike Harmeier
Typografie und Layout: Kraxenberger Kommunikations-Haus, München
Satz: Verlagssatz Lingner
Fotografie: Michael Brauner
Bildnachweis: Bavaria S. 7, 15, 18, 19;
Image Bank: S. 8
Reproduktion: Repro Schmidt, Dornbirn
Druck: Appl, Wemding
Bindung: MIB, Heimstetten

ISBN 3-7742-2717-9

Auflage	4.	3.	2.	1.
Jahr	2004	03	02	01

Das Original mit Garantie

Ihre Meinung ist uns wichtig.
Deshalb möchten wir Ihre Kritik, gerne aber auch Ihr Lob erfahren. Um als führender Ratgeberverlag für Sie noch besser zu werden. Darum: Schreiben Sie uns! Wir freuen uns auf Ihre Post und wünschen Ihnen viel Spaß mit Ihrem GU-Ratgeber.

Unsere Garantie:
Sollte ein GU-Ratgeber einmal einen Fehler enthalten, schicken Sie uns das Buch mit einem kleinen Hinweis und der Quittung innerhalb von sechs Monaten nach dem Kauf zurück. Wir tauschen Ihnen den GU-Ratgeber gegen einen anderen zum gleichen oder ähnlichen Thema um.

Ihr Gräfe und Unzer Verlag
Redaktion Kochen
Postfach 86 03 25
81630 München
Fax: 089 / 4 19 81 - 113
e-mail: leserservice@graefe-und-unzer.de